Eric Bolle

Filosofie van de ballingschap
The Philosophy of Exile

Leven in meervoud   De globalisering heeft vergaande invloed op de wereldeconomie en -politiek. Politieke grenzen tussen landen, zoals wij die tot nu toe hebben gekend, zijn in een andere licht komen te staan. Vanwege deze veranderingen is het vraagstuk van identiteit die gerelateerd is aan een plek van essentieel belang. Binnen deze context is een verhandeling van het begrip vreemdeling op zijn plaats.

Een van de meest vooraanstaande publicaties van de laatste tijd over de vreemdeling is samengesteld door Rebecca Saunders.[1] In de bundel *The Concept of the Foreign*[2] wijst erop dat het begrip vreemdeling een telkens andere rol speelt in telkens andere wetenschapsgebieden. Het biedt een overzicht van het denken over de vreemdeling in de geschiedenis, psychologie, filosofie, literatuur en het dagelijkse taalgebruik. Daarnaast onderzoekt zij ook het gebruik van de term vreemdeling in de huidige interdisciplinaire en transdisciplinaire debatten over nationaliteit, etniciteit en cultuur, gender en seksuele verschillen, macht, relaties en de regulering van afwijkend gedrag.

In de uitvoerige inleiding tot het boek laat Saunders een groot aantal denkers het begrip vreemdeling behandelen en verschillende conceptualiseringen van het vreemde en de vreemdeling in relatie tot bijvoorbeeld ballingschap, het *andere* (de alteriteit), en het beangstigende (het *Unheimliche*). Saunders onderscheidt de 'gewone' vluchteling en de 'beroemde' soms zelfbenoemde balling, zoals Henry Miller, die de verstikkende atmosfeer van zijn geboorteland achter zich liet, en 'de ballingschap' zag als een bron van inspiratie voor zijn romans en als een intellectuele wedergeboorte. ('Like it or not, I was obliged to create a new life for myself. And this new life I feel is mine, absolutely mine.'[3]) Andere noties die bij het begrip vreemdeling horen zijn thuis, thuisland, reizen, dwalen, dwalingen,

[1]
Rebecca Saunders is universitair hoofddocent in de vergelijkende literatuurwetenschappen aan de Illinois State University.

[2]
Rebecca Saunders (red.), *The Concept of the Foreign. An Interdisciplinary Dialogue*, New York/Oxford 2003.

[3]
Henry Miller, geciteerd door Rebecca Saunders in Saunders, op. cit. (noot 2), p. 23. Onder de talrijke schrijvers en denkers die worden geciteerd, ontbreken hier de namen van Maria Zambrano en Giorgio Agamben.

6

Living in the Plural   Globalisation exercises a profound and far-ranging influence on the world's economy and politics. Political borders between countries, as we have known them thus far, now stand in a different light. The question of identity as it relates to place is crucial in these shifts. A discussion of the concept of the foreigner is highly understandable in this context.

One of the foremost recent publications about the foreigner was compiled and edited by Rebecca Saunders.[1] This essay collection, *The Concept of the Foreign*,[2] indicates that the term 'foreigner' plays a different role in different fields of scholarship. It provides an overview of ideas about the foreigner in history, psychology, philosophy, literature and everyday language. In addition, it analyses the use of the term 'foreigner' in the current interdisciplinary and transdisciplinary discourse about nationality, ethnicity and culture, gender and sexual difference, power, relationships, and the control of deviant behaviour.

In the comprehensive introduction to the book, Saunders has a great many thinkers consider the notion of the foreigner and different conceptualizations of the foreign and the foreigner in relation to, for example, exile, the 'other' (alterity), and the uncanny (the *Unheimliche*). Saunders distinguishes between the 'normal' refugee and the 'renowned', sometimes self-declared, exile such as Henry Miller, who left behind the suffocating atmosphere of his native country and saw 'exile' both as a source of inspiration for his novels and as an intellectual reincarnation. ('Like it or not, I was obliged to create a new life for myself. And this new life I feel is mine, absolutely mine.'[3]) Other ideas that are associated with the term foreign are home, homeland, travelling, roaming, wanderings, peregrinations, distance, origin, birth, native country, nation (the root of the word

[1]
Rebecca Saunders, Associate Professor (Comparative Literature), Illinois State University.

[2]
Rebecca Saunders (ed.), *The Concept of the Foreign: An Interdisciplinary Dialogue*, New York/Oxford 2003.

[3]
Henry Miller, quoted in Saunders, op. cit. (note 2), p. 23. Despite the multitude of writers and thinkers who are cited in this volume, the names of Maria Zambrano and Giorgio Agamben, who stand at the very heart of this debate, are surprisingly absent.

Redactioneel Afgelopen oktober bestormden honderden Afrikaanse immigranten verschillende malen de zes meter hoge prikkeldraadversperringen rond de Spaanse enclaves Ceuta en Melilla in Marokko, de poort naar Europa. Bij deze bestorming kwamen elf immigranten om; diegenen die niet slaagden zich met gevaar voor eigen leven over de hekken te vechten werden, na aanvankelijk zonder water en voedsel te zijn achtergelaten aan de grens met Algerije, onder internationale druk teruggevlogen naar hun land van herkomst, voornamelijk landen ten zuiden van de Sahara. Als reactie kondigde de Spaanse overheid aan een derde hek te plaatsen rond de enclaves en werd er door de Europese Unie veertig miljoen euro toegezegd aan Marokko voor het verbeteren van de grensbewaking.[1]

Volgens gegevens van het Amsterdams bureau voor Onderzoek en Statistiek is de op een na grootste groep immigranten in Amsterdam de groep uit de geïndustrialiseerde landen. In de stadsdelen Amsterdam-Zuid en Amsterdam Centrum maken zij bijna 25 procent uit van de bevolking.[2] Het zijn voornamelijk *expats* uit de Verenigde Staten, Duitsland, Japan en Engeland. Zij vormen, in de woorden van Geert Mak, de schaduw van de niet-aflatende discussie over migratie,[3] een discussie die nadrukkelijk gedomineerd wordt door de karikatuur van de (Noord)- Afrikaanse gelukszoeker. Het is bovendien een discussie die, opgezweept door een politiek in de greep van populisme, steeds meer gevoerd wordt langs de lijnen van inclusiviteit en exclusiviteit. In het verlengde van dit debat is een vermoeiende exercitie in navelstaarderij ontstaan rondom 'eigenheid', en een poging tot het definiëren van een genationaliseerde culturele identiteit waarin de vreemdeling dient te integreren, lees: assimileren. In zijn essay 'Leve Spinoza, leve Gümüs, leve de mercator sapiens!'[4] wijst Geert Mak echter op de noodzaak van immigratie als voorwaarde voor stedelijkheid. Het is juist de invloed van immigranten geweest die de Hollandse steden, met name Amsterdam, heeft groot gemaakt.

In een wereld die onder invloed van globalise-ring op drift is geraakt, is de huidige simplificatie in het debat over immigratie niet vol te houden. Volgens het UN Statistics Department leven momenteel tussen de 185 en 192 miljoen mensen buiten hun geboorteland, tegen 175 miljoen in het jaar 2000. In 2000 was bovendien één op de tien mensen in de meer ontwikkelde gebieden in de wereld een migrant, wat neerkomt op 3 procent van de wereldbevolking. Nationaliteit wordt bovendien steeds meer tot handelswaar gemaakt onder invloed van een wereldwijde economie die bestaande structuren ondermijnt en middels communicatietechnologie wereldsteden met elkaar verknoopt buiten de traditionele verbanden om. Toch vond in 2001 44 procent van de ontwikkelde landen de immigratiecijfers te hoog.[5] Deze zienswijze is voornamelijk gebaseerd op de veronderstelling dat migranten eerder een last zijn voor het gastland dan een verrijking.

Dit kosten-batenperspectief op migratie is opvallend aanwezig in het werk van de Franse kunstenaar Matthieu Laurette. Laurette werkt sinds 1998 aan het *Citizenship Project*. In dit project onderzoekt hij welke kosten er verbonden zijn aan het verwerven van een 'nieuwe' nationaliteit. Laurette streeft ernaar zo veel mogelijk (dubbele) nationaliteiten te verwerven. In

Editorial Several times this past October, hundreds of African immigrants stormed the 6-m-high barbed-wire fences that surround the Spanish enclaves of Ceuta and Melilla in Morocco, gateway to Europe. Eleven immigrants died during the attempt, and those who risked their lives to scale the fences and failed were initially left at the Algerian border without food or water and later, under international pressure, flown back to their native countries, most of which are sub-Saharan nations. Spanish authorities responded to the situation by installing a third perimeter fence around the enclaves, and the European Union pledged 40 million euros to Morocco for the improvement of border patrols.[1]

Data gathered by Amsterdam's Department of Research and Statistics shows that the second-largest group of immigrants in Amsterdam is composed of people from industrialised countries. In the districts of Amsterdam-Zuid and Amsterdam Centrum, this category makes up nearly 25 percent of the population.[2] The majority of these residents are expats from the United States, Germany, Japan and England. Writer Geert Mak has referred to them as the shadow of the unremitting Dutch discussion on migration,[3] a debate emphatically dominated by the caricature of the (North) African adventurer. Moreover, inflamed by a political climate in the grip of populism, this discussion increasingly follows the lines of inclusivity and exclusivity. Emerging in the wake of this debate are a wearisome exercise in navel gazing that centres on 'individuality' and an attempt to define a nationalised cultural identity which the foreigner is asked to assume through integration (read 'assimilation'). In his essay 'Leve Spinoza, leve Gümüs, leve de mercator sapiens!'[4] Geert Mak does mention, however, the need for immigration as a precondition for urbanness. The impact of immigrants on Dutch cities – and on Amsterdam in particular – is precisely what has made these places what they are today.

In a world that has gone adrift under the influence of globalisation, the current simplification of arguments within the Dutch debate on immigration is untenable. According to the latest figures from the UN Statistics Division, between 185 and 192 million people are living outside their native countries, up from 175 million in 2000. In 2000, moreover, one out of ten people in the more developed areas of the world was a migrant; this is three percent of the world population. Nationality, furthermore, is becoming more and more of a commodity, as a result of a global economy that undermines existing structures and that uses new communication technology rather than traditional modes of communication to interconnect the world's big cities. Nevertheless, 44 percent of the developed countries found their immigration levels too high in 2001.[5] This perception is based mainly on the assumption that migrants are more of a burden on host countries than a benefit to them.

This cost-benefit perception of migrancy is strikingly present in the work of French artist Matthieu Laurette. Since 1998 Laurette has been working on the *Citizenship Project*, in which he examines the costs involved in adopting a new nationality. Laurette is attempting to acquire as many (simultaneous) nationalities as possible. In his exhibitions and on his website (www.citizenship-project.com), he reveals not only

Pnina Avidar, Max Cohen de Lara, David Mulder & Marieke van Rooy

zijn exposities en op de website van zijn project (www.citizenship-project.com) onthult hij per land de kosten en vereiste procedures die men moet doorlopen om een nieuwe nationaliteit te krijgen. Hij brengt het verband tussen kapitaal en toegang tot staatsburgerschap aan het licht. Hij behandelt nationaliteit als koopwaar, als een consumptieartikel waarbij het vooral om geld draait en niet om een specifieke culturele context. Door zo veel mogelijk nationaliteiten aan te nemen hekelt hij het idee van nationaliteit als iets unieks.

Het is dus duidelijk dat migratie aan maatschappelijke, economische en politieke structuren raakt. Het heeft daardoor ook een fundamentele rol gespeeld bij de vorming van stedelijke gemeenschappen en doet dat nog steeds. De relatie tussen immigratie, architectuur en stedenbouw is echter niet altijd direct te herleiden. Stephen Cairns vat het op als binair, een relatie van tegendelen. In zijn visie is architectuur een term die 'verband houdt met de gegrondheid van een gebouw, de inrichting van een plaats en de afbakening van een territorium', terwijl migratie verband houdt met 'ontworteling, mobiliteit en de tijdelijkheid van individuen en groepen mensen'.[6] In 'Home-Land' wordt deze relatie onderzocht vanuit het concept van het buitenlanderzijn. Migratie impliceert beweging en de herziening van iemands fysieke en geografische grenzen en brengt daarom het begrip 'buitenlander-zijn' met zich mee. 'Het woord "buitenlands" duidt op een eigenschap of entiteit die relatief moet worden opgevat: "buitenlands" staat altijd in relatie tot binnen, binnenlands, het bekende, een grens .... Symptomatisch voor het relatieve karakter van het buitenlandse is de noodzaak het buitenlandse negatief te definiëren, een symptoom dat in vrijwel elk woordenboek naar voren komt: buitenlander zijn betekent niet bij een groep horen, niet een bepaalde taal spreken, niet dezelfde gebruiken hebben; het betekent onbekend zijn, unheimisch, onnatuurlijk, onbevoegd, onbegrijpelijk, ongepast, onbehoorlijk ....'[7] Dit relatieve karakter van het buitenlanderzijn maakt een herziening van het bekende noodzakelijk, vereist zelfs dat het zich aan introspectie onderwerpt.

In dit nummer van *OASE* wordt naar immigratie (de-contextualisering) gekeken vanuit het architectonische en stedelijke concept van plaats. Anders dan op de effecten van immigratie, bijvoorbeeld in de vorm van een architectonische verschijningsvorm, concentreert het nummer zich op het proces van het zich een 'plaats' eigen maken. Als in een anatomische studie wordt vanuit verschillende perspectieven de thematiek van immigratie aangesneden, daarmee nadrukkelijk de complexiteit van het fenomeen blootleggend.

De artikelen waaruit dit nummer bestaat plaatsen stedenbouwkundige kwesties en ontwerpmethoden die verband houden met migratie binnen een literair kader. Eric Bolle reflecteert in zijn artikel vanuit een cultureel-filosofisch perspectief op het begrip 'tussen'. Hij bespreekt het begrip stedelijke ruimte in relatie met de toestand van ballingschap, de literatuur en de politiek en plaatst die *tussen* Utopie en nostalgie in. 'De culturele kwestie is angstaanjagend, het probleem van de cultuur heeft een desintegrerende invloed. Spreken over eigen taal en cultuur, over eigen achtergrond en identiteit, is een privilege dat aan de minderheden is voorbehouden.'[8]

what each country charges for the privilege of citizenship, but also what the procedure leading to one's new nationality entails. Laurette points out the link between capital and the access to citizenship. He treats nationality as a product, as a consumer good based more on money than on a specific cultural context. By adopting as many nationalities as possible, he taunts the singularity of what it means to have 'a nationality'.

It is obvious, therefore, that migrancy is affected by social, economic and political structures. As a consequence, immigration has played and does play a fundamental role in the formation of urban communities. The relationship involving immigration, architecture and urban design is not something that can be reduced to a simple explanation, however. Stephen Cairns sees it as a binary relationship, a relationship of opposites. Cairns writes that architecture is a term that is 'associated with groundedness of buildings, the constitution of places, and the delimitation of territories', whereas migration is associated with 'uprootedness, mobility, and transience of individuals and groups of people'.[6] 'Home-Land' explores this relationship as it pertains to the notion of foreignness. Migrancy implies movement and the revision of one's physical and geographical borders; as a result, migrancy is associated with foreignness. 'Derived from a Latin term meaning "outside" (foras), the word foreign designates a quality or an entity conceived relatively: the foreign is always relative to the inside, the domestic, the familiar, a boundary .... Symptomatic of the relative nature of the foreign is the necessity of defining the foreign negatively, a symptom exhibited by virtually any dictionary: to be foreign is not belonging to a group, not speaking a given language, not having the same customs; it is to be unfamiliar, uncanny, unnatural, unauthorized, incomprehensible, inappropriate, improper ....'[7] The relative nature of foreignness calls for a revision of the familiar and requires foreignness to engage in introspection.

In this issue of *OASE*, immigration (decontextualisation) is observed through the architectural and urban notions of place. Rather than concentrating on the effects of immigration – as some sort of architectonic form, for example – the journal focuses on the migrational process of place-making. In the manner of an anatomical study, the theme of immigration is approached from different angles, clearly exposing the complexity of the phenomenon.

The articles selected for this publication place migrancy-related issues such as urban design and its methodologies within a literary framework. Taking a cultural-philosophical standpoint, Eric Bolle comments on the 'in between'. He discusses the topic of urban space as it relates to the state of exile, to literature and to politics, placing such issues between Utopia and nostalgia. 'The cultural question is frightening; the problem of culture has a disintegrating influence. Speaking about one's own language and culture, one's background and identity, is a privilege reserved for minorities.'[8]

Raoul Bunschoten, a Dutch architect based in London, uses maps to illustrate the influence of social and cultural immigration on urban processes. His article is part of a research project aimed at the realisation of a world atlas that will map the 'new world' and show the global trends which affect cities and increase

De in Londen woonachtige Nederlandse architect Raoul Bunschoten illustreert met behulp van kaarten de invloed van sociale en culturele immigratieverschijnselen op stedelijke processen. Zijn artikel is onderdeel van een onderzoeksproject dat uiteindelijk een 'wereldatlas' zal opleveren waarin de 'nieuwe' wereld en de mondiale trends die invloed hebben op de steden en de instabiliteit van plaatselijke omgevingen vergroten, in kaart worden gebracht.

De bijdrage van architect en wetenschapper Sophia Vyzoviti bestaat uit een uitgebreide interpretatie van de manier waarop immigranten de stedelijke ruimte gebruiken. Deze interpretatie is gebaseerd op een casestudy in Athene en de auteur stelt ook een ontwerpstrategie voor die beantwoordt aan de specifieke culturele behoeften in relatie met een specifiek gebruik van ruimte.

In haar bijdrage over 'Flanders Fields' stelt Els Verbakel vanuit een kritische visie op het landschap ontwerpstrategieën en hun invloed op de ontwikkeling van bewoning en migratie aan de orde. Verbakel maakt gebruik van het landschap als invalshoek, een territoriaal kenmerk bij uitstek om maatschappelijke, economische en culturele kwesties te bespreken.

Igor Marjanovic en Katerina Rüedi Ray vertalen maatschappelijke en machtsstructuren met betrekking tot migrantenkinderen in een architectonische installatie, onder verwijzing naar Walter Benjamin, die in de beschrijving van zijn bezoek aan Moskou een verband legt tussen de diaspora en een terugkeer naar zijn kinderjaren. Twee redactieleden gingen naar Brussel om met Haroon Saad te praten over het Europese overheidsbeleid met betrekking tot migratie

en stedenbouw.

Het nummer wordt afgesloten met een tekst van de Nederlandse schrijver Oscar van den Boogaard over zijn ervaringen als inwoner en bezoeker van verschillende wereldsteden. Herinneringen en observaties betrekken de lezer bij de innerlijke wereld van de auteur en zijn pogingen deze plaatsen te begrijpen, te ervaren en te observeren, zich erover te verbazen en ze zich eigen te maken. Tijd, herinnering, dissociatie en identiteit maken allemaal deel uit van dit proces. Van den Boogaard vertelt het verhaal van een vreemdeling in een vreemd land, dat tegelijk ook het verhaal is van een vreemdeling in een vertrouwde omgeving.

Pnina Avidar, Max Cohen de Lara, David Mulder, Marieke van Rooy

Vertaling: Auke van den Berg, Bookmakers

1
http://europa.eu.int/rapid/press ReleasesAction.reference=IP/05/ 1212&format=HTML&aged=0& language=EN&guiLanguage=en.

2
http://www.os.amsterdam.nl

3
De Groene Amsterdammer 30 november 2002.

4
idem.

5
Gegevens van het International Migration Report 2002, uitgegeven door de United Nations Population Division.

6
Drifting: Architecture and Migrancy, Londen 2004.

7
Rebecca Saunders (red.), *The Concept of the Foreign: An Interdisciplinary Dialogue,* Lanham 2003.

8
Lessen in ontheemding, Brussel 1993.

---

instability in local environments.

Architect and scholar Sophia Vyzoviti offers an extensive reading of the immigrant's use of urban space. Based on a case study carried out in Athens, her article suggests a design strategy. The method responds to specific cultural needs in relation to a specified use of space.

In her contribution on Flanders Fields, Els Verbakel offers a critical view of landscape that analyses design strategies and their impact on the evolution of inhabitation and migration. Verbakel uses 'the landscape', a territorial feature par excellence, to describe social, economic and cultural issues.

Igor Marjanovic and Katerina Rüedi Ray look at social and power structures that are relevant to migrant children and translate them into an architectural installation, making references to Walter Benjamin, who established a connection between diaspora and the regression to childhood in his description of a visit to Moscow.

Two of us went to Brussels to talk with Haroon Saad about European policies on migrancy in urban design. The issue concludes with an essay by Dutch writer Oscar van den Boogaard, who has lived in and visited several metropolises. Memories and observations draw the reader into the author's private world, where he gets to grips with what he sees and experiences, and where he marvels at his surroundings and makes them his own. Time, memory, estrangement and identity are all part of this process. Van den Boogaard tells the story of a stranger in a foreign land, which is, at the same time, the story of a stranger at home away from home.

Pnina Avidar, Max Cohen de Lara, David Mulder, Marieke van Rooy

Translation: InOtherWords, Donna de Vries-Hermansader

1
http://europa.eu.int/rapid/press ReleasesAction.reference=IP/05/ 1212&format=HTML&aged=0& language=EN&guiLanguage=en.

2
http://www.os.amsterdam.nl

3
De Groene Amsterdammer 30 November 2002.

4
ibid.

5
Data from the International Migration Report 2002, issued by the United Nations Population Division.

6
Drifting: Architecture and Migrancy, London 2004.

7
Rebecca Saunders (red.), *The Concept of the Foreign: An Interdisciplinary Dialogue,* Lanham 2003.

8
Lessen in ontheemding, Brussels 1993.

omzwervingen, afstand, oorsprong, geboorte, geboortegrond, natie (natie betekent letterlijk geboorteland), je conformeren aan een groep of juist niet en de trots of juist de vertwijfeling die dat met zich meebrengt.

Aanvullend op Saunders' beschouwing kunnen concepten worden toegevoegd uit het beleidsdiscour zoals dat bijvoorbeeld in Nederland plaatsvindt. Het beleid kent een regulerend karakter dat onderlinge verschillen tussen mensen probeert af te vlakken. In deze context is de notie vreemdeling een storend element. In het beleidsdiscours heersen dan woorden als integratie en asiel. Integratie betreft de mate waarin de vreemdeling bereid is de taal en de gewoonten van zijn/haar nieuwe woonplaats over te nemen. Integratie suggereert een beleid dat erop uit is de vreemdeling te laten ophouden met vreemdeling zijn. De beleidsterm asiel is gerelateerd aan een verleende gastvrijheid. Het omschrijft de traditionele manier van omgang met vreemdelingen. Bij deze traditie hoort men de vreemdeling te verwelkomen en hem een plaats te bieden.

Gastvrijheid is aan het verdwijnen. Jacques Derrida houdt weliswaar een warm pleidooi voor gastvrijheid, maar heeft ook oog voor de dubbelzinnigheid en voor het *Unheimliche* van de ander.[4] Hij hoopt dat, nu de staat steeds minder oog lijkt te hebben voor vreemdelingen en ballingen, de steden bereid zijn te komen tot een nieuwe stedelijke cultuur die plaats biedt aan mensen die anders zijn. Hij ziet heel goed dat de meeste mensen bang zijn voor vreemdelingen omdat zij bang zijn voor het onbekende, maar dat weerhoudt hem er niet van een pleidooi voor gastvrijheid te houden. Derrida neemt het op voor *de andere* en voor alles wat anders is, maar heeft ook oog voor het onbehagen, voor de dubbelzinnigheid en voor het *Unheimliche* dat de ander oproept.

Julia Kristeva[5] heeft gemerkt dat het *Unheimliche* verdwijnt wanneer

4
Jacques Derrida, *Over gastvrijheid*, Amsterdam 1998.

5
Julia Kristeva (Bulgarije, 1941) is schrijfster en psychoanalytica. Zij werkte in Parijs samen met Roland Barthes en Lucien Goldmann. In haar werk toont zij grote interesse voor de fenomenologie.

'nation' is tribe, birth), conforming to a group or not, and the pride or indeed despair that this entails.

Concepts from the political discourse, as conducted in the Netherlands, for example, can also be added as a supplement to Saunder's consideration. The policy displays a regulatory character that is an attempt to iron out differences between people. In this context, the notion of the foreigner is a disturbing element. This means that words like integration and asylum are dominant in the political discourse. With regard to integration, the criterion seems to be to what extent the foreigner is ready to adopt the language and the customs of his or her new place of residence; it implies a policy that sets out to curtail the foreigner being a foreigner. That other favourite word of policy-makers, asylum, relates to an extended hospitality. It describes the traditional manner of dealing with foreigners. In this tradition, one is expected to welcome the foreigner and offer him or her a place of stay, or even abode.

Hospitality is a dying tradition. Though Jacques Derrida makes a passionate plea for hospitality, he also has an eye for ambiguity and for the *Unheimliche* of the other.[4] Now the state seems to be showing less and less regard for foreigners and exiles, he hopes that cities are prepared to move towards a new urban culture that provides a place for people who are different. He understands full well that most people are afraid of strangers because they are afraid of the unfamiliar, but that does not prevent him from making a case for hospitality. Derrida speaks up for 'the other' and for everything that is different, but he also has an eye for the uneasiness, for the ambiguity and for the *Unheimliche* that the other arouses.

Julia Kristeva has noted how the *Unheimliche* dissipates when one is prepared to accept the stranger in oneself.[5] The better one accepts the

4
Jacques Derrida, *Of Hospitality*, trans. Rachel Bowlby, Stanford 1998.

5
Author and psychoanalyst Julia Kristeva was born in Bulgaria in 1941. She worked in Paris together with Roland Barthes and Lucien Goldmann, and was profoundly interested in phenomenology and semiotics.

men bereid is het vreemde in zichzelf te accepteren. Hoe beter men de vreemdeling in zichzelf aanvaard, des te meer is hij er toe in staat om met de vreemdelingen in zijn omgeving om te gaan.[6] Kristeva geeft in haar boek *De vreemdeling in onszelf* een overzicht van het denken over de vreemdeling en ontwikkelt zo een filosofie van de ballingschap. Zij neemt de denkbeelden door van de Grieken en Romeinen, zij heeft het over het kosmopolitisme en het universalisme van de *stoa* en de apostel Paulus. Zij behandelt de diaspora en het joodse denken, de pelgrimstocht en de bedevaart in de christelijke Middeleeuwen met hun opvatting van de mens als iemand die altijd op reis is en op zoek naar zijn heil en verlossing (*homo viator*). Zij heeft het over de Renaissance en de Verlichting, en zij heeft het over onze tijd. Voor onze tijd stelt zij een ethiek voor met de vreemdeling in het middelpunt. Er moet een ethiek worden geformuleerd 'die een duidelijke, beredeneerde opvatting van de menselijke waardigheid verschaft en uitdraagt, en waarin de vervreemding, de dramatiek en de dilemma's van de mensheid tot uitdrukking komen. Individualistische neigingen, de wens zich te verheffen in zijn eigenwaarde, het aanvallen van anderen, de identificatie met of de afwijzing van de groep, zijn wezenlijk onderdeel van de menselijke waardigheid, als men toegeeft dat die waardigheid ook vreemdheid inhoudt.'[7]

'Wees meervoudig als het universum!'   Men heeft sterk de neiging de multiculturele samenleving vanuit een sociologische invalshoek te bekijken. Voor mij is het een sociaal fenomeen waar men niet alleen naar kijkt, maar waarmee men ook iets zou kunnen doen. Het is vooral een sociologische visie waarin de stad de stad wordt beschouwd als een ruimte van *belevenissen*, een ruimte die de mogelijkheid biedt om na te denken

6
Julia Kristeva, *De vreemdeling in onszelf*, Amsterdam 1991.

7
Idem, p. 165.

---

stranger in oneself, the more one is able to get on with the strangers in one's midst.[6] In her book *Strangers to Ourselves*, Kristeva provides an overview of ways of thinking about the stranger and thus develops a philosophy of exile. She looks back at the ideas of the Ancient Greeks and Romans, she considers the cosmopolitanism and the universalism of the *stoa* and the apostle Paul, and she discusses the Diaspora and Jewish thought, the pilgrimage of the Christian Middle Ages, based on the view that humankind is always on a journey in search of refuge and redemption (*homo viator*). She talks about the Renaissance and the Enlightenment, and she discusses our own day and age. For the present era she proposes an ethics with the foreigner, the stranger, at its centre. This ethics should 'reveal, discuss, and spread a concept of human dignity, wrested from the euphoria of classic humanists and laden with the alienations, dramas, and dead ends of our condition as speaking beings. Individual particularistic tendencies, the desire to set oneself up as a private value, the attack against the other, identification with or rejection of the group are inherent in human dignity, if one acknowledges that such a dignity includes strangeness.'[7]

'Be Plural, Like the Universe!'   There is a strong tendency to look at multicultural society from a sociological angle. For me it is a social phenomenon that one does not simply look at but with which one could also do something. It is primarily a sociological vision of the city that approaches the city as a space of *experiences* and presents the opportunity to reflect on the ample selection of cultural manifestations. All the same, it is useful to bear in mind that it is not only the city that can be seen as the *non plus ultra* of the plural universe, but that there has also been a

6
Julia Kristeva, *Strangers to Ourselves*, trans. Leon S. Roudiez, New York/Chichester 1994.

7
Ibid., p. 154.

over het aanbod aan culturele manifestaties. Toch is het goed te beseffen
dat niet alleen de stad kan worden gezien als het meervoudige universum
bij uitstek, maar dat er ook een dichter is geweest die zichzelf zag als
meervoudig, en die door middel van talrijke namen en pseudoniemen van
zijn ziel de schouwplaats maakte van vele onderling strijdige opvattingen
en poëziestijlen.

Bij de Portugese dichter Fernando Pessoa (1888–1935) speelt niet
zozeer de multiculturele samenleving een rol, als wel de meervoudigheid
van het ik, het leven in meerdere registers tegelijk, de *Weltinnenraum* van
de pluriformiteit. Terwijl de multiculturele samenleving zo oud is als de
stad zelf, is de gedachte dat het ik meervoudig is van recenter datum.
Deze gedachte is het resultaat van de dichterlijke verbeeldingskracht, een
ervaring van de taal. Het gaat daarbij niet alleen of op de eerste plaats
om iets sociaals, maar om iets taligs. Het gaat er om jezelf te voelen als
meervoudig, onderling tegenstrijdig, als een onevenwichtig universum dat
in de meervoudigheid zelf zijn bestaansgrond vindt:

> Ik weet niet wie ik ben, welke ziel ik heb. Als ik oprecht spreek, weet
> ik niet met welke oprechtheid ik spreek. Ik ben op gevarieerde wijze
> een ander dan een ik van wie ik niet weet of hij bestaat (of hij die
> anderen is). Ik heb opvattingen die ik niet heb. Mij brengen verlan-
> gens in vervoering die ik afwijs. Mijn voortdurende aandacht voor
> mij onthult mij vormen van verraad van de ziel aan een karakter dat
> ik misschien niet heb, terwijl ik die ziel geloof ik evenmin heb. Ik
> voel me veelvormig. Ik ben als een vertrek met ontelbare fantastische
> spiegels die voor valse weerkaatsingen een unieke vorige werkelijk-
> heid verwringen die in geen van en in alle zit. Zoals de pantheïst zich
> boom voelt en zelfs bloesem, zo voel ik mij verschillende wezens. Ik

poet who saw himself as plural and, using numerous names and pseud-
onyms, made his soul the arena for countless mutually contradictory
ideas and poetic styles.

For the Portugese poet Fernando Pessoa (1888-1935) it is not so much
multicultural society that is pivotal but rather the plurality of the self, life
in multiple simultaneous registers, the *Weltinnenraum* of pluriformity.
While multicultural society is as old as the city itself, the notion that the I
is plural is of more recent date. This idea is a product of the poetic imagination, an experience of language. It is not only, nor first and foremost,
about something social, but about something linguistic. It involves feeling
yourself as plural, internally conflicted, as an unstable universe that finds
its *raison d'être* in plurality itself:

> I know not who I am, what soul I possess. If I speak sincerely I do
> not know with what sincerity I am speaking. I am, in a variety of
> ways, someone other than an I that I am not sure exists (or whether
> he is those others). I hold opinions that are not my own. Desires
> that I reject transport me into rapture. My constant attention to me
> reveals forms of treachery of the soul that I perhaps do not have,
> while I in actually believe that I do not possess that soul. I feel me as
> multiform. I am like a room with innumerable fantastic mirrors that,
> through false reflections, distort a unique former reality that exists in
> no one and in us all. I feel like different beings, as the pantheist feels
> he is a tree, even blossom. I feel myself leading strange lives, incom-
> plete in myself, as if my being shares in all people, incomplete in all of
> them, via a complex of non-I's that are embodied in a fake I.[8]

8
Ángel Crespo, *Het meervoudige
leven van Fernando Pessoa*,
Baarn 1992, p. 141 (Originally
published as Spanish as *La Vida
Plural de Fernando Pessoa*,
Barcelona 1988).

voel mij vreemde levens leiden, incompleet in mij, alsof mijn wezen deelneemt aan alle mensen, in ieder incompleet, via een geheel van niet-ikken die zijn samengevat in een vals ik.[8]

Was voor de Franse dichter Arthur Rimbaud (1854–1891) het ik nog een ander, voor Pessoa bestaat het ik uit meerdere ikken die allemaal anders zijn, met elkaar om aandacht concurreren en die ervoor zorgen dat de dichter niet over een eigen identiteit kan beschikken. Heeft Kristeva het over de vreemdeling in onszelf, Pessoa heeft het over de vreemdelingen (meervoud) in de dichter wier opvattingen met elkaar rivaliseren, maar die toch niet kunnen verhinderen dat de dichter ertoe in staat is te versmelten tot verschillende wezens. Het is begrijpelijk dat een dichter die een hele maatschappij in zichzelf draagt moeite heeft zich aan te passen. Maar de ontbinding van de identiteit is niet alleen iets pathologischs – Pessoa beschouwt zichzelf als een hystericus – het is ook een opgave, een imperatief, een bevel, een wet: 'Wees meervoudig als het universum!'

De plekken van Maria Zambrano   Vreemdelingen vestigen zich, verwerven een eigen plaats, leveren een bijdrage aan een pluriforme cultuur en dragen zo zorg voor een leven in meervoud – voor zichzelf en voor anderen. Bij zo'n leven in meervoud hoort volgens mij ook de vraag of er in het vreemdeling-zijn niet een diepere wijze van denken schuilgaat die niet zo snel herkenbaar is, en die ons meer inzicht in onszelf verschaft dan wij op het eerste gezicht zouden vermoeden. Is er zoiets als een verborgen dimensie in het denken van de vreemdeling die ons aanspreekt? Is er zoiets als ballingschap als denkvorm, is ballingschap misschien zelfs wel een voorwaarde om tot denken te komen, tot inzichten in wat ons leven wer-

8
Ángel Crespo, *Het meervoudige leven van Fernando Pessoa*, Baarn 1992, p. 141.

While for the French poet Arthur Rimbaud (1854-1891) the I was still another, a stranger, for Pessoa the I is composed of multiple I's that are all different, competing with each other for attention and making it impossible for the poet to have a personal identity at his disposal. While Kristeva talks about the stranger in ourselves, Pessoa takes about the strangers (multiple) in the poet, strangers whose views clash or vie with each other, though they can still not prevent the poet from partaking of all people and merging with other beings. It is understandable that a poet who carries a whole society within himself has trouble adapting. However, the disintegration of the identity is not only something pathological (Pessoa considered himself to be an hysteric), it is also a statement, an imperative, an order, a law: 'Be plural, like the universe!'

The Places of Maria Zambrano   Foreigners settle somewhere, obtain a personal place, contribute to a pluriform culture and thus provide for a life in the plural – for themselves as individuals and for others. In my opinion, such a life in the plural prompts the question of whether in being a foreigner there lies a more profound way of thinking that is not so easy to identify, and which provides us with more insight into ourselves than we might at first suspect. Is there something like a hidden dimension in the thinking of the foreigner that appeals to us? Is there something such as exile as a mode of thought, is exile perhaps even a precondition for actually thinking, to arrive at insights about what our lives are truly about and what the human condition really means?

The Spanish philosopher Maria Zambrano (1904-1991) answered this question in the affirmative. In her eyes, exile is an absolute prerequisite for thinking and for living. Exile starts out under an unlucky

kelijk betekent en waar het in de menselijke conditie echt op aankomt?

De Spaanse filosofe Maria Zambrano (1904–1991) heeft deze vraag met ja beantwoord. In haar ogen is ballingschap een absolute voorwaarde voor het denken en voor het leven. Ballingschap begint onder een slecht gesternte. Men wordt verdreven. Men moet vluchten. Maar juist daardoor krijgt in haar ogen het leven pas echt waarde. In die zin zijn in haar ogen ballingen gelukkige mensen, dragers van een geslaagd leven, van een denken dat de dingen werkelijk begrijpt. Haar reflecties over ballingschap vormen dan ook de kernparagrafen uit *Los bienaventurados*, haar boek over *De gelukkigen*, dat past verscheen in 1990. Ballingschap wordt in dit boek begrepen als een geslaagd leven, een intellectueel succes.

Maria Zambrano was zelf een balling. Zij werd in 1904 geboren in Vélez Málaga. Bij haar ouders thuis kwamen dichters als Lorca en Machado over de vloer. Zij studeerde filosofie in Madrid en was een leerling van José Ortega y Gasset,[9] met wie zij een pijnlijke breuk beleefde. Zij trouwt in 1936. Haar man was secretaris bij de Spaanse ambassade in Santiago de Chile. Zijn functie maakte het voor het jonge stel mogelijk het opkomende fascisme en het Franco-regime in Spanje te ontvluchten. Af en toe kwam zij naar Spanje om lezingen te geven. Maar in 1939 keerde zij Spanje voor lange tijd de rug toe. Zij ging naar Mexico, waar enkele van haar belangrijkste boeken ontstonden – over Seneca, over de relatie tussen filosofie en poëzie, en over de rol van de poëzie in de Spaanse cultuur.

Ze reist veel en is vaak in Cuba. Ondanks de vele vrienden die zij in Havana heeft – later zal Fidel Castro haar persoonlijk een huis en een leerstoel aanbieden – blijft zij daar toch niet wonen. In de jaren vijftig woonde zij na haar scheiding in Rome. Vanaf begin jaren zestig vestigde zij zich in Zwitserland. In 1984 keerde zij terug naar Spanje. Zij stierf in

star. People are driven out. People must flee. But in her eyes it is due to this that life truly gains value. In that respect, in her opinion, exiles are fortunate people, vectors of a successful life, of a manner of thinking that truly understands things. Her reflections on exile are therefore the core paragraphs of her book *Los bienaventurados*, her book about 'the lucky ones', which first appeared in 1990. In this book, exile is understood as a successful life, an intellectual success.

Maria Zambrano was an exile herself. She was born in Vélez Málaga in 1904. Poets like Lorca and Machado were regular visitors to her parent's home. She studied philosophy in Madrid and was a student of José Ortega y Gasset,[9] though they later underwent a painful parting of ways. She married in 1936. Her husband was an official at the Spanish Embassy in Santiago de Chile. His post made it possible for the young couple to escape the rising tide of fascism and the Franco regime within Spain. They occasionally returned to Spain to give lectures, but in 1939 they left Spain behind for a long time. They went to Mexico, where Zambrano wrote some of her most important books – about Seneca, about the relationship between philosophy and poetry, and about the role of poetry in Spanish culture.

She travelled a lot and was often in Cuba. Though she had many friends in Havana – Fidel Castro personally offered her a house and a professorship at a later date – she did not settle there. In the 1950s, after her divorce, she lived in Rome. From the early 1960s she lived in Switzerland. In 1984 she returned to Spain. She died in 1991 and was buried in the cemetery of her place of birth, Vélez Málaga, where a foundation was established in order to study her work and administer her archives.

Zambrano argued that philosophy must be transcended. Sense is more

9
José Ortega y Gasset (1883–1956), Spaanse filosoof en schrijver, oprichter van het tijdschrift *Revista de Occidente*. Zijn geschriften behandelen een breed scala aan onderwerpen: geschiedenis, politiek, esthetiek, kunstkritiek, filosofie, epistemologie en ethiek.

9
José Ortega y Gasset (1883-1956) was a Spanish philosopher and writer, founder of the periodical *Revista de Occidente*. His writing tackled a whole range of disciplines: history, political, aesthetic and art criticism, philosophy, epistemology and ethics.

1991 en werd begraven in haar geboortestad, Vélez Málaga, waar ook een stichting in het leven is geroepen om haar werk te bestuderen en haar archief te beheren.

Het denken van Zambrano stelt dat de filosofie overstegen moet worden. De rede is meer dan rationaliteit. De *logos* gaat verder dan de planmatige organisatie van het menselijke leven. Alles draait om de ontwikkeling van een passiviteit en een ontvankelijkheid, om woorden die niet passen bij de officiële cultuur, bij de gevestigde instituties voor wie de filosofie maar al te vaak als grondlegger wordt gebruikt of een rechtvaardiging biedt.

Filosofie begint door nee te zeggen tegen alles wat eenvoudig en onmiddellijk is. In de ogen van Zambrano is dit nee zeggen de erfzonde van de filosofie de reden waarom de filosoof niet gelukkig kan zijn. Zambrano denkt met behulp van poëzie en mystiek verder dan de filosofie. Poëzie en mystiek leiden wel tot de hoogste menselijke bestaansvorm, tot het geluk waarvan de kern bestaat in eenvoud en ontvankelijkheid.

De afwezige stad   Zambrano heeft het over poëzie en mystiek als mogelijkheid om de filosofie te verrijken en te overstijgen. De voornaamste gevoelens die zij thematiseert zijn passiviteit en overgave, afwezigheid en uitwissing, vergankelijkheid en ontluistering, het zoeken naar een woning en een verblijf in eenzaamheid en innerlijkheid, ondersteuning door de taal, troost door de zeggingskracht van woorden en het horen van een stem uit de diepte. De droom en het delirium spelen om deze reden een hoofdrol in haar denken.

Een mooi voorbeeld van zo'n delirium is *De afwezige stad*, een fragment uit 1928. Het stuk speelt zich af bij dageraad. In het melkachtige

than rationality. The *logos* is more than the systematic organisation of human life. Everything revolves around fostering a passivity and a receptivity, around words that do not fit with the official culture, with the vested institutions by which philosophy is all too often used as a founding father or to provide a justification.

The starting point of philosophy is saying 'no' to everything that is simple and immediate. For Zambrano, this refusal is the original sin of philosophy, the reason why the philosopher cannot be happy. Zambrano thinks beyond philosophy, with the help of poetry and mysticism. Poetry and mysticism do indeed lead to the most elevated form of human existence, to the happiness whose core resides in simplicity and receptivity.

The Absent City   Zambrano talks about poetry and mysticism as the potential to enrich and transcend philosophy. The main feelings that she thematises are passivity and submission, absence and effacement, transience and humiliation, the search for a home and a domicile in solitude and introversion, support through language, solace through the eloquence of words and the hearing of a voice *de profundis*. This is why dream and delirium play a leading role in her thinking.

A fine example of such a delirium is a fragment from 1928 about 'The Absent City'. The scene takes place at daybreak. In the milky light, the city dies and dissolves into the horizon. Everything becomes empty and the scene is dominated by a gloomy solitude. However, in disappearing the city is born anew, an ideal city, the blueprint of the city, the architecture of the landscape. In phrases reminiscent of Plato and Pythagoras, the city loses its sensory perceptions and its sensuality; it becomes pure geometry.

licht sterft de stad en lost op in de horizon. Alles wordt leeg en er heerst een duistere eenzaamheid. Maar met haar verdwijning wordt de stad opnieuw geboren, een ideale stad, het schema van de stad, de architectuur van het landschap. In aan Plato en Pythagoras herinnerende zinnen verliest de stad haar zintuiglijkheid en haar sensualiteit. Ze wordt pure geometrie.

De poëtische rede is een ascetische rede. Het gaat om pure contemplatie, een intellectuele scenografie die alles uitwist: 'het goud van het middaglicht, het verscheurde gezicht van de straten, de azuren stilte van de pleinen'. Het wezen van de stad is niet het beeld dat ze oproept maar de muziek, de stille klanken van haar geometrie en haar mathematische vorm. Net zoals de door haar elders geciteerde Schelling[10] lijkt Zambrano architectuur te beschouwen als gestolde muziek, maar de stille muziek, de *musica callada*, verwijst op de eerste plaats naar de gedichten van de Spaanse mysticus Jan van het Kruis (1540–1591). Voordat de betovering van de wiskundige extase wordt verbroken en de stad weer haar gewone gedaante aanneemt, is de stad heel even helemaal van haar: 'Nu ben je alleen van mij, en je bent stad, geen chaos van gebouwen en gewaarwordingen; in de afwezigheid besta je voor mij meer dan ooit in ideale aanwezigheid, vol bevalligheid in mijn geest.'[11]

De balling Zoals gezegd valt Zambrano's denken op doordat het de vreemdeling opvat als een gelukkig mens en omdat het ballingschap opvat als een privilege dat toegang verschaft tot het ultieme mens zijn. Het is erg om verdreven te worden en ontheemd te zijn, maar de balling doet ook een ervaring op waarvan andere mensen verstoken blijven: 'herleid

10
Friedrich Wilhelm Joseph von Schelling (1775–1854) behoort met J.G. Fichte en G.W.F. Hegel tot de invloedrijkste denkers in de traditie van het Duitse idealisme.

11
Maria Zambrano, *La razón en la sombra. Antología crítica*, red. Jesús Moreno Sanz, Madrid 2004, p. 58.

Poetic intellect is an ascetic intellect. It is about contemplation pure and simple, an intellectual scenography that erases everything: 'the gold of the midday light, the mangled appearance of the streets, the azure silence of the squares.' The essence of the city is not the image it evokes but the music, the silent sounds of its geometry and its mathematical form. Just like Schelling,[10] who she quoted elsewhere, Zambrano seems to consider architecture as congealed music, but the silent music, the *musica callada*, first and foremost an allusion to the poems of the Spanish mystic, John of the Cross (1540-1591). Before the spell of the mathematical ecstasy is broken and the city once again assumes its humdrum guise, the city completely belongs to *her*, albeit very briefly: 'Now you are mine alone, and you are a city, not a chaos of buildings and perceptions; in the absence you are more real for me than you ever are in perfect presence, replete with grace in my soul.'[11]

The Exile As already mentioned, Zambrano's manner of thinking is remarkable because it regards the foreigner as someone fortunate and because it regards the state of exile as a privilege that provides access to becoming the ultimate human being. It is terrible to be driven out and be uprooted, but the exiled person also gains an experience that other people are deprived of: 'to be reduced . . . to the irreducible, to the truth of his being, of his being as it is, stripped of everything, without reason and without justification. This experience lies close to innocence.'[12]

People would actually prefer the exile to return home as quickly as possible and stop being an exile. However, for Zambrano exile is the most vital experience there is. The sense of solitude, abandonment and destitution makes it possible 'to be no one, not even a beggar, nothing at all'.

10
Friedrich Wilhelm Joseph von Schelling (1775-1854) was one of the three most influential thinkers in the tradition of 'Germanic Idealism'.

11
Maria Zambrano, *La razón en la sombra. Antología crítica*, ed. Jesús Moreno Sanz, Madrid 2004, p. 58.

12
Maria Zambrano, 'Carta sobre el exilio', in: *Zambrano*, op. cit. (note 11), p. 464.

te worden tot … het onherleidbare, tot de waarheid van zijn zijn, van zijn zijn zoals hij is, ontdaan van alles, zonder reden en zonder rechtvaardiging. Deze ervaring ligt dicht bij de onschuld.'[12]

Men wil eigenlijk het liefst dat de balling weer zo snel mogelijk naar huis gaat en ophoudt balling te zijn. Maar voor Zambrano is ballingschap de meest fundamentele ervaring die er is. Het gevoel van eenzaamheid, verlatenheid en berooidheid maakt het mogelijk 'niemand te zijn, niet eens een bedelaar, helemaal niets'. Vanuit dit niets wordt het volgens haar pas mogelijk te begrijpen wat vaderland inhoudt. Pas de ervaring van de woestijn binnen in jezelf schept de voorwaarden de geboortegrond te begrijpen. Zonder de ervaring van de ballingschap is er helemaal geen thuis denkbaar. Daarom is ballingschap de ultieme ervaring: 'De balling is degene die het meeste lijkt op de vreemdeling, op degene die er in slaagt dankzij de zuiverheid van de omstandigheden waarin hij verkeert het onbekende te zijn dat in ieder mens zit en dat de dichter en de kunstenaar slechts zelden weten te ontdekken.'[13]

De dageraad   Wanneer wij het nu hebben over de multiculturele samenleving, wanneer het asielbeleid een actueel onderwerp is, wanneer pluriformiteit en de rol van de vreemdeling in het middelpunt van de belangstelling staan, is het goed na te denken over Zambrano's filosofie van de ballingschap. Het gaat daarbij niet alleen om haar persoonlijke omzwervingen maar om een metafysische ervaring, niet alleen om haar levensverhaal maar om een ontologische matrix die van de ballingschap de bevoorrechte toegang tot de essentie van het menszijn maakt. En eigenlijk gaat het ook niet om het sociale. Juist niet zou ik zeggen. Het gaat om de vruchtbaarheid van het alleen zijn en het alleen staan.

She argues that it is only from this nothingness that it is possible to grasp what one's native country means. Only the experience of the desert within yourself creates the conditions to understand one's native soil. Without the experience of exile it is impossible to imagine. That is why exile is the ultimate experience: 'The exile is the one who is most similar to the foreigner, to the one who survives thanks to purity of the condition in which he exists, to be the unknown that is present in everyone, which the poet and the artist manage to discover, be it rarely.'[13]

Daybreak   These days, in an era when policy for asylum-seekers is highly topical and when pluriformity and the role of the stranger is a focal point, it makes good sense to bear in mind Zambrano's philosophy of exile when we are talking about multicultural society. This philosophy does not simply involve her personal peregrinations but also a metaphysical experience, not only her life story but an ontological matrix that transforms exile into the achievement of privileged access to the very essence of being human. And it is not about the social, but quite the contrary, I would say. It is about the fertility of being alone and standing in isolation.

Zambrano's philosophy of exile is not about a new innocence, since that innocence corresponds to the experience of daybreak. Zambrano's thinking is a morningesque thinking, a mirroring of dawn. It is not only new and innovative, but also traditional and deeply rooted, in submission, perhaps even in self-abandonment. This entails regarding light as an element that makes knowledge and insight possible. It is Zambrano's ambition to stand up to and smash through the impasse of Western culture, from the devastation of the Spanish Civil War and the Second World

12
Maria Zambrano, 'Carta sobre el exilio', in *Zambrano*, op. cit, (noot 11), p. 464.

13
Maria Zambrano, *Los bienaventurados*, Madrid 2004, p. 35.

13
Maria Zambrano, *Los bienaventurados*, Madrid 2004, p. 35.

Het gaat om een nieuwe onschuld. Met die onschuld correspondeert de ervaring van de dageraad. Zambrano's denken is een ochtendlijk denken, een bespiegeling over het morgenlicht. Zambrano's denken is niet alleen nieuw en vernieuwend, het is ook traditioneel en diep geworteld in de overlevering. Tot die overlevering hoort het beschouwen van het licht als element dat kennis en inzicht mogelijk maakt. Het is Zambrano's ambitie de patstelling van de westerse cultuur, van de verwoesting van de Spaanse Burgeroorlog en de Tweede Wereldoorlog, het fascisme en de ondergang van Europa tegen te gaan en het hoofd te bieden door het denken over het licht opnieuw onder de aandacht te brengen.

Wij gaan dan wel gebukt onder de last van de geschiedenis, toch kent ieder leven zijn eigen onschuld. Die onschuld is de onschuld van de dageraad. De mens kan iedere dag opnieuw beginnen. Hij kan zich telkens weer opnieuw vernieuwen. Iedere ochtend kan hij opnieuw geboren worden. Een renaissance is altijd mogelijk. Dat dat kan, komt door de dageraad, door het ochtendlicht. Zambrano's wil zich onbeschut aan dit licht blootstellen en zich er weerloos aan overgeven.

Het ochtendlicht   Volgens Maria Zambrano wordt een cultuur gedefinieerd door haar opvatting over het licht: 'Een cultuur, dat wil zeggen een roeping op een bepaalde manier mens te zijn, kan worden gedefinieerd door haar specifieke betrekking tot het licht, door haar specifieke wijze het licht op te vatten en te vereren.'[14] Er is geen dichter die het thema van de dageraad en het ochtendlicht zozeer heeft opgepakt als Claudio Rodriguez (1934–1999). De geschriften van Zambrano en Rodriguez verhelderen elkaar en vullen elkaar aan.[15]

Rodriguez' gedicht *Naar het licht* is een gebed aan het licht. De dichter

14
Maria Zambrano, *El hombre y lo divino*, Madrid 1993, p. 54-55.

15
Over de verhouding tussen Rodriguez en Zambrano vgl. Luis García Jambrina, 'María Zambrano y Claudio Rodríguez: una iluminación mutua', in : José María Beneyto, Juan Antonio González Fuentes (red.), *María Zambrano. La vision más transparente*, Madrid 2004, p. 157-171.

War, the fascism and the decline of Europe, by drawing attention back to ideas about light again.

We may well be bent double by the weight of history, but every life has its own innocence. That innocence is the innocence of daybreak, of dawn. People can begin anew every day. They can renew themselves time and again. They can be reborn every morning, and rebirth is always possible. All this is made possible by the dawn, by the morning light. Zambrano's desire is to open herself to this light and willingly abandon herself to it.

The Morning Light   Maria Zambrano believes that a culture is defined by its ideas about light: 'A culture, that is, a calling to be human in a specific way, can be defined by its specific relationship to the light, by its specific way of understanding and venerating light.'[14] No other poet has taken up the theme of dawn and morning light as seriously as Claudio Rodriguez (1934-1999). The texts of Zambrano and Rodriguez illuminate and complement each other.[15]

Rodriguez's poem, here translated as *Towards the Light*, is an ode to light. The poet loves the light and worships it. However, he is also afraid of it, still hesitant. On the one hand he relies on the light keeping its word and living up to its promise; on the other, he is not sure that the light will provide for him and grant him peace.

The poem is therefore an act of speech that must praise the light and put it in a favourable mood. The light is so generous in its submission to us that it causes pain to the eyes, but can we also surrender to the light and allow it to support us? Only when we can do this will we find peace, contemplation – if the light wishes it, at least. Hence this poem, which implores the restless light for a peaceful day.

14
Maria Zambrano, *El hombre y lo divino*, Madrid 1993, p. 54-55.

15
On the relationship between Rodriguez and Zambrano, see Luis García Jambrina, 'María Zambrano y Claudio Rodríguez: una iluminación mutua' in José María Beneyto and Juan Antonio González Fuentes (eds), *María Zambrano. La vision más transparente*, Madrid 2004, p. 157-171.

houdt van het licht en vereert het. Maar hij is er ook bang voor. Hij aar-
zelt nog. Aan de ene kant rekent hij erop dat het licht woord zal houden
en zijn belofte gestand zal doen, aan de andere kant is hij er niet zeker van
dat het licht voor hem zal zorgen en hem rust zal schenken. Daarmee is
het gedicht een taaldaad die het licht moet prijzen en gunstig moet stemmen. Het licht is zo vol overgave aan ons dat het pijn aan de ogen doet,
maar kunnen wij ons ook aan het licht overgeven en ons door het licht
laten ondersteunen? Alleen wanneer wij dat kunnen, komen wij tot rust,
tot bezinning – tenminste als het licht dat wil. Vandaar dit gedicht, dat
het onrustige licht om een rustige dag vraagt.

Het gedicht is een poging de innerlijkheid van de dichter – 'de poorten
van de contemplatie, de zuil van de ziel, de bloei van de herinnering' – te
laten ontspruiten aan het licht op straat. Terwijl de dichter wordt verblind
door het ochtendlicht en de lof van de morgenlucht wordt gezongen,
wil de dichter de bescherming van zijn ziel door de duisternis nog niet
opgeven, bang als hij is zijn innerlijke leven te verliezen als daar te veel
licht opvalt. Toch rest hem geen andere weg dan zich aan het licht over te
geven en in déze buitenwereld de zuil van zijn eigen ziel te zien. Vandaar
de angst en de terughoudendheid. Alvorens de sprong te wagen, deze
woorden:

Naar het licht

En om te zien moet ik mijn lichaam opheffen,
terwijl het gehele leven de blik betreedt
naar dit licht, zo eenvoudig en geheimzinnig,
naar dit waarachtige woord.

The poem is an attempt to allow the innermost being of the poet – 'the
gates of contemplation / the pillar of the soul / the early blossoming of
memory' – to originate, to draw from the light on the street. While the
poet is blinded by the morning light and sings praise to the morning sky,
he does not yet want to give up the protection of his soul that is provided
by darkness, fearful as he is to lose his inner life should too much light be
shed on it. However, he has no choice but to surrender to the light and to
see the pillar of his own soul in *this* outside world. Hence the fear and the
reticence. Before making the jump, I would like to share these lines:

Towards the Light

And to see I must elevate my body,
while the whole of life passes the gaze
towards the light, so mysterious and so simple,
towards this word of truth.

The light of day is now breaking from the Levant,
ashen,
surrender and support
for the streets so lonely and so sparkling,
it pierces us and provides for us
as the shadow undresses itself before it,
holding the promise
of the air's truthfulness.

Nu breekt de dag aan met zijn
Asachtige licht uit de oostkust,
dat overgave is en ondersteuning
voor de straten zo alleen en zo glanzend.
Het licht doet pijn én zorgt voor ons,
Wanneer de schaduw zich voor hem uitkleedt
en de belofte wordt gedaan
van de waarheid van de lucht.

Het is de geur van de hemel,
het is de lucht van de klaarte,
wanneer wij in het donker de dag ingaan,
in het zo gehavende licht voor de blinde
van het oog, voor het zachte ooglid om nog te openen
de poorten van de contemplatie,
de zuil van de ziel.
de vroege bloei van de herinnering.

Jij, licht, nooit rustig,
Ga je me rust geven vandaag?[16]

Politiek en poëzie   Zambrano's filosofie van de ballingschap stelt dat wij een politiek nodig hebben die zich laat inspireren door gedichten. Poëzie documenteert de ervaring van de mens als een berooid wezen dat met lege handen staat. De mens is als het er op aankomt een naakt dat is teruggeworpen op zichzelf, 'niets van de wereld, niets concreets dient hem tot verhulling' (Heidegger). Politieke theorie zou minder aandacht

16
Claudio Rodriguez, *Poesía completa (1953–1991)*, Barcelona 2001, p. 267-268.

It is the scent of the skies,
it is the aroma of lucidity,
when we in darkness enter into the day,
into the light so obscure for the blind,
for the soft eyelid still to open
the doors of contemplation,
the pillar of the soul,
the early blossoming of memory.

Thou, light, never serene,
will you grant me serenity today?[16]

Politics and Poetry   Zambrano's philosophy of exile suggests that we need a political body that is open to the inspiration of poetry. Poetry documents the experience of humankind as someone destitute standing there with empty hands. For that matter, humankind is 'the naked "that" in the nothingness of the world' (Heidegger), a naked being that is thrown upon its own resources. Political theory should pay less attention to collective behaviour. Policy-makers should have greater consideration for the marginalised people who can really tell us something about loneliness, and not only about the loneliness of public favourites, of 'interesting' artists and intellectuals, but of all foreigners, even 'normal' people.

Maria Zambrano does not stand alone in these views and recommendations. In recent years, she has been joined by a philosopher, namely Giorgio Agamben,[17] who has made an attempt to renew the way we think about politics by taking exile as his point of departure. For him, too, everything hinges on politics and poetry, on developing a political mode

16
Claudio Rodriguez, *Poesía completa (1953-1991)*, Barcelona 2001, p. 267-268.

17
Giorgio Agamben was born in Rome in 1942. He lectures in iconology at the Venice University Institute of Architecture. He is a scholar of law, literature and philosophy. Since the late 1980s, Agamben has focused on political philosophy.

moeten besteden aan collectief gedrag. Beleidsmakers zouden meer oog moeten krijgen voor gemarginaliseerde enkelingen die ons iets kunnen vertellen over eenzaamheid. Eenzaamheid, niet alleen van de publieks-lievelingen, van de 'interessante' kunstenaars en intellectuelen, maar van alle vreemdelingen, ook van 'gewone' mensen.

Maria Zambrano staat niet alleen in deze opvattingen en aanbevelingen. De laatste jaren heeft met name Giorgio Agamben[17] een poging gedaan het denken over politiek te vernieuwen door de ballingschap als vertrekpunt te nemen. Ook bij hem gaat het over politiek en poëzie, om het ontwikkelen van een politiek denken dat correspondeert met de dichterlijke ervaring.[18] Volgens Agamben heeft de westerse politiek het zicht op haar wortels en grondslagen verloren en zou ze zich moeten gaan bezinnen op de principes waaruit ze is ontstaan en die haar fundering vormen.

In zijn in het Nederlands vertaalde boek *Homo sacer*[19] ontwikkelt Agamben een filosofie van de ballingschap dat het Romeinse recht als vertrekpunt neemt, en laat hij zien hoe vanaf de antieke Oudheid tot aan onze tijd mensen zijn uitgesloten. Agamben vraagt zich af of de bescherming van mensen wel het oorspronkelijke doel van 'de wet' is geweest. Het ziet er eerder naar uit dat het doel was om mensen prijs te geven aan de verlatenheid, ze in de steek te laten. Dat geldt ook voor onze tijd. Anders dan men gewoonlijk denkt, is niet 'de stad' maar 'het kamp' het paradigma van de moderniteit en van de moderne stedenbouw. Verwaarlozing is volgens Agamben een sleutelwoord om onze politieke traditie beter te kunnen begrijpen. Politiek is vaak niets anders dan het scheppen van een voortdurende noodtoestand waarin alles is toegestaan en iedereen wordt gedwongen op zichzelf terug te vallen.

[17] Giorgio Agamben (Rome, 1942) doceert iconologie aan het architectuurinstituut van de universiteit van Venetië. Hij is een geleerde in de rechten, literatuur en filosofie. Sinds eind van de jaren tachtig houdt Agamben zich bezig in het bijzonder met politieke filosofie.

[18] Vgl. Eric Bolle, 'Leven scheppen uit taal. Poëzie volgens Giorgio Agamben', *Pampus* 2005, nr. 1, p. 8-14. *Pampus* is het tijdschrift van de poëziestichting Perdu in Amsterdam. Deze stichting vierde onlangs haar twintigjarige bestaan en markeerde deze gebeurtenis met enkele lezingen over poëzie en engagement waarvan de tekst in dit speciale nummer van *Pampus* is gepubliceerd.

[19] Giorgio Agamben, *Homo sacer. De soevereine macht en het naakte leven*, Amsterdam 2002.

---

of thinking that corresponds with the poetic experience.[18] According to Agamben, Western politics has lost sight of its roots and foundations and should start to reflect on the principles that underpin it as well as the wellsprings from which it has sprung.

In his book *Homo Sacer*,[19] he develops a philosophy of exile that takes Roman law as its starting point, and he demonstrates how people have been contained by excluding them from the Classical Age to the present. Agamben wonders whether the original objective of 'the juridical order' was indeed to protect people. It seems more likely that the intention of the law was to consign people to desolation, to abandon them. That also applies for our time. Unlike what people usually think, it is not *the city* but *the camp* that is the paradigm of modernity and of modern urban planning. Agamben proposes 'neglect' as a key word if we are to better understand our political tradition. Politics is often nothing but the creation of a permanent state of emergency, in which everything is permitted and everyone is forced to be self-reliant.

Media and Bio-Politics   As made clear by the title of his latest book, *La potenza del pensiero* (Vicenza, 2005) – 'The Power of Thinking' – Agamben places the emphasis on the ability to think, and therefore the potential, the power to succeed in developing new possibilities. He believes that this power is rarely evident, because the media hold us in a permanent state of distraction and persistently claim our attention with news and current affairs that we cannot influence, thus amplifying our sense of helplessness: 'The media like indignant but powerless citizens.'[20]

In our day and age, human life is being reduced to bare life, to purely biological matter that can be manipulated and can become the object

[18] See Eric Bolle, 'Leven scheppen uit taal. Poëzie volgens Giorgio Agamben', *Pampus* 1/2005, 8-14. *Pampus* is the journal of the Perdu poetry foundation in Amsterdam. This foundation recently celebrated its 20th anniversary and marked this occasion with a series of lectures about poetry and engagement, transcripts of which were published in this special edition of *Pampus*.

[19] Giorgio Agamben, *Homo Sacer: Sovereign Power and Bare Life*, trans. Daniel Heller-Roazen, Stanford, CA 1998.

[20] Giorgio Agamben, *Image et mémoire. Ecrits sur l'image, la danse et le cinéma*, trans. Marco Dell'Omodarme, et al., Paris 2004, p. 92.

Media en biopolitiek   Zoals de titel van zijn meest recente boek *La potenza del pensiero* (2005) duidelijk maakt, legt Agamben de nadruk op het vermogen te denken en daarmee het vermogen om nieuwe mogelijkheden te zien te ontwikkelen. Dit vermogen wordt volgens hem weinig gezien, omdat de media ons in een voortdurende staat van verstrooidheid houden en telkens opnieuw onze aandacht opeisen met nieuws dat wij niet kunnen beïnvloeden en onze gevoelens van hulpeloosheid versterkt: 'De media houden van verontwaardigde maar machteloze burgers.'[20]

In onze tijd wordt het menselijke leven gereduceerd tot naakt leven, tot pure biologische substantie die kan worden gemanipuleerd en tot voorwerp kan worden gemaakt van genetische manipulatie: 'Het is noch een dierlijk noch een menselijk leven, maar alleen maar een leven dat buitengesloten is en van zichzelf wordt gescheiden, niets dan een naakt leven.'[21] De mens wordt een bestand van organen, object van plastische chirurgie, verlengstuk van medische technologie, een ding dat men kan klonen, onderwerp van een euthanasiedebat, enzovoort. De mens is materiaal voor de technowetenschappen geworden. Ballingschap is in de ogen van Agamben niet alleen het verdreven zijn van een eigen plek, van huis en haard, maar ook het buitengesloten zijn uit je eigen lichaam, het verdreven worden uit je eigen leven.

De toekomst van Europa   Agamben stelt zich hiertegen te weer en heeft onlangs geweigerd gastcolleges in de Verenigde Staten te geven, omdat men hem bij aankomst op het vliegveld wilde onderwerpen aan biomedische identificatie (vingerafdruk en irisscan). Agamben wil een nieuwe politiek ontwikkelen die weigert zich neer te leggen bij de alom uitgeroepen noodtoestand en die de machine die naakt leven produceert en zo de mens

[20] Giorgio Agamben, *Image et mémoire. Ecrits sur l'image, la danse et le cinéma*, Parijs 2004, p. 92.

[21] Giorgio Agamben, *L'ouvert. De l'homme et de l'animal*, Parijs 2002, p. 60.

---

of genetic manipulation: 'What would thus be obtained, however, is neither an animal life nor a human life, but only a life that is separated and excluded from human life – only a *bare life*.'[21] Humankind becomes a catalogue of organs, the object of plastic surgery, an extension of medical technology, a thing that people can clone, the subject of a euthanasia debate, and so on. Humankind has become material for high-tech sciences. For Agamben, exile is not only being driven away from a personal place, from hearth and home, but also entails being driven out of one's own body, being driven out of one's own life.

The Future of Europe   Agamben takes a stand against this and recently cancelled lectures in the USA because, on his arrival at an airport there the authorities wanted to subject him to biometric identification (finger print and iris scan). Agamben wants to formulate a new politics, one which refuses to resign itself to the universally declared 'state of emergency' and calls a halt to the machine that makes it possible to isolate 'naked life' and thus estrange humankind from itself. He is not prepared to make a distinction between the fact that we live and the processes of living, and he is not prepared to accept there is a distinction between the biological and political body: 'A life that cannot be separated from its form is a life for which what is at stake in its way of living is living itself.'[22]

The political life that Agamben proposes positions the issue of happiness as life fulfilment at its very core: 'It defines a life – human life – in which the single ways, acts, and processes of living are never simply *facts* but always and above all *possibilities*. That is why human beings – as beings of power who can do or not do, succeed or fail, lose themselves and find themselves – are the only beings whose life is irremediably and

[21] Giorgio Agamben, *The Open: Man and Animal*, trans. Kevin Attell, Stanford, CA 2004, p. 38.

[22] Giorgio Agamben, *Means Without End: Notes on Politics* (Theory Out of Bounds) (Library Binding), trans. Vincenzo Binetti and Cesare Casarino, p. 4.

vervreemdt van zichzelf, een halt toeroept. Hij is niet bereid onderscheid te maken tussen het feit dat wij leven en de manier waarop wij leven, en niet bereid om toe te staan dat er verschil is tussen het biologische en het politieke lichaam: 'Een leven dat niet kan worden gescheiden van zijn vorm is een leven waarvoor het in zijn levenswijze om het leven zelf gaat en in zijn leven om zijn wijze van leven.'[22]

De politiek van Agamben stelt de vraag naar het geluk als levensvervulling centraal: 'Menselijk leven bestaat niet alleen en niet uitsluitend uit feiten, maar altijd en op de eerste plaats uit mogelijkheden. Omdat de mens een wezen is van mogelijkheden, een wezen dat kan kiezen iets wel of niet te doen, een wezen dat kan slagen of mislukken, is de mens het enige wezen dat het in zijn leven om geluk gaat, het enige wezen wiens leven pijnlijk en onherroepelijk aan het geluk is toegewezen.'[23] Onder verwijzing naar het klassieke politieke denken pleit Agamben er opnieuw voor de politieke gemeenschap op te vatten als plek om te leven, als plek om goed te leven.

Agamben wil daarom dat Europa zich ontwikkelt tot een plek die niet langer is gebaseerd op het recht van de burger, maar ontworpen is als toevluchtsoord voor de enkeling. Europa als aterritoriale of extra-territoriale ruimte waarbinnen iedereen op uittocht is of op zoek naar een veilige haven. In dit Europa van de exodus, waarin zowel burgers als niet-burgers welkom zijn, zouden de steden nieuwe relaties met elkaar moeten aanknopen en zo hun oude roeping als wereldsteden opnieuw invulling moeten geven. Op deze manier wil Agamben de patstelling van een Europa van de naties doorbreken en komen tot wat hij noemt een Europa van de exodus. Op deze wijze wil Agamben recht doen aan het inzicht dat 'de vluchteling tegenwoordig misschien wel de enige denkbare figuur is van

[22] Giorgio Agamben, *Moyens sans fin. Notes sur la politique*, Parijs 1995, p. 14.

[23] Ibid.

---

painfully assigned to happiness.'[23] Making reference to Classical political thinking, Agamben renews his appeal for understanding the political community as a place to live, as a place to live well.

That is why Agamben wants Europe to develop into a place that is no longer based on the rights of the citizen but is designed as a refuge for the individual, for the loner. Europe should become an a- or extra-territorial space in which everyone is engaged in an exodus or searching for a safe haven. In this Europe of exodus, where citizens as well as non-citizens are welcome, the cities should enter into new relationships with each other and should inject new content into their historic vocation as metropolises. This is how Agamben wants to break through the impasse of a Europe of nations and move towards what he terms a Europe of exodus. This is how Agamben wants to do justice to his insight that the refugee of today is perhaps the only imaginable representation of the denizens of our time, the only category in which we can detect the forms and the boundaries of a future political community.[24]

As with Zambrano, this view of exile as human condition does not lead to pessimism. It sooner focuses the gaze and leads to a more sensible view of the issues at play. The philosophy of exile teaches us to understand why we feel that the world of politics represents us less and less, and presents opportunities for that same body politic to renew itself by opening up to the foreigner. Policy-makers have a unique opportunity to think about migration, taking refuge and exodus in a different way. And it is primarily urban political life that could gain an extra impulse by once again lending an ear to the old vocation of the metropolis, by taking the foreignness of people to themselves and to each other as the starting point for establishing a new urban culture.

Translation: Andrew May

[23] Ibid.

[24] Ibid. p. 16 ff.

het volk in onze tijd, de enige categorie waarin wij de vormen en de grenzen van een toekomstige politieke gemeenschap kunnen vermoeden.'[24]

Net als bij Zambrano leidt deze opvatting van de ballingschap als menselijke conditie niet tot pessimisme. Eerder scherpt ze de blik en leidt ze tot een nuchtere kijk op de dingen. De filosofie van de ballingschap leert ons te begrijpen waarom wij ons steeds minder vertegenwoordigd voelen door de politiek en biedt diezelfde politiek kansen zich te vernieuwen door zich door de vreemdeling aan te laten spreken. Beleidsmakers krijgen de unieke kans op een andere manier over migratie, vlucht en exodus na te denken. En vooral de stedelijke politiek kan een extra impuls krijgen door aan de oude roeping van wereldstad opnieuw gehoor te geven door de vreemdheid van de mensen voor zichzelf en elkaar als uitgangspunt te nemen voor het organiseren van een nieuwe stedelijke cultuur.

[24] Idem, p. 26.

Sophia Vyzoviti

De ontmoetingsplaats voor immigranten in de binnenstad van Athene: een model van noodzakelijke fysieke omgevingsfactoren

The *Immigrants' Place of Getting Together* in Downtown Athens: A Model of Necessary Physical Environmental Conditions

De laatste tien jaar ontvangt Griekenland, van oudsher een land van waaruit mensen naar het Westen emigreren, een toenemend aantal immigranten binnen zijn grenzen, die zich vooral vestigen in de belangrijkste stedelijke centra. Sinds het begin van de jaren negentig is hun aantal gestaag toegenomen en momenteel maken ze naar schatting tien procent uit van de totale bevolking. Deze sociale groep nieuwkomers is etnisch zeer divers, want afkomstig uit een aantal verschillende landen: de Balkan, Oost-Europa, het Indiase subcontinent, het Midden- en Verre Oosten en Afrika.[1] De ruimtelijke spreiding van immigranten in Griekenland is het resultaat van eigen initiatief en heeft buiten de institutionele kaders om plaatsgevonden. In Athene, dat het merendeel van deze bevolkingsgroep heeft opgenomen, hebben de immigranten zich gevestigd in de verpauperende delen van het stadscentrum en in arbeiders- en middenklassebuurten. Hun aanwezigheid in de openbare ruimte is qua dichtheid en cohesie het meest zichtbaar in het westelijk deel van het centrum, met name binnen de historische driehoek van neoklassiek Athene, in de straten rond de centrale stadsmarkt.

Op basis van empirische waarneming, op deze locatie uitgevoerd van 2002 tot 2004, wordt in dit artikel het informele centrum onderzocht van de Atheense immigrantengemeenschap als een plek die gaandeweg wordt toegeëigend, hier aangeduid als de '*ontmoetingsplaats voor immigranten*' (*OPVI*).

Om dit stedelijke fenomeen weer te geven werd een model geïntroduceerd; een beschrijvend model dat de verbanden expliciet maakt tussen de toestand van de toegeëigende locatie en de menselijke

[1] Volgens de Sociale en economische atlas van Griekenland (T. Maloutas, *Social and Economical Atlas of Greece*, Athene 2000) is de onderverdeling van buitenlandse immigranten naar land van herkomst als volgt: Albanië 50%, Indiase subcontinent 10,5%, voormalige Sovjet-Unie 8,1%, Midden-Oosten 6,8%, Bulgarije 5,2%, Roemenië 4,8%, Polen 4,7%, Verre Oosten 3,4% en Afrika 1,7%.

During the past decade Greece, traditionally a source of immigration to the West, has become the receptor of a steadily increasing number of immigrants. Settling in the major urban centres, their population has rapidly increased since the beginning of the 1990s and today is estimated to be ten percent of the total population of the country. The geographic origins which reflect the ethnic diversity of this new social group include the Balkans, Eastern Europe, the Indian Subcontinent, the Middle and Far East and Africa.[1] The spatial establishment of immigrants in Greece has been self-organised, outside any institutionalised framework of intervention. In Athens, which has absorbed the majority of this population, immigrants have settled in deteriorating areas of the city centre and within working and middle class neighbourhoods. Their presence in public space peaks in density and cohesion in the western part of the city centre and particularly within the *historic triangle* of Neoclassical Athens in the streets around the central municipal market.

Built upon empirical observation conducted at this location between 2002 and 2004, this essay investigates the informal centre of the immigrant community in Athens as an *emergent appropriated place* which we call the *immigrants' place of getting together* (*IPOGT*).

This essay introduces a system of representation of urban phenomenon; a descriptive model that makes explicit the interrelations between the state of the appropriated location and the human activity it accommodates. The model is used to identify the physical environmental conditions that contribute to the occurrence of a phenomenon

[1] According to the Social and Economical Atlas of Greece (T. Maloutas, Social and Economical Atlas of Greece, Athens 2000) the division of foreign immigrants according to origin is: 50% Albania, 10.5% Indian Peninsula, 8.1% former USSR, 6.8% Middle East, 5.2% Bulgaria, 4.8% Romania, 4.7% Poland, 3.4% Far East, and 1.7% Africa.

Sophia Vyzoviti

activiteit die er plaatsvindt. Doel van het model is de fysieke omgevingsfactoren te identificeren die bevorderlijk zijn voor het optreden van het fenomeen op een specifieke locatie en die we als 'noodzakelijk maar niet voldoende' beschouwen. Het beschrijvende model wordt hier primair gepresenteerd als een onderzoeksmethode van fenomenen zoals die zich voordoen in de hedendaagse stad, met speciale aandacht voor de interactie tussen sociale groepen en stedelijke ruimte, en daarnaast als uitgangspunt voor de ontwikkeling van een ontwerpinstrument. Inzicht in de aard van het fenomeen en identificatie van de verbanden tussen de relevante factoren zijn namelijk essentiële vereisten voor ontwerpingrepen.

Voorspel Volgens het persbericht viel tussen 19 en 21 oktober 1999 Pantelis Kazakos, een drieëntwintigjarige veiligheidsbeambte van de Griekse nationale radio- en televisiemaatschappij, in de binnenstad van Athene in totaal negen buitenlanders aan. Hij doodde er twee en verwondde er zeven. In eerste instantie, bij de aanval van 19 oktober, vermoordde hij de tweeëntwintigjarige Koerdische immigrant Hoshevi en verwondde Hoshevi's metgezellen Sherif Handel en Ushef Rasoul.

In de nacht van 21 op 22 oktober maakte hij de volgende slachtoffers: Tommy Kofit uit Ghana, 30, gewond; Ebdi Dandon uit Bangladesh, 28, gewond; Abdul Tsimot uit Nigeria, 43, gewond; George Koudessiani uit Georgië, 30, gedood; Ahmet Messar uit Pakistan, 34, gewond; Aldi Saab uit Egypte, 30, gewond. Na zijn arrestatie bekende de moordenaar zijn daden aan de politie en rechtvaardigde

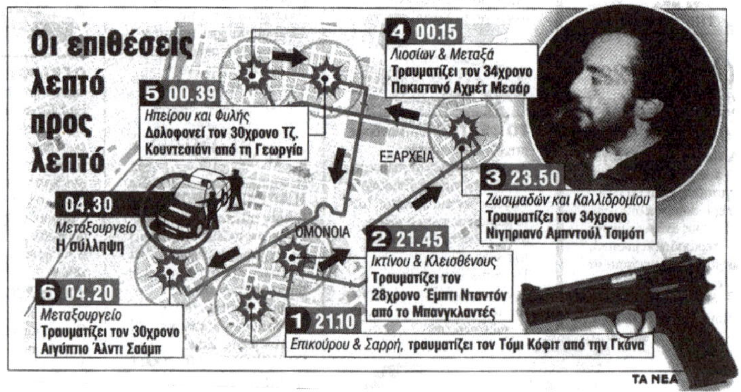

Route van 7 uur rascistische razernij / 7 hour itinerary of racist amuck

ze met de bewering dat hij 'een missie' had. Aan zijn tweeëntwintigjarige medeplichtige had hij toevertrouwd: 'Mijn missie is het land
te zuiveren van buitenlanders.' Paradoxaal genoeg schreeuwde hij
voordat hij op zijn slachtoffers schoot: 'Ik ben christen-orthodox.'
Deze uitzonderlijke misdaad, een uniek voorbeeld van een racistische
geweldsuitbarsting, is nu afgesloten: de moordenaar heeft levenslange
gevangenisstraf gekregen.

Deze misdaad werkte als een vergrootglas dat, zij het sterk ver-
vormd, liet zien dat de aanwezigheid van buitenlandse immigranten
in Athene een algemeen onderkend feit was. Het was natuurlijk
een extreem geval, maar tot op zekere hoogte ook een uiting van de
vooroordelen van het algemene publiek tegen buitenlandse immigranten in Griekenland als minderwaardige en gevaarlijke personen,
en medeoorzaak van de verslechterende economie van het land.[2] De
route die de moordenaar bij zijn aanvallen koos, bewijst dat hij dit
specifieke deel van Athene als immigrantenterritorium beschouwde.
Uit het feit dat de aanvallen zich als incidenten voordeden en plaats-
vonden op openbare plekken kunnen we afleiden dat de moordenaar
een willekeurige route liep door immigrantenterrein op zoek naar zijn
slachtoffers, een bewijs te meer van de significante aanwezigheid van
buitenlandse immigranten in de publieke ruimten van de Atheense
binnenstad. De bij de aanvallen gevolgde route laat de plattegrond
van het immigrantenterritorium zien zoals de racistische moordenaar
die in zijn hoofd had. Hij beschouwde dit deel van de Atheense binnenstad als het woongebied van immigranten en daarom werd het
zijn jachtgebied.

2
V. Karydis, *De criminaliteit van
immigranten in Griekenland*
[in het Grieks], Athene 1996.

in a particular location, which we consider necessary though not
sufficient. The construction of the descriptive model is submitted
here primarily as a method of investigating phenomena of emergence
in the contemporary city that focus on the interrelation between
social group and urban space. It can also be seen as the foundation
with which to create a design tool, since understanding the nature of
phenomena and identifying relations between relevant factors is an
essential prerequisite of design intervention.

Prelude   According to the press report, between 19 and 21
October 1999, Pantelis Kazakos, a 23-year-old security officer from
Greece's National Radio and Television Broadcasting Company, as-
saulted a total of nine – wounding seven, and killing two – foreigners
in the streets of downtown Athens. Initially, during his first assault on
19 October, he murdered the 22-year-old Kurdish immigrant Hoshevi, and wounded Hoshevi's companions Sherif Handel and Ushef
Rasoul.

The list of his victims on the night of the 21-22 October included:
Tommy Kofit from Ghana, aged 30, wounded; Ebdi Dandon from
Bangladesh, aged 28, wounded; Abdul Tsimot from Nigeria, aged
43, wounded; George Koudessiani from Georgia, aged 30, killed;
Ahmet Messar from Pakistan, aged 34, wounded; Aldi Saab from
Egypt, aged 30, wounded. After his arrest, the murderer confessed
to the police and justified his deeds, claiming he was on 'a mission'.
To his 22-year-old accomplice he had confided: 'I have the mission
to clean the country of foreigners'. Paradoxically, before shooting at

Ontmoetingsplaats voor immigranten in het centrum van Athene /
The immigrants' place of getting together in downtown Athens

Aangezien de aanvallen gericht waren tegen een sociale groep en niet tegen specifieke personen kunnen we het forensische bewijs interpreteren als empirisch gegevensmateriaal:
— De lijst van slachtoffers vormde een willekeurige doorsnede van etnische categorieën immigranten.
— De bij de aanvallen gevolgde route was een indicatie voor concentratiegebieden, een territorium van etnische immigranten in de publieke ruimte van de Atheense binnenstad.
Algemene conclusies uit de manier waarop de moordenaar zijn slachtoffers identificeerde zijn:
— In de perceptie van de Atheners zijn etnische immigranten een afzonderlijke stedelijke groep gaan vormen.
— In de perceptie van de Atheners houden etnische immigranten zich op in afzonderlijke gebieden die als immigrantenterritorium te beschouwen zijn.

In het kwalitatieve sociale onderzoek is het een algemeen erkend feit dat verkennende studies profijt hebben van serendipiteit: onverwachte en toevallige factoren die grotere implicaties hebben. In dit geval vormde deze uitzonderlijke racistische misdaad, begaan tegen immigranten in de binnenstad van Athene, een indicatie voor het potentieel van het gebied als locatie om een plek die gaandeweg wordt toegeëigend te bestuderen in een concrete stedelijke situatie. Na voorbereidend archiefonderzoek en een voorlopig rapport getiteld *Mental map of a racist serial killer*, begon ik in mei 2002 aan een systematisch veldonderzoek, waaruit zich deze casestudy ontwikkelde.

his victims he yelled 'I am a Christian Orthodox'. This extraordinary crime, an exceptional example of a racist spree, is now closed, with the murderer convicted to life imprisonment.

This crime acted as a magnifying lens, however distorted, revealing the public acknowledgment of the presence of foreign immigrants in Athens. Despite the extreme pathology of the case, the crime reflected the general public's prejudices against foreign immigrants in Greece, whom many see as inferior, dangerous and a source of deterioration to the national economy.[2] The murderer's itinerary of assaults exposes his perception of that specific area of Athens as immigrants' territory. Considering the fact that the assaults were incidental, and took place in public space, we can presume that the murderer followed a random path through *immigrant turf* in pursuit of his victims. This fact verifies the significant presence of foreign immigrants in the public space of downtown Athens. The itinerary of the assaults displays the racist killer's mental map of immigrant territory. This area of Athens was perceived as the habitat of immigrants, and served as a hunting ground.

Since the assaults were committed against a social group, rather than specific people, we could appreciate the forensic evidence as empirical data:
— The list of victims constituted a random sample of immigrant ethnic categories.
— The itinerary of assaults indicated areas of concentration, a territory of ethnic immigrants in the public space of downtown Athens.

2
V. Karydis, *The Criminality of Immigrants in Greece* [Greek text], Athens 1996.

Samenvatting van specifieke waarnemingen ter plekke   In het westelijk deel van de binnenstad van Athene en vooral in het gebied waar de Menandrou de Sophokles, Plateia Thatrou, Diplari, Sapphous, Korinis en Geraniou kruist, worden regelmatig grote concentraties Aziatische en Afrikaanse mannen waargenomen. Deze straatbijeenkomsten doen zich gedurende de hele week regelmatig voor, meestal in de vroege avond van werkdagen, en bereiken hun piek in het weekend. Op zondag zijn in bescheiden mate ook vrouwen aanwezig. Vooral in de warme maanden komen de mannen in groten getale bijeen en nemen de straat met hun aanwezigheid in bezit.

In deze reeks straten hebben de Afrikaanse en Aziatische immigranten hun publieke domein gevestigd: ze houden er hun markten, ontspannen zich, beoefenen hun godsdienst, ontmoeten elkaar en wisselen informatie uit. Er zijn momenteel meer dan honderd immigrantenwinkels, -bedrijven en -verenigingen actief. Op piekmomenten komen in het gedeelte van de Menandrou tussen de kruisingen met de Sophokles en de Euripides (een afstand van honderd meter) tweehonderd personen bij elkaar.

Hier kunnen Aziaten en Afrikanen zich ontspannen en elkaar ontmoeten zonder te worden geconfronteerd met discriminatie, en kunnen ze zich in Athene thuis voelen. Ze ontmoeten vrienden en landgenoten, komen in aanraking met producten uit hun thuisland en consumeren ze, spreken hun eigen taal en wisselen informatie uit (over werk, huisvesting en verblijfsvergunningen) die voor hun overleving in Athene van essentieel belang is. In hun lichaamshouding en de manier waarop ze bezit nemen van de straat en zich voorwerpen

Vrouwen uit Sri Lanka op Piraeus, zondagavond augustus 2004 / Sri Lankan women on Piraeus, Sunday evening, August 2004

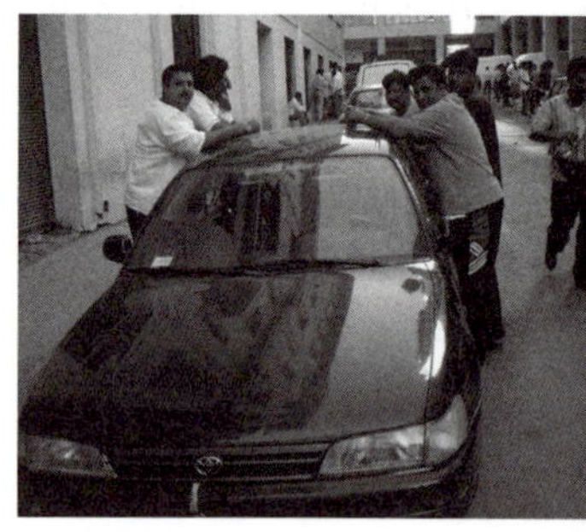

Mannen uit Pakistan op het Theaterplein, zondagavond, augustus 2003 / Pakistani men on Theatre Square, Sunday evening, August 2003

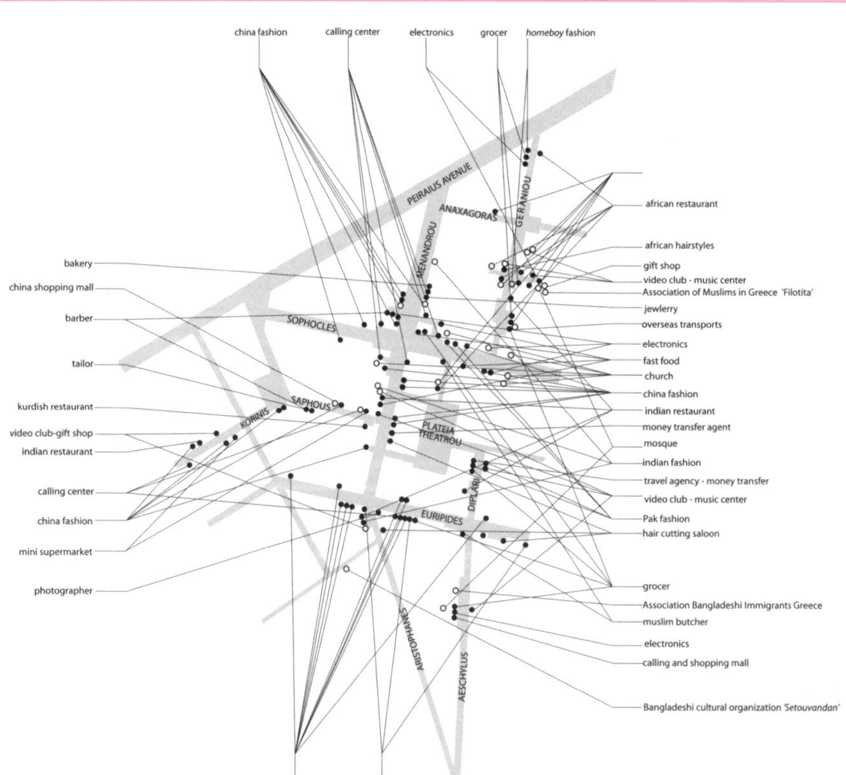

Registratie van immigrantenvoorzieningen, augustus 2004 / Registration of immigrant facilities, August 2004

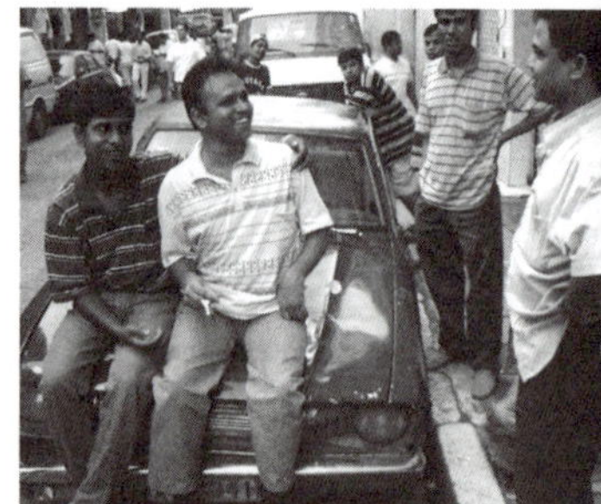

Kruispunt van Sophocles en Menandrou, vrijdagavond, juli 2003 / The intersection of Sophocles and Menandrou, Friday evening, July 2003

Mannen uit Bangladesh op de Menandrou, woensdagavond, juli 2003 / Bangladeshi men on Menandrou, Wednesday evening, July 2003

toe-eigenen, stralen ze rust, ontspannenheid en zekerheid uit. De afgelopen tien jaar is dit deel van de binnenstad onlosmakelijk verbonden geraakt met de activiteiten van immigranten in Athene, en inmiddels is duidelijk dat ze in deze stad hun eigen sociale en culturele centrum hebben gevestigd. We zullen dit gebied in de binnenstad van Athene verder aanduiden als de *OPVI*.

Verschillende groepen Aziatische en Afrikaanse immigranten hebben hun commerciële, sociale en culturele voorzieningen in deze locatie geconcentreerd, zodat de ontmoetingsplaats voor immigranten een stedelijk cluster vormt. Natuurlijk leidt deze concentratie van voorzieningen tot geografische nabijheid, maar onder verwijzing naar M.E. Porters verhandeling[3] over de invloed van clusters op concurrentie kunnen we deze geografische concentratie van immigrantengroepen van uiteenlopende etnische afkomst in de Atheense binnenstad ook definiëren als een immigrantencluster die, met discriminatie en sociaal-culturele marginalisatie als gemeenschappelijke noemer, de concurrentiestrijd aangaat om de sociale, culturele en economische ruimte in de gaststad Athene. De immigrantencluster is multi-etnisch. De etnische diversiteit van de Aziatische en Afrikaanse immigranten die samenkomen in het gebied blijkt uit het grote aantal landen van herkomst: Afghanistan, Bangladesh, China, Egypte, Eritrea en Ethiopië, Ghana, India, Irak, Koerdistan, Libanon, Nigeria, Pakistan, Soedan en Sri Lanka.[4] De vijf belangrijkste in het onderzoeksgebied[5] vertegenwoordigde etnische groepen zijn Bangladeshi, Chinezen, Pakistani, Nigerianen en Koerden. Immigrantenactiviteiten lijken zich te groeperen naar gemeenschappelijke etnische afkomst. Commerciële,

3
De definitie van concurrerende 'clusters van vernieuwing' is ontleend aan het werk van de econoom Michael E. Porter, die een cluster van vernieuwing definieert als 'een geografisch dicht bijeen liggende groep onderling verbonden bedrijven en verwante instellingen op een bepaald terrein, verbonden door zaken die ze gemeenschappelijk hebben en die elkaar aanvullen' (M.E. Porter, 'On Competition', *The Harvard Business Review Books* 1998, p. 199).

4
De genoemde landen van herkomst zijn ontleend aan interviews ter plekke. Een verslag van alle gemeenschappen van etnische immigranten in Griekenland is te vinden in: A. Marvakis, D. Parsanoglu, M. Paulou, *Immigranten in Griekenland* [in het Grieks], Athene 2001.

5
Uit waarneming komt naar voren dat 'ontmoetingsplaatsen' van Oost-Europese immigranten in de buurt liggen van, maar niet ín het gekozen onderzoeksgebied. In dit opzicht verwijst de term 'immigrantencluster' zowel naar een groter gebied als naar een groter aantal etnische groepen.

Bundeling van voorzieningen van de vijf belangrijkste etnische groepen / Clustering of facilities of five major ethnic groups

The Immigrants' Place of Getting Together in Downtown Athens: A Model of Necessary Physical Environmental Conditions

Sophia Vyzoviti

sociale en culturele voorzieningen die zijn gevestigd door personen van dezelfde etnische groep concentreren zich in afzonderlijke micro-locaties binnen de genoemde reeks straten. De immigrantencluster is de afgelopen tien jaar gegroeid en voorziet voor de Atheense immigranten in essentiële sociaal-culturele en economische behoeften.[6] Sinds in 1998 een wet van kracht werd die het buitenlanders toestond een bedrijf te vestigen als ze een verblijfsvergunning hadden aangevraagd, is de groei spectaculair geweest. Deze groei uitte zich tijdens de onderzoeksperiode (2002–2004) eerder in een toegenomen verdichting van voorzieningen dan in ruimtelijke expansie. De oorspronkelijke etnische subclusters hebben zich ontwikkeld tot locaties van multi-etnische concentratie.

Binnen de ruimtelijke uitgebreidheid van hun ontmoetingsplaats eigenen de immigranten zich alle beschikbare stedelijke ruimtes toe en creëren zo een denkbeeldig territorium waarop ze zonder angst voor discriminatie hun culturele identiteit kunnen projecteren. Twee soorten toe-eigening zijn waargenomen: de ene bestaat uit louter inbezitneming en uit zich primair in straatbijeenkomsten, de andere brengt semi-permanente elementen voort die we als stilistische toe-eigening kunnen omschrijven. Stilistische toe-eigening verleent de ontmoetingsplaats voor immigranten een specifieke sfeer. De inbezitneming van de straat is dynamisch en kent pieken en dalen in de wekelijkse en dagelijkse activiteitencyclus. Bij hun toeeigening van de straat gaan de immigranten creatief om met de stedelijke ruimten en objecten; ze gebruiken die op onconventionele manieren,

6

In stedenbouwkundige onderzoeken wordt een economische agglomeratie van immigranten gedefinieerd als een economische of etnische enclave. 'In sommige steden zijn de immigrantenvestigingen inmiddels zo groot en dichtbevolkt dat de immigranten talrijke bedrijven hebben opgericht waar ze andere leden van hun ethische groep in dienst nemen. Deze etnische enclaves kunnen economische kansen bieden die in de gemeenschap als geheel niet beschikbaar zijn voor immigranten' (N. Kleniewski, *Cities, Change and Conflict. A Political Economy of Urban life*, Belmont 2001, p. 184). Het is nuttig het onderscheid aan te geven tussen de begrippen enclave en getto: 'het verschil tussen een enclave en een getto is deels ook het verschil tussen vrijwillige en onvrijwillige clustervorming. Als een groep elkaar onderling opzoekt voor wederzijdse hulp en om deel te hebben aan vertrouwde institutionele structuren, kan hun gemeenschap als een enclave worden beschouwd. Als ze alleen bij elkaar blijven omdat ze nergens anders welkom zijn, wordt de clustervorming onvrijwillig en gaat hun gemeenschap op een getto lijken' (Kleniewski, op.cit.).

We could also generalise from the murderer's method of victim identification:
— Ethnic immigrants have emerged, in the Athenians' perception, as a distinct urban group.
— Ethnic immigrants have emerged, in the Athenians' perception, as having a distinctive spatial allocation regarded as immigrant territory.

It is generally acknowledged in qualitative social research that exploratory studies take advantage of serendipity; those unexpected or chance factors that have larger implications. In this case, an extraordinarily racist crime committed against immigrants in the streets of downtown Athens indicated the potential investigation setting as *field site* for studying an emergent appropriated place in a real urban situation. After preliminary archival research, and a report entitled 'Mental Map of a Racist Serial Killer', I started, in May 2002, to systematically engage in research in the field, leading to the development of this case study.

Summary of Particular Observations in the Field   In the western part of downtown Athens, and particularly in the streets including Menandrou and its intersections with Sophocles Street, Plateia Theatrou, Diplari, Sapphous, Korinis, and Geraniou, large concentrations of Asian and African men are regularly observed. These street gatherings occur throughout the week, on weekdays mostly in the early evening, reaching their peak during the weekend. On Sundays there

soms lijkt het wel of ze opnieuw ontwerpen.

Conceptueel kader voor de ontwikkeling van het model   De *OPVI* is een voorbeeld van het stedelijke fenomeen van plaatsen in opkomst: locaties die spontaan worden toegeëigend door stedelijke groepen om te voorzien in essentiële sociale, culturele en economische behoeften waar in ruimtelijke termen geen rekening mee is gehouden. Ik zal trachten een verklaring te geven voor het feit dat de *OPVI* op deze specifieke locatie is ontstaan. Omdat het geven van een verklaring ons primaire doel is, is er een beschrijvend model gecreerd.[7]

De verbanden tussen de toestand van de toegeëigende locatie en de groepsactiviteiten die er plaatsvinden zijn expliciet gemaakt en daarbij wordt als conceptuele structuur het door Alexander Tzonis geïntroduceerde kader van 'morfologie', 'operativiteit' en 'performativiteit' gehanteerd.[8] Toegespitst op de *OPVI*:

— morfologie verwijst naar de fysieke kenmerken van de stedelijke locatie, de ruimten en objecten die de immigranten zich hebben toegeëigend;

— operativiteit naar de informele interactie binnen de immigratengroep die plaatsvindt in de toegeëigende ruimten en objecten en ook naar het geheel van activiteiten dat verband houdt met interactie tussen de immigranten en deze bevordert;

— performativiteit verwijst naar de mate waarin deze interactie die in de toegeëigende locatie plaatsvindt, bevorderlijk is voor het vervullen van de behoeften, wensen en doelstellingen (tezamen als 'normen' aangeduid) van de immigranten.

7
M. Echenique, 'Models: a discussion' (1968), in: L. Martin, L. March (red.), *Urban Space and Structures*, Londen 1972.

8
A. Tzonis, L. Oorschot, Frames – Plans – Representations: Concept dictaat inleiding programmatische & functionele analyse, Faculteit Bouwkunde-Vakgroep Geschiedenis, Media en Theorie van Architectuur en Stedenbouw, Delft 1987.

---

is also a discreet presence of women. Especially during the warm months of the year the men gather in large numbers and take over the street space with their presence.

In this set of streets, African and Asian immigrants have established their public domain: their market, recreation, religion, social interaction and information exchange spaces. There are more than a hundred immigrants' stores, enterprises and associations in operation today. There are two hundred people gathering in the street space of Menandrou between its intersection with Sophocles and Euripides Street – a distance of one hundred metres – at peak times.

Asian and African people recreate and socialise here without being confronted by discrimination, they can experience Athens as a place of belonging. They get together with friends and fellow countrymen, communicate with and consume products from their homeland, speak their native language, and exchange information – about work, housing or residence permits – that is essential for their survival in the city of Athens. Their bodily postures, the way they occupy the street space and appropriate objects, displays comfort, relaxation and security. During the past decade this part of the city centre has become embedded in the practices of Athens immigrants. Today it denotes that they have established their social and cultural centre in the city of Athens. In this essay this area of downtown Athens will be referred to as the immigrants' place of getting together (*IPOGT*).

The *IPOGT* comprises an urban cluster. Different ethnic groups of Asian and African immigrants having aggregated their commercial, social and cultural facilities in this location. Besides the evident

Doel van het beschrijvende model van de *OPVI*, binnen het wetenschappelijke kader van de stedenbouwkundige planning, is het vaststellen van de fysieke omgevingsfactoren die bevorderlijk zijn voor het ontstaan ervan. De fysieke omgeving wordt gezien als een toestand die grenzen stelt aan het menselijk gedrag – wat remmend kan werken of zaken juist vergemakkelijkt – en niet als een bepalende oorzaak. Spontane toe-eigening van stedelijke locaties door stedelijke groepen is een fenomeen dat niet deterministisch kan worden voorspeld. Wel zijn er fysieke omgevingsparameters die er invloed op uitoefenen. Het standpunt dat hier wordt ingenomen, is dat hoewel het bestaan van bepaalde beïnvloedende fysieke omgevingskenmerken binnen de stedelijke locatie geen garantie is voor toe-eigening door een groep (er zijn niet *voldoende* voorwaarden), die toe-eigening wel onmogelijk kan worden als ze er niet zijn (het zijn *noodzakelijke* voorwaarden). Het onderzoek is naar fysieke omgevingsfactoren die beperkingen opleggen aan het ontstaan van de *OPVI*, met de bedoeling tot een model te komen van noodzakelijke (maar niet voldoende) fysieke omgevingsfactoren.

Ontwikkeling van het beschrijvende model van de ontmoetingsplaats voor immigranten in de binnenstad van Athene   Het beschrijvende model wordt via logische deductie opgebouwd op basis van empirische waarnemingen en literatuurbronnen. Na een analyse van de sociaal-culturele functies worden de fysieke omgevingsfactoren die deze sociaal-culturele functies beperken geïdentificeerd. De logische argumentatie die volgt uit de ontwikkeling van dit model is als volgt:

geographic proximity in the concentration of facilities, M.E. Porter's thesis[3] will be taken into consideration in regard to the effect of clusters on competition, it could, accordingly, be defined as an *immigrant cluster*. A cluster of immigrant groups of different ethnic origins who are linked by commonalities of discrimination and socio-cultural marginalisation that compete for social, cultural and economic space. The immigrant cluster is multi-ethnic. The ethnic diversity of the Asian and African immigrants congregating in the area includes many countries of origin: Afghanistan, Bangladesh, China, Egypt, Eritrea and Ethiopia, Ghana, India, Iraq, Kurdistan, Lebanon, Nigeria, Pakistan, Sudan and Sri Lanka.[4] The five major ethnic groups present in the area are the Bangladeshi, the Chinese, the Pakistani, the Nigerian and the Kurdish.[5] Immigrant activity appears to aggregate according to common ethnic origin. Commercial, social and cultural facilities established by people of the same ethnic group concentrate in distinct micro locations within the set of streets.[6] Since the 1998 legal act permitting the establishment of businesses by foreigners on the basis of a residence permit application, it has displayed a spectacular rhythm. During this field research (2002-2004), the growth of the cluster has shown an increase in the density of facilities within the area rather than spatial expansion. The originally distinct ethnic sub-clusters have evolved into locations of multiethnic concentration.

Within the spatial expanse of their place of getting together, immigrants appropriate all available urban space in order to produce an imaginary territory where they can project cultural identity without

3
The definition of competitive 'clusters of innovation' is attributed to the work of economist Michael E. Porter, who defines a cluster of innovation as 'a geographically proximate group of interconnected companies and associated institutions in a particular field, linked by commonalities and complementarities'. M.E. Porter, 'On Competition', *The Harvard Business Review Books* 1998, p. 199.

4
The countries of origin stated derive from interviews in the field. An account of all communities of ethnic immigrants in Greece is presented in: A. Marvakis, D. Parsanoglu and M. Paulou, *Immigrants in Greece* [Greek text], Athens, 2001.

5
Observation has indicated 'places of getting together' of Eastern European immigrants in proximity with but outside the designated area of study. In this respect the term 'immigrant cluster' refers to both a larger area and a larger number of ethnic groups.

6
In urban studies an immigrant economic agglomeration is defined as an economic enclave or

1. Als doorslaggevende performativiteit van deze toegeëigende plek beschouwt het model zijn vermogen de identiteit van de groep in kwestie te bevestigen.

2. Als secundaire performativiteit van deze toegeëigende plek beschouwt het model het beantwoorden aan de groepsnormen: de doelstellingen, normen en overtuigingen die de identiteit van de groep in kwestie uitmaken.

3. Als essentiële operativiteit beschouwt het model de interactie binnen groepen die beantwoordt aan de secundaire groepsnormen.

4. Als secundaire operativiteit beschouwt het model het geheel van verwante activiteiten, individuele en collectieve, die de interactie binnen groepen beperken.

5. Het model identificeert en toont de ruimtelijke afbakeningen van het geheel van verwante activiteiten die de interactie tussen groepen beperken. Opeenvolgingen van activiteiten worden weergegeven in precieze activiteitengrafieken en op plattegronden geprojecteerd, zodat er locatieactiviteiten -grafieken of topografische netwerken ontstaan.

6. Het model identificeert intrinsieke en contextuele morfologische eigenschapen van de ruimtelijke afbakeningen die bevorderlijk zijn voor activiteiten die verband houden met interactie binnen groepen. Het model hanteert drie onderzoeksschalen: de stedelijk-regionale schaal, de schaal van het stedelijke en de micro-locationele schaal.

Performativiteit   'Performativiteit' verwijst naar de invloed van de interactie binnen groepen op de toegeëigende locatie op de behoeften,

fear of discrimination. Two kinds of appropriation were observed in this particular case: one that consists purely of occupation and is manifested primarily by street gatherings and one that produces semi-fixed spatial elements – stylistic appropriation. Stylistic appropriation enhances the *IPOGT* with a particular atmosphere. Occupancy of the streetscape is dynamic and shows peaks and dips of activity during the weekly and daily cycle. In the realm of streetscape appropriation immigrants creatively engage with urban spaces and objects assigning unconventional uses and practically re-designing them.

Conceptual Framework for the Development of the Model

The *IPOGT* is represented as an instance of the urban phenomenon of *emergent places*; locations spontaneously appropriated by urban groups in order to fulfil essential social, cultural or economic needs that have not been accounted for in spatial terms. We attempted to provide an explanation of the occurrence of the *IPOGT* in this particular location. As the primary intention is explanatory, a *descriptive model*[7] was constructed.

The explicit interrelations between the state of the appropriated location and the group activity it accommodates, employs as conceptual structure the 'Morphology, Operation, Performance' framework introduced by Alexander Tzonis.[8] In this case

— *Morphology* refers to the physical characteristics of the urban location, spaces and objects that the immigrants have appropriated.

— *Operation* refers to informal interaction within the immigrant

ethnic enclave. 'In some cities immigrant settlements have become so large and dense that immigrants have established numerous businesses in which they employ other members of their ethnic group. These ethnic enclaves can provide economic opportunities that may not be available to immigrants in the wider community.' (N. Kleniewski, *Cities, Change and Conflict. A Political Economy of Urban life*, Belmont 2001, p. 184) It is noteworthy to add the distinction between the notions enclave and ghetto: 'the difference between an enclave and a ghetto is also partly the difference between voluntary and involuntary clustering. To the extent that a group sticks together for mutual aid and to participate in familiar institutions, their community can be thought as an enclave. To the extent that they stay together because they are not welcome anywhere else, their clustering becomes involuntary and their community resembles a ghetto.' (Kleniewski, *Cities, Change and Conflict*, op. cit.).

7
M. Echenique, 'Models: A Discussion' (1968), in: L. Martin and L. March (eds.), *Urban Space and Structures*, London 1972.

Sophia Vyzoviti

Morphology				Operation				Performance		
Metrics	and	Topology	of Spatial envelopes	constrains	Activity System	constrains	Intra-group Interaction	impacts	Intermediary norms	impact	Highest level norm

Conceptueel kader voor de ontwikkeling van het beschrijvende model van de ontmoetingsplaats voor immigranten /
Conceptual framework of the descriptive model of the immigrants' place of getting together

wensen en doelstellingen van die groep, die we aanduiden als normen.

Bij de definitie van het effect van de *OPVI* wordt ervan uitgegaan dat de immigranten in Athene een stedelijke subcultuur vormen, een groep met een eigen, kenmerkende sociale structuur en een symbolisch stelsel waarvan eigen normen, waarden en overtuigingen deel uitmaken die hun identiteit bepalen en hun activiteiten structureren.[9]

Er zijn binnen de immigrantengroep natuurlijk verschillen in maatschappelijke klasse, ras en geslacht die een verdere subculturele onderverdeling mogelijk maken, maar in de opbouw van het beschrijvende model gaan we uit van de heersende immigrantennormen. Inzicht in de primaire behoeften, wensen en doelstellingen van de immigranten maakt hun bedoelingen duidelijk bij het toe-eigenen van de betreffende locatie.

De wezenlijke sociale en culturele behoeften waaraan deze gaandeweg toegeëigende plek beantwoordt, leiden we af uit een combinatie

[9] Volgens Bourdieu 'maken overtuigingen, tradities, normen en waarden en taal deel uit van een cultuur; een cultuur leert ook bepaalde praktijken aan door individuen en groepen een plaats te geven in geïnstitutionaliseerde hiërarchieën. Cultuur belichaamt machtsrelaties, of dit nu is in de vorm van gewoonten, objecten, systemen of instituten. Symbolische systemen zijn 'structurerende structuren': een middel om de sociale wereld de ordenen

group that occurs in appropriated spaces and objects as well as to the system of activities that are associated with and supporting immigrant interaction.

— *Performance* refers to the impact of the interaction occurring in the appropriated location to the satisfaction of immigrants' needs, goals, and objectives that we call *norms*.

[8] A. Tzonis and L. Oorschot, *Frames – Plans – Representations: Concept dictaat inleiding programmatische & functionele analyse*, Faculteit Bouwkunde-Vakgroep Geschiedenis, Media en Theorie van Architectuur en Stedenbouw, Delft 1987.

The goal of the descriptive model within the scientific scope of urban design is the identification of the physical environmental conditions that contribute to its existence. The investigation subject was the physical environment as a state that constrains human behaviour – which can be facilitating or inhibiting – rather than as a determining cause. The spontaneous appropriation of urban locations by urban groups is an urban phenomenon that cannot be deterministically forecast. Nevertheless, it is influenced by certain physical environmental parameters.

The position adopted here is that while the existence of certain influential physical environmental properties within an urban location cannot guarantee its appropriation by a group (they are not *sufficient* conditions), their absence can in fact inhibit appropriation (they are *necessary* conditions). Thus physical environmental conditions constraining the occurrence of the *IPOGT* were investigated, with the intention to construct a model of *necessary* – but not *sufficient* – physical environmental conditions.

van wat de empirische gegevens ons vertellen en eerdere etnografische onderzoeken onder immigrantengroepen.

Veiligheid   Permanente vestiging van een etnische gemeenschap op een specifieke stedelijke locatie versterkt het gevoel van veiligheid en het zich thuis voelen in een stadslandschap. De *OPVI* vormt de hoogste concentratie van immigranten in Athene, een zichtbare uitdrukking van 'de veiligheid van de groep'.[10] Veiligheid is een van de essentiële behoeften bij immigranten is waaraan wordt beantwoord.

Uitingsvrijheid   Het uiting geven aan de culturele identiteit zonder angst voor discriminatie is voor immigranten en etnische minderheden van wezenlijk belang. In alle sociale arena's fungeert discriminatie als katalysator voor sociale interactie binnen de diaspora en de ontwikkeling van locaties die immigranten bezitten en beheren.[11] De *OPVI* maakt de sociale interactie zonder dreiging van een racistische confrontatie mogelijk en vergroot daardoor de uitingsvrijheid.

Zich thuis voelen   De vestiging van culturele instellingen is van essentieel belang voor het cultureel bewustzijn van een groep. De vestiging van een groep immigranten in een nieuwe stedelijke omgeving doorloopt drie fasen: aankomst, vestiging en assimilatie.[12] De 'ontmoetingsplaats' is de locatie waar de culturele instellingen, religieuze centra en verenigingen momenteel gevestigd zijn. In dit artikel zal niet verder ingaan worden op de vraag of de Atheense immigranten in hun gastomgeving kunnen of willen assimileren, maar we constateren wel

en begrijpen' (P. Bourdieu, *The logic of practice*, Londen 1990).

10
K.R. Dudrah, 'Birmingham (UK): Constructing city spaces through Black popular culture and the Black public sphere', *City: analysis of urban trends, culture, theory, policy, action*, 6 (2002) nr. 3.

11
E J. White, 'Forging African Diaspora Places in Dublin', *City: analysis of urban trends, culture, theory, policy and action*, 6 (2002) nr. 1.

12
G. Seufert, 'Between religion and ethnicity: a Kurdish – Alevi tribe in Globalizing Istanbul', in: A. Oncu, P. Weyland (red.), *Space, culture and Power. New identities in globalizing cities*, Londen/New Jersey 1997.

Development of the Descriptive Model of the IPOGT in Downtown Athens   The descriptive model is constructed on the basis of empirical observations and literature sources by means of logical inference. The analysis of the social-cultural functions led to the identification of the physical environmental conditions that constrain these social-cultural functions. The logical argumentation that the development of the model entails is as follows:

1. The model considers as overriding Performance of this emergent place its ability to confirm the particular groups' identity.

2. The model identifies as intermediary Performance of this emergent place the satisfaction of group norms: goals, values and beliefs that constitute the particular group identity.

3. The model identifies the essential Operation, intra-group interaction that satisfies intermediary group norms.

4. The model identifies the intermediary Operation; the system of associated activities, individual and collective, constraining intra-group interaction.

5. The model identifies and represents the spatial envelopes of the system of associated activities constraining group interaction. Sequences of activities are represented by directed activity graphs and superimposed on plans, lead to activity location graphs or topographic networks.

6. The model identifies intrinsic and contextual Morphological properties of the spatial envelopes that contribute to the occurrence of activities associated with intra-group interaction. The model addresses three scales of investigation: the urban-regional, the scale of the urban and the micro-locational scale.

dat de groep zich op dit moment aan het vestigen is en dat de betreffende locatie hen in staat stelt zich in de stad thuis te voelen.

Relaties met het land van herkomst   Uit antropologische onderzoeken naar diaspora's blijkt dat er altijd een emotionele band zichtbaar blijft tussen ontheemde gemeenschappen, zoals vluchtelingen of immigranten, en hun plaats van herkomst, want 'diaspora's laten altijd een spoor achter van collectieve herinnering aan een andere plaats en tijd en creëren nieuwe plattegronden van verlangen en gehechtheid'.[13] Op de *OPVI* worden zowel op symbolisch als praktisch niveau relaties met het thuisland onderhouden.

Hulp bij dagelijkse problemen   De antropologe Marina Petronoti, die onderzoek heeft gedaan bij de gemeenschap van Eritrese immigranten in Athene, merkt op dat de ontmoetingsplaatsen de plek zijn waar de Eritreërs horen of er nieuwelingen zijn aangekomen, elkaar over hun land van herkomst op de hoogte houden en informatie uitwisselen over werk, huisvesting, wetgeving en de gesprekken in de ambassade, waar ze gretig op wachten om naar weer een volgend land te kunnen emigreren. De nieuwkomers komen naar deze ontmoetingsplaatsen om toe te treden tot het sociale netwerk van de immigrantengemeenschap en hulp te vragen aan mensen die er al langer zitten.[14] Op de ontmoetingsplaats krijgen immigranten hulp bij hun dagelijkse problemen.

[13]
A. Gray, *Research Practice for Cultural Studies. Ethnographic Methods and Lived Cultures*, Londen 2003.

[14]
M. Petronoti, *Portret van een interculturele relatie* [in het Grieks], Athene 1998.

Performance   'Performance' refers to the impact of interaction within the group occurring in the appropriated location to the group's needs, goals, and objectives that are called norms.

The essential assumption for the definition of the performance of the *IPOGT* is that the immigrants of Athens constitute an urban subculture, a group with distinct social structural characteristics and a symbolic system with particular norms, values and beliefs that constitute their identity and structure their practices.[9]

While there are class, race and gender distinctions within the immigrants group, leading to finer subcultural divisions, in the construction of the descriptive model we consider the prevailing immigrant norms. Gaining insight into the immigrants' principal needs, goals and objectives reveals their intentions in appropriating the particular location.

The essential social and cultural needs that are satisfied in this emergent place were deducted, combining evidence from empirical data and precedent ethnographic studies on immigrant groups.

[9]
According to Bourdieu 'Culture includes beliefs, traditions, values and language; it also mediates practices by connecting individuals and groups to institutionalised hierarchies. Whether in the form of dispositions, objects, systems or institutions, culture embodies power relations. Symbolic systems are "structuring structures": as means of ordering and understanding the social world'. P. Bourdieu, *The Logic of Practice*, London 1990.

Safety   Settlement and establishment of an ethnic community in a specific urban location enhances the feeling of safety and belonging to a cityscape. The *IPOGT* presents the highest concentration of immigrants in the city of Athens, a visible notion of 'safety in numbers'.[10] Therefore one can argue that one essential need of the immigrants satisfied here is safety.

[10]
K.R. Dudrah, 'Birmingham (UK): Constructing City Spaces through Black Popular Culture and the Black Public Sphere', *City: Analysis of Urban Trends, Culture, Theory, Policy, Action*, 6 (2002) no. 3.

Financiële voordelen   De conceptuele structuur van het model richt zich vooral op de sociaal-culturele functies van de *OPVI*, maar ook de economische voordelen van de immigrantencluster mogen niet onbelicht blijven. Er zijn vestiging geconstateerd van immigranten-winkels en -bedrijven, waarvan de cliëntèle overwegend uit immigranten bestaat maar ook wel uit Grieken. Daarnaast zijn immigrantenwerknemers die in immigrantenbedrijven werken plus een aantal immigranten die als zelfstandig straatverkoper actief zijn. Met andere woorden, we zijn getuige van het ontstaan van een enclave-economie van immigranten. Andere immigranten vinden in het gebied werk in loondienst bij Griekse bedrijven, waarvoor ze meestal spontaan op straat worden aangeworven. Aangezien de immigrantenwinkels en -bedrijven commerciële banden onderhouden met het land van herkomst, groeit de immigrantencluster in Athene uit tot een knooppunt in het wereldwijde handelsnetwerk.

De conclusie luidt dat de vorming van een ontmoetingsplaats voor immigranten in tweeërlei opzicht tot essentiële voordelen leidt. Het belangrijkste sociaal-culturele voordeel is de bevestiging van de identiteit en de versterking van het gemeenschapsgevoel onder immigranten, omdat wordt beantwoord aan hun behoefte aan veiligheid, uitingsvrijheid, zich thuis voelen, banden met het land van herkomst en hulp bij het dagelijks overleven. Tot de economische voordelen behoren het ontstaan van de enclave-economie van immigranten die deel uitmaakt van het wereldwijde handelsnetwerk en de werkgelegenheid binnen het gebied.

Freedom of Expression   The expression of cultural identity without fear of discrimination is essential to immigrants and ethnic minorities. Discrimination, in all social arenas, provides the catalyst for intra-diaspora social interaction, and the development of immigrant-owned and managed locations.[11] One can argue that the *place of getting together* facilitates immigrants' social interaction without the threat of racist confrontation enabling freedom of expression.

Belonging   The establishment of cultural institutions is essential to a group's cultural consciousness. The process of an immigrant group's settlement in a new urban environment entails three phases: arrival, establishment and assimilation.[12] The *IPOGT* is the location where immigrants' cultural institutions, places of worship and civic associations are currently established. While in the course of this essay there is no expansion on the ability or desire of Athens immigrants to assimilate into the host environment, it is acknowledged that the group is now in the process of establishment and that the particular location enables them to experience the city as a place of belonging.

Relations with the Home Country   Anthropological diaspora studies attest that displaced communities like refugees or immigrants always bare an emotional link with the place of origination, as 'Diasporas always leave a trail of collective memory about another place and time and create new maps of desire and attachment'.[13] In the *IPOGT* relations with the home country are attained both on a symbolic as well as on a practical level.

[11]
E J. White, 'Forging African Diaspora Places in Dublin', *City: Analysis of Urban Trends, Culture, Theory, Policy, Action*, 6 (2002) no. 1.

[12]
G. Seufert, 'Between Religion and Ethnicity: A Kurdish – Alevi Tribe in Globalizing Istanbul', in: A. Oncu and P. Weyland (eds.), *Space, Culture and Power. New Identities in Globalizing Cities*, London/New Jersey 1997.

[13]
A. Gray, *Research Practice for Cultural Studies. Ethnographic Methods and Lived Cultures*, London 2003.

Operativiteit 'Operativiteit' verwijst naar de informele interactie binnen groepen en naar het geheel van verwante en ondersteunende activiteiten[15] dat plaatsvindt op de toegeëigende locatie. Informele interactie onder immigranten wordt van essentieel belang geacht in de zin dat ze de culturele kern[16] versterkt van de identiteit van iedere etnische groep en van de groep immigranten in Athene als geheel. Het onderzoek richt zich uitsluitend op de interactie binnen de immigrantengroep (interactie binnen groepen) en laat zien hoe deze beantwoordt aan de specifieke sociale en culturele behoeften van de immigranten. Interactie tussen groepen en tussen de verschillende immigrantengroepen en de inheemse Atheners is op de locatie niet bestudeerd en dan ook niet in het model opgenomen.

De volgende vormen van interactie onder immigranten worden beschouwd als de essentiële operativiteit in de *OPVI*:
— spreken van de moedertaal
— samenkomen met mensen van dezelfde etnische groep
— vrienden ontmoeten
— informatie uitwisselen
— feesten vieren
— religieuze activiteiten

Daarnaast worden verwante en ondersteunende activiteiten met betrekking tot de interactie binnen groepen op de ontmoetingsplaats voor immigranten geïdentificeerd. Deze activiteiten zijn een secundaire activiteit die bevorderlijk is voor de interactie binnen de groep. Ik classificeer de activiteiten die de essentiële interactie binnen groepen

Bijeenkomst voor een geldwisselkantoor in de Menandrou, zondagmiddag, augustus 2003 / Gathering outside a money transfer agency in Menandrou, Sunday midday, August 2003

Bijeenkomst voor een Aziatische kruidenier in de Menandrou, zondagmiddag, augustus 2004 / Gathering outside an Asian Grocery in Menandrou, Sunday midday, August 2004

Help for Everyday Problems Anthropologist Marina Petronoti, who investigated the community of Eritrean immigrants in Athens, mentions that in the hangouts, Eritrean people learn about new arrivals, exchange news from home, information about work, houses, laws and interviews in embassies, while they eagerly await to emigrate to yet another country. It is to these hangouts that the newcomers come, in order to enter the immigrant community social network and to ask help from senior members.[14] In the *IPOGT* immigrants find help for everyday problems.

Financial Benefits Although within the conceptual structure of the model the primarily focus lays on the social-cultural functions of the *IPOGT* – one ought to acknowledge the economic benefits of the immigrant cluster. We have registered the establishment of immigrant-owned stores and enterprises serving mostly immigrant clientele as well as some Greeks. At the same time, we have observed immigrant employees working in immigrant owned businesses as well as a number of self-employed immigrant street merchants. Therefore we have witnessed the emergence of an immigrant enclave economy. Immigrants also find employment in the area as employees in Greek businesses, usually spontaneously recruited on the street. As immigrant stores and enterprises maintain commercial links with the country of origin, the immigrant cluster in Athens becomes a node in a global trade network.

Straatbijeenkomsten in de Menandrou, zondagmiddag, januari 2004 / Street gatherings in Menandrou, Sunday midday, January 2004

Wandelen en elkaar ontmoeten op het trottoir van de Korinis, zondagmiddag, augustus 2003 / Strolling and congregating, the sidewalk of Korinis, Sunday midday, August 2003

38

beperken als individuele en collectieve activiteiten en bespreek uitgebreid kenmerkende, met elkaar samenhangende activiteiten.

Straatbijeenkomsten   De gemakkelijkst waarneembare collectieve activiteit in het gebied is het bijeenkomen op straat: kleine groepjes mannen die zich spontaan verzamelen in elke beschikbare openbare ruimte in het stelsel van straten en pleinen. Bij straatbijeenkomsten treedt essentiële interactie binnen groepen op, zoals het samenzijn met personen van dezelfde etnische groep, spreken van de moedertaal en uitwisselen van informatie. Straatbijeenkomsten vormen spontane toe-eigeningen van de straat en worden beperkt door de voetgangerscirculatie tussen de aankomst- en vertrekpunten van het openbaar vervoer en de locaties waar de immigrantenvoorzieningen zijn gevestigd. Straatbijeenkomsten fluctueren sterk in intensiteit, met duidelijke pieken in omvang en intensiteit in het weekend en op doordeweekse avonden. De individuele activiteiten die deel uitmaken van de straatbijeenkomsten zijn: staan, wachten, leunen, zitten, zich aan objecten vasthouden, omhelzen, voedsel en drank neerzetten, kijken, mobiel telefoneren en telefoonkaarten verhandelen.

Circulatie   De circulatie, zowel van voetgangers als van voertuigen in het stratenstelsel van de ontmoetingsplaats voor immigranten, is een belangrijke secundaire activiteit die de sociale interactie tussen immigranten bevordert. De twee soorten circulatie blijken in de loop van de dag en de week omgekeerd evenredig toe en af te nemen. De voetgangerscirculatie van de immigranten bereikt zijn piek vooral op

In conclusion, there are two aspects of the performance of the *IPOGT* that could be considered as essential benefits from its formation. The prime social-cultural benefit is the confirmation of identity and the enhancement of the immigrants' sense of community by the satisfaction of their needs for safety, freedom of expression, belonging, relationships with the home country and help for everyday survival. Economic benefits include the immigrants' emergent enclave economy, being part of a global trade network and the possibilities to find employment within the area.

Operation   'Operation', refers to the informal interaction within the group as well as to the system of activities[15] associated with and supporting it that occur in the appropriated location. Informal interaction among immigrants is considered essential, to the degree that it supports the *cultural core*[16] of the distinct identity of each ethnic group as well the identity of immigrants in Athens as one group. Exclusively taken into consideration was the interaction within the immigrants' group – intra-group interaction – it indicated how this satisfies the specific social and cultural needs of the immigrants. Intergroup interaction between different immigrant groups and indigenous Athenians has not been observed in the location and it is not incorporated in the model.

   The following interaction among immigrants' activities to be the *essential* Operation- in the *IPOGT* were considered:
— Use of mother tongue
— Hanging out with people of own ethnic group

15
Volgens Bourdieu 'is activiteit een categoriserende term voor een verscheidenheid aan handelingen gegroepeerd onder een algemenere categorie (...) Verder heeft activiteit een aantal eigenschappen. Het heeft tijdsduur, een plaats in de tijd, meestal bepaald door het beginmoment, een plaats in een opeenvolging van gebeurtenissen, en een vaste plaats of route in de ruimte' (F.S. Chapin, *Human activity patterns in the city. Things people do in time and in space*, New York 1974).

16
Amos Rapoport acht het identificeren van de culturele kern die het profiel van een gebruikersgroep bepaalt – een specifieke levensstijl en een verzameling belangrijke activiteiten en de perifere elementen van een cultuur – van cruciaal belang voor de ontwerpen van cultuur-ondersteunende omgevingen. Hij stelt: 'Wanneer een omgeving het functioneren van kernelementen belemmert en onmogelijk maakt, kan dat een bedreiging vormen voor de overleving van de cultuur van die groep' (A. Rapoport, 'Cross-Cultural Aspects of Environmental Design', in: I. Altman, A. Rapoport, J. Wohlwill (red.), *Human Behavior and Environment. Advances*

15
According to Chapin 'activity is a classificatory term for a variety of acts grouped together under a more generic category ... Furthermore activity has a number of properties. It has duration, a position in time, usually designated by the start time, a place in a sequence of events, and a fixed location or a path in space'. F.S. Chapin, *Human Activity Patterns in the City. Things People Do in Time and in Space*, New York 1974.

16
Amos Rapoport considers the identification of the cultural core, which defines a user group profile; a particular lifestyle and a set of important activities, and the peripheral elements of a culture, to be crucial for the design of culture-supportive environments. He states that 'when environments inhibit and make impossible the functioning of core elements, a groups' cultural survival might be threatened'. (A. Rapoport, 'Cross-Cultural Aspects of Environmental Design', in: I. Altman, A. Rapoport and J. Wohlwill (eds.), *Human Behavior and Environment. Advances in Theory and Research: Volume 4: Environment and Culture*, New York/London 1980.)

doordeweekse avonden en in het weekend, als het rijdend verkeer is geluwd. De circulatie van voetgangers is in de eerste plaats bevorderlijk voor straatbijeenkomsten en incidentele ontmoetingen en beperkt de uitwisseling van informatie. Specifiek individuele activiteiten in verband met circulatie die zijn waargenomen zijn wandelen, slenteren en onderweg ergens naartoe zijn.

Clustervorming van etnische subgroepen   Een in het oog springend kenmerk van de *OPVI* was de aanwezigheid van etnische subclusters binnen een multi-etnisch territorium: afzonderlijke etnische groepen die zich specifieke locaties hebben toegeëigend binnen het netwerk van straten. Dit blijkt in de eerste plaats uit de vestiging van voorzieningen, maar is ook waargenomen in straatbijeenkomsten. Immigrantenvoorzieningen concentreren zich vaak in een klein gebied, omdat de eigenaren graag in de buurt van landgenoten zitten. Clustervorming van etnische subgroepen beperkt zowel de interactie binnen groepen als tussen groepen onderling, en tot op zekere hoogte ook de vestiging van voorzieningen en het zich voordoen van straatbijeenkomsten. Individuele activiteiten die we in verband brengen met de clustervorming van etnische groepen zijn onder meer handelingen, houdingen, gezichtsuitdrukkingen en manieren van met elkaar omgaan die kenmerkend zijn voor die groep.

Oproepen van de sfeer van het land van herkomst   In het onderzochte gebied vindt een stilistische toe-eigening van ruimten plaats door de plaatsing van borden, boodschappen, decoraties in de vorm

in Theory and Research: Volume 4: *Environment and Culture*, New York/Londen 1980). Volgens Rapoport kan de culturele kern worden geïdentificeerd door een omgevingsanalyse.

Wandelen over de Menandrou, zondagmiddag, augustus 2004 / Strolling along Menandrou, Sunday midday, August 2004

— Meeting friends
— Exchanging information
— Celebrating
— Worshipping

In addition we have identified the activities associated with and supporting intra-group interaction in the *IPOGT*. These activities were considered as *intermediary* Operation, contributing to immigrants' intra-group interaction. Activities constraining essential intra-group interaction in individual and collective activities were classified and expanded upon characteristic sets of activity.

Uitstalling op balkon, Menandrou, augustus 2004
Balcony display, Menandrou, August 2004

Street Gatherings   Street gatherings, small crowds of men spontaneously assembling in any available open space along the system of paths, are the most observable collective activity in the area. Street gatherings impact upon essential intra-group interaction such as hanging out with people of the same ethnic group, the use of the mother tongue and the exchange of information. Street gatherings comprise spontaneous appropriations of the streetscape and are constrained by pedestrian flow between transport entry points and the locations of immigrants' facilities. Street gatherings present short-term fluctuation and manifest peaks in size and density during weekends and evenings of weekdays. The individual activities that have been observed to comprise part of street gatherings are: standing, waiting, leaning, sitting, holding on to objects, hugging, placing food and drink, watching, talking on cell-phones and trading calling cards.

Mode voor homeboys in winkelgalerij, Geraniou, augustus 2004 / Homeboy fashion in a sidewalk arcade, Geraniou, August 2004

van patronen, figuren en kleur of de uitstalling van koopwaar, die
het gebied een voor de inheemse Grieken exotische sfeer verlenen.
Individuele activiteiten die we in verband brengen met het oproepen
van de sfeer van het land van herkomst zijn onder meer: het zich
conformeren aan uiterlijke kenmerken (in kleding, haarstijl, parfum),
handelingen, houdingen, gezichtsuitdrukkingen en manieren van met
elkaar omgaan die kenmerkend zijn voor die groep.[17] Dit oproepen
van de sfeer van het land van herkomst is een essentiële collectieve activiteit die er direct toe bijdraagt dat de immigranten zich thuis voelen
en zich kunnen uiten, en dat er een emotionele band met het land van
herkomst in stand wordt gehouden.

Vestiging van voorzieningen   De vestiging van een grote verscheidenheid aan immigrantenvoorzieningen (winkels en bedrijven,
verenigingen en religieuze centra) is bevorderlijk voor allerhande
informele interactie binnen groepen op de ontmoetingsplaats voor
immigranten: ze kunnen er feesten vieren, hun godsdienst beoefenen,
informatie uitwisselen, omgaan met mensen van de eigen groep,
vrienden ontmoeten en hun eigen taal spreken. De vestiging van voorzieningen heeft ook directe invloed op de sociaal-culturele en financi-
ele normen van de immigranten en moet dan ook worden beschouwd
als een essentiële voorwaarde voor het ontstaan van de ontmoetingsplaats voor immigranten.

Bereikbaarheid   Een belangrijke voorwaarde voor het succes van
de ontmoetingsplaats is dat de immigranten er gemakkelijk kunnen

17
E.T. Hall, *The Hidden Dimension*, New York 1966 (1990).

Flow   The flow of both vehicular and pedestrian circulation in the
system of streets of the *IPOGT* formed a major intermediary Operation, contributing to social interaction. Both kinds of flow have been
observed to reciprocally increase and decrease during the course of
the day and week. Pedestrian circulation of immigrants manifests
peaks mostly in the evenings of weekdays and weekends, when
vehicular traffic is in recess. Primarily pedestrian flow contributes to
street gatherings and incidental meetings and constrains exchange of
information. Particular individual activities that have been observed
to be associated with flow include strolling, cruising and passing
through.

Clustering of Ethnic Subgroups   One of the major observations
about the *IPOGT* was the presence of ethnic sub-clusters within a
multiethnic territory, as distinct ethnic groups have appropriated specific locations within the network of streets. This is primarily evident
in the establishment of facilities, but has also been observed in the
occurrence of street gatherings. Immigrant facilities tend to concentrate as facility owners seek proximity with fellow countrymen. The
clustering of ethnic subgroups constrains both intra-group and intergroup interaction, as well as to a certain degree the establishment of
facilities and the occurrence of street gatherings. Individual activities
we consider associated with the clustering of ethnic groups include
gestures, postures, facial expressions and proxemic relations particular to the group.

Rapoport suggests that the
cultural core can be identified
by environmental analysis.

Sophia Vyzoviti

komen; als ze er vaak naartoe kunnen, hun godsdienst kunnen beoefenen, feest kunnen vieren en geregeld kunnen samenkomen, vindt er essentiële interactie binnen groepen plaats. De bereikbaarheid van de *OPVI* is onderzocht op basis van empirische gegevens, verzameld in het onderzoeksgebied, waarbij twee criteria worden gehanteerd: de door de immigranten gebruikte vervoersmiddelen en de reistijd vanaf de woning van de immigrant.

De eigenaren van de voorzieningen en de bezoekers aan *OPVI* bereiken de locatie primair per openbaar vervoer: metro, bus en tram. Een groot gedeelte komt te voet, terwijl van eigen vervoer het minst gebruik wordt gemaakt. Het is, gegeven de situatie van het Atheense vervoersnetwerk en de (voor Europese begrippen) extreem lage taxitarieven opvallend dat de immigranten niet de taxi nemen. Dit is te verklaren uit sociale motieven, zoals discriminatie door taxichauffeurs en de wens van de immigranten om anoniem te blijven. Eigen vervoer (zoals auto of motor) vormt een klein maar substantieel percentage. De locatie is voldoende bereikbaar voor eigen vervoer, vooral dankzij de aanwezigheid van gratis parkeerplaatsen langs de straten en zeer goedkope parkeergelegenheid in garages en op enkele braakliggende terreinen. Het netwerk van straten voor eenrichtingsverkeer die uitkomen op de grote verkeersaders vergroot de bereikbaarheid voor auto's en motoren.

Volgens verklaringen van bezoekers is de *OPVI* de belangrijkste locatie in Athene om hun vrije tijd door te brengen. De meesten komen daar op hun vrije dagen bij elkaar en brengen er dan de hele dag en avond door. Ze spreken er ook af met vrienden, omdat ze er

Aankondigingen in Urdu in de Korinis, januari 2004 / Announcements in Urdu at Korinis, January 2004

Decoratie van een Koerdisch restaurant, januari 2004 / Adornment of a Kurdish restaurant, January 2004

Verjaardagsfeest bij een Afrikaanse kruidenier, Geraniou, januari 2004 / Birthday party in an African grocery, Geraniou, January 2004

De apostolische kerk, Tuin der Vertroosting, Menandrou, februari 2003 / The Apostolic Church, Garden of Comfort, Menandrou, February 2003

Evocation of Ambience of Home Country   The stylistic appropriation of spatial envelopes by the placement of signs, messages, decorations by patterns, figures and colour or the display of merchandise that enhance the area with an exotic atmosphere. Individual activities associated with the evocation of ambience of home country include self fashioning, gestures, postures, facial expressions and proxemic relations that are particular to each group.[17] This evocation of the ambience of the home country is an essential collective activity that contributes directly to the immigrants' norms of belonging and freedom of expression, as well as maintaining the emotional link to the country of origin.

Facility Establishment   The establishment of a large variety of immigrant facilities – shops and enterprises, civic associations and places of worship – contributes to the occurrence of all kinds of informal intra-group interaction in the *IPOGT*, enabling immigrants to celebrate, worship, exchange information, hang out with people of their own group, meet friends and speak their mother tongue. It also impacts directly upon social-cultural and financial immigrants' norms and in this respect should be considered as an essential condition contributing to the existence of the *IPOGT*.

Accessibility   Easy access of the immigrants to the *IPOGT* is a major contributing condition to the place's success, supporting the occurrence of essential intra-group interaction as it provides opportunities for frequent visits, facilitates worship and celebration and

42

vanaf hun woonadres gemakkelijk kunnen komen. De woningen van
de immigranten bevinden zich voor het merendeel in wijken in het
centrum van de stedelijke agglomeratie[18] binnen de gemeentegrenzen
van Athene. De reistijd vanaf de woning naar de *OPVI* valt binnen
het beschikbare tijdsbudget van de bezoekers. Doorgaans duurt de rit
maximaal dertig minuten met het openbaar vervoer. Gemeten naar
de afstand in tijd tussen de woning van de immigrant en het gebruikte
vervoermiddel is de stedelijke locatie van de immigrantencluster zeer
goed bereikbaar.

Morfologie 'Morfologie' verwijst naar de intrinsieke fysieke
configuratie en de relatieve eigenschappen van de locatie die de groep
zich heeft toegeëigend. Op de *OPVI* is de morfologie van de toegeëigende ruimten en objecten op de locatie een voorwaarde die de activiteit beperkt en dus invloed heeft op het effect. De morfologie van de
toegeëigende locatie is een beperkende factor op het menselijk gedrag
en niet een bepalende oorzaak. Fysieke omgevingsfactoren, die het
'toe-eigeningspotentieel'[19] van de locatie beperken, dat wil zeggen de
mate waarin de morfologische kenmerken van de locatie activiteiten
mogelijk maken die verband houden met informele interactie tussen
immigranten en deze ondersteunen, zijn geïdentificeerd.
Bij de morfologische analyse van de *OPVI* in Athene worden drie
onderzoeksschalen gehanteerd:
— een stedelijk-regionale analyse op het niveau van het de stedelijke
   agglomeratie Athene

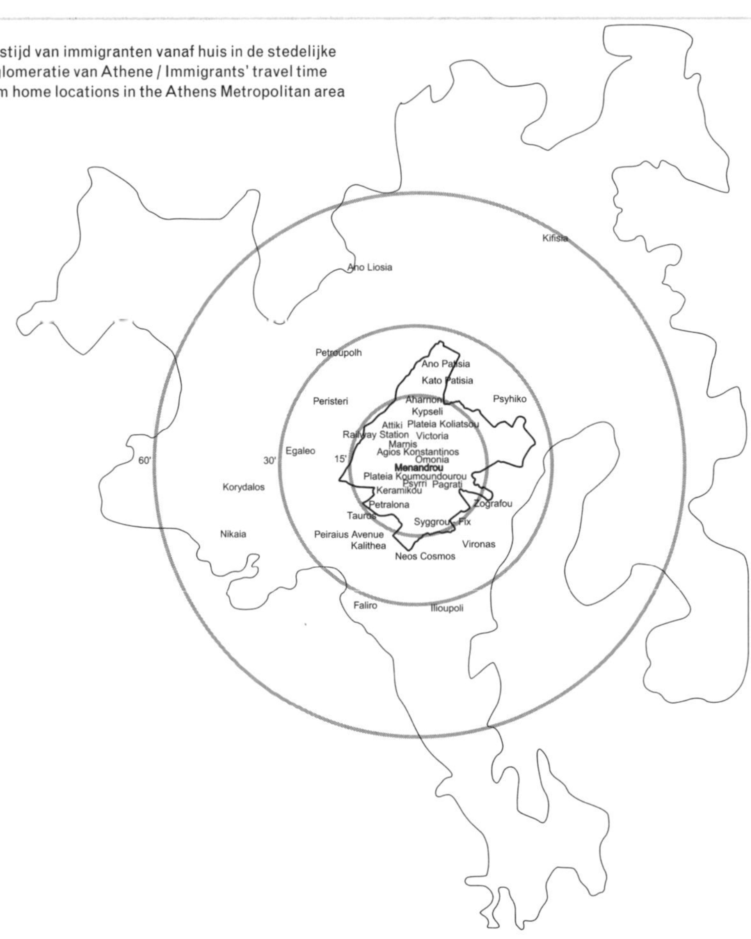

Reistijd van immigranten vanaf huis in de stedelijke
agglomeratie van Athene / Immigrants' travel time
from home locations in the Athens Metropolitan area

Delen van het straatlandschap die immigranten zich hebben toegeëigend in het centrum van Athene /
Elements of the Athens downtown streetscape appropriated by immigrants

— een analyse van het stedelijke subsysteem op het niveau van de stratenpatronen
— een micro-locationele analyse op het niveau van ruimten en objecten.

Bij een morfologische analyse van de *OPVI* worden twee niveaus van ruimtelijke kenmerken onderscheiden:
— metrisch: de vorm en afmetingen van de toegeëigende ruimten en objecten
— topologisch: hoe zijn de toegeëigende ruimten en objecten als locaties die deel uitmaken van een netwerk van activiteiten geordend en hoe positioneren ze zich onderling.

Bij de analyse van de eigenschappen van de toegeëigende locaties wordt de term straatlandschap[20] gehanteerd als algemene categorie van stedelijke open ruimten en objecten die deel uitmaken van het stedelijke subsysteem dat de *OPVI* vormt. De vier categorieën van stedelijke ruimte die het specifieke straatlandschap vormen en potentieel bieden voor toe-eigening zijn:
— het patroon van routes dat specifiek is voor het weefsel van de binnenstad van Athene en waarvan buiten straten en trottoirs ook arcaden deel uitmaken die langs de trottoirs van flatgebouwen lopen en passages door stedelijke stratenblokken heen
— de grotere open oppervlakken, in dit geval het geasfalteerde Theaterplein, en een leeg perceel bij een kruising
— de tussenliggende ruimten (tussenvoorzieningen en het trottoir),

20
De term 'straatlandschap' is te beschouwen als een toevoeging aan de term 'urban void', waarvan het beste voorbeeld wordt gevormd door Gianbattista Nolli's plattegrond van Rome (Nolli 1745). Volgens R. Trancik (*Finding lost Space: Theories of Urban Design*, New York 1986) zijn in een hedendaagse classificatie vijf typen stedelijke ruimte te onderscheiden:
– de toegangsruimte die de belangrijke overgang vormt van het privé-domein naar publiek territorium en waartoe foyers, voorterreinen, stallingen, nissen, lobby's en voortuinen gerekend kunnen worden
– de ruimte in een gebouwenblok: het omsloten gat in de donut, waarvan binnenhoven en kloostertuinen de beste voorbeelden zijn
– het primaire netwerk van straten en pleinen
– publieke parken en tuinen
– lineaire open ruimtesystemen, meestal in relatie met rivieren, kades en watergebieden.

---

increases possibilities for getting together. The accessibility of the *IPOGT* was investigated on the basis of empiric data gathered in the area of study with respect to two criteria; the immigrants' means of transportation and the travel-time from immigrants' home locations.

According to the survey data, facility owners and visitors to the *IPOGT* access the location primarily by public transport: metro, bus and trolley. Access by walking manifests a high proportion while private transport is used least. It is noteworthy that, given the circumstances of Athens transport networks and the extremely cheap (for European standards) taxi fares, there is no use of taxis by immigrants. Social reasons, such as discrimination by taxi drivers and the immigrants' desire for anonymity, explain the lack of taxi usage by immigrants. Private transport – by own car or own motorbike – manifests a low but significant proportion. The location's accessibility by private transport is sufficient, largely due to the availability of free parking spaces along the streets and minimum-cost parking in garages and in some empty plots. The network of one-way traffic streets adjacent to the major traffic arteries aids accessibility by both car and motorbike.

According to the visitors' statements, the *IPOGT* is the number one location to spend their free time in Athens. They arrange meetings with friends there because it is convenient to get to form where they live. The majority of immigrants' residences are situated in urban districts in the centre of the Athens metropolitan area,[18] belonging to the municipality of Athens. According to the survey, travel time from home locations to the *IPOGT* is within the visitors' available *time-*

18
Maloutas, op. cit. (note 1), p. 51.

Sophia Vyzoviti

zoals entreehallen, lobby's, gangen, trappen en liften
— de stedelijke objecten, met name voertuigen die langs de hoofdstraat geparkeerd staan, plus objecten die moeten verhinderen
dat er op het trottoir wordt geparkeerd. In de categorie van
stedelijke objecten beschouwen we de 'urban poche'[21] van het
betreffende straatlandschap, zoals muren, zuilen, drempels,
richels, raamkozijnen en trapjes.

De analyse van de topologische eigenschappen van de toegeëigende
locaties op de *OPVI* gebeurt aan de hand van alle drie de genoemde
onderzoeksschalen. Met behulp van genummerde locatiegrafieken
geven we de locaties van immigrantenactiviteiten aan als knooppunten en de overgangen tussen deze locaties als randen. Op de schaal
van het stedelijk subsysteem is een locatiegrafiek geconstrueerd, een
topografisch netwerk waaruit geometrische informatie kan worden
afgeleid. Bepaalde concepten uit de grafiekentheorie[22] zijn hiervoor
gebruikt om de topologische eigenschappen van de locaties waar interactie binnen immigrantengroepen plaatsvindt en verwante ondersteunende activiteiten die daarvoor bevorderlijk zijn te identificeren.

**Fysieke omgevingsfactoren die bevorderlijk zijn voor de bereikbaar-
heid van de stedelijke locatie**   Goede verbindingen op stedelijk-
regionaal niveau van de *OPVI* met het omliggende gebied zijn van
invloed op de bereikbaarheid ervan binnen de stedelijke agglomeratie
Athene. Er is een groot aantal aankomst- en vertrekpunten voor
alle plaatselijke vormen van openbaar vervoer: bus, metro en tram.

budgets. The majority of the cases fall into the category of a maximum of thirty minutes travel time by public transport. With respect
to temporal distance from the immigrants' places of residence by their
means of transportation, the urban location of the immigrant cluster
is highly accessible.

Morphology   'Morphology' refers to the intrinsic physical
configuration and the relative properties of the location appropriated by the group. In the area the Morphology of the appropriated
spaces and objects in the location was investigated as a condition that
constrains. Emphasis was put on the Morphology of the appropriated
location as a constraint of human behaviour rather than a determining cause. The identification of physical environmental conditions
that constrain the *appropriation potential*[19] of the location was made.
It regarded the degree to which morphological characteristics of the
location permit the accommodation of activities associated with and
supporting informal interaction between immigrants.

Morphological analysis of the area addresses three scales of investiga-
tion:
— Urban-regional analysis at the level of the Athens metropolitan
   area
— Urban subsystem analysis at the level of street patterns
— Micro-location analysis at the level of spaces and objects

[21]
'Urban poche' is te definiëren
als 'het ruimtelijk veld van
massieve delen die de contouren
bepalen van de buitenruimten'.
'Poche' wordt in technische
zin gedefinieerd als 'de muren,
pilaren en andere massieve
delen van een gebouw, die op
architectuurtekeningen zwart
zijn aangegeven'. Om 'het
exterieur zijn vorm te geven is
het van belang dat de omtrek van
ruimten en blokken duidelijk
is gearticuleerd, zodat er buitenruimten ontstaan die hoeken,
nissen, inhammen en gangen
bevatten' (Trancik op. cit.
noot 20).

[22]
F. Buckley, F. Harary, *Distance in
Graphs*, Redwood City 1990.

[19]
We construct the definition of
'appropriation potential' of an
urban location by analogy to the
'Social amenity potential' of a
building defined by Tzonis as 'the
degree to which morphological
characteristics of the building
permit encountering between
users and control the generation
of informal groups and associations'. Tzonis and Oorschot, op.
cit. (note 8).

Daarnaast lopen verschillende busroutes via Menandrou, Sophokles, Euripides en Korinis, waardoor deze straten zeer goed bereikbaar zijn vanuit de verschillende delen van Athene en zijn voorsteden. Dat er veel aankomst- en vertrekpunten van openbaar vervoer zijn, is ook van invloed op de clustervorming van etnische subgroepen, de circulatie en de straatbijeenkomsten in het stedelijke subsysteem *OPVI* vormt. Het metrostation Omonoia ligt op tien minuten lopen van de locatie en is dus te beschouwen als het belangrijkste aankomsten vertrekpunt voor de locatie per metro. De Omonoia kent een sterke centraliteit, al is het niet het centrum van het metronetwerk van Athene, een sterke gradatie en een sterke 'tussenheid'. Deze topologische eigenschappen van de locatie in het metronetwerk van Athene zijn factoren die de bereikbaarheid van de Omonoia in de stedelijke agglomeratie bevorderen.

Fysieke omgevingsfactoren die bevorderlijk zijn voor de vestiging van immigrantenvoorzieningen   Binnen de locatie treffen we een verscheidenheid aan binnenruimten aan die voor inheemse groepen niet in aanmerking zouden komen voor commerciële of religieuze doeleinden, maar die wel beschikbaar zijn om een scala aan immigrantenvoorzieningen in onder te brengen: winkels, bedrijven, verenigingen en religieuze centra. Deze ruimten bieden vestigingspotentieel, want ze zijn financieel haalbaar voor immigranten die een zaak willen beginnen, en ook voor algemene en religieuze verenigingen. Twee eigenschappen die bevorderlijk zijn voor het vestigingspotentieel van de beschikbare ruimten zijn: diversiteit in economisch rendement in

---

Morphological analysis of the area addresses two layers of spatial characteristics:
— Metric: the shapes and dimensions of the appropriated spaces and objects
— Topological: properties of ordering and the *betweenness* of the appropriated spaces and objects as locations partaking in a network of activity

In order to analyse the metric properties of the appropriated locations, the term *streetscape*[20] was introduced as the general category of urban open spaces and objects included in the urban subsystem of the area. Four categories of urban space that constitute the particular streetscape and that present appropriation potential were identified:
— The pattern of paths which is specific to the fabric of downtown Athens and includes, but streets and sidewalks, sidewalk arcades adjacent to the sidewalks of apartment buildings, and gallery passages through urban blocks
— The larger open surfaces, in this case the asphalted Theatre Square, and an empty plot at an intersection
— The intervening spaces (between facilities and sidewalk) which include entrances, lobbies, corridors, stairs and elevators
— The urban objects – primarily parked vehicles, which align the street thoroughfare, together with devices that prevent cars from parking on the sidewalk. In the category of urban objects, we have considered the urban *poche*[21] of the particular streetscape, including walls, columns, doorsteps, ledges, windowsills and steps.

20
The term 'streetscape' can be considered as an enrichment of the term 'urban void' the best representation of which comprises Gianbattista Nolli's map of Rome of 1745. According to R. Trancik (*Finding Lost Space: Theories of Urban Design*, New York 1986), a contemporary classification includes five types of urban space:
— The entry space that establishes the important transition of passage from personal domain to common territory and includes foyer, forecourt, mews, niche, lobby, or front yard
— The block void; the enclosed hole in the donut, best examples of which are courtyards and cloister gardens
— The primary network of streets and squares
— Public parks and gardens
— Linear open space systems commonly related to features such as rivers, waterfronts and wetland zones

21
'Urban poche' is defined as 'the spatial field of solids, articulating the configuration of exterior voids'. 'Poche' is technically defined as 'the walls, columns and other solids of buildings, indicated in black in architectural plans'. In order to 'achieve form

verhouding tot omvang en type ruimte en bereikbaarheid vanaf de straat. De diversiteit in type en omvang van de ruimten is te danken aan het brede scala aan bouwtypen in het gebied, een historisch uitvloeisel van de bouwcode en de economische situatie: flatgebouwen, huizen, winkels en openbare gebouwen. De immigrantenvoorzieningen die zijn gevestigd in deze vier bouwtypen lopen uiteen van standaardwinkels tot niet-gangbare commerciële ruimten: restruimten in flatgebouwen (kelders, tussenverdiepingen of opslagruimten), appartementen en kantoren. Immigrantenwinkels en -bedrijven zijn voor een belangrijk deel gevestigd in niet-gangbare commerciële ruimten, vooral in kelders. Religieuze centra en verenigingen zijn gevestigd in appartementen of kantoorruimten in flatgebouwen. De beschikbare binnenruimten kunnen sterk in oppervlak verschillen. De meeste ruimten waar immigrantenvoorzieningen zijn gevestigd kleiner dan 40 m² en dus betrekkelijk klein.

Gegeven het feit dat een aanzienlijk aantal voorzieningen is gevestigd in niet-gangbare commerciële ruimten, wordt het vestigingspotentieel beperkt door de beperkte bereikbaarheid van het interieur vanaf de straat. De diversiteit in het type interieur leidt ook tot diversiteit in het type toegang en de afstand tussen het interieur van de voorziening en de straat. Het soort ruimten tussen het interieur van de voorziening en de straat is divers: combinaties van elementaire circulatieruimten in gebouwen (lobby's, gangen en trappenhuizen) en het netwerk van openbare ruimten (trottoir, straatarcade of galerij). De topologische afstand van het interieur van de voorziening tot de straat wordt aan geduid als diepte. De meeste interieurs van voorzie-

Callcenter gevestigd in een kelder /
Calling center established in a basement

Moskee in een apartement /
Mosque interior in an appartment

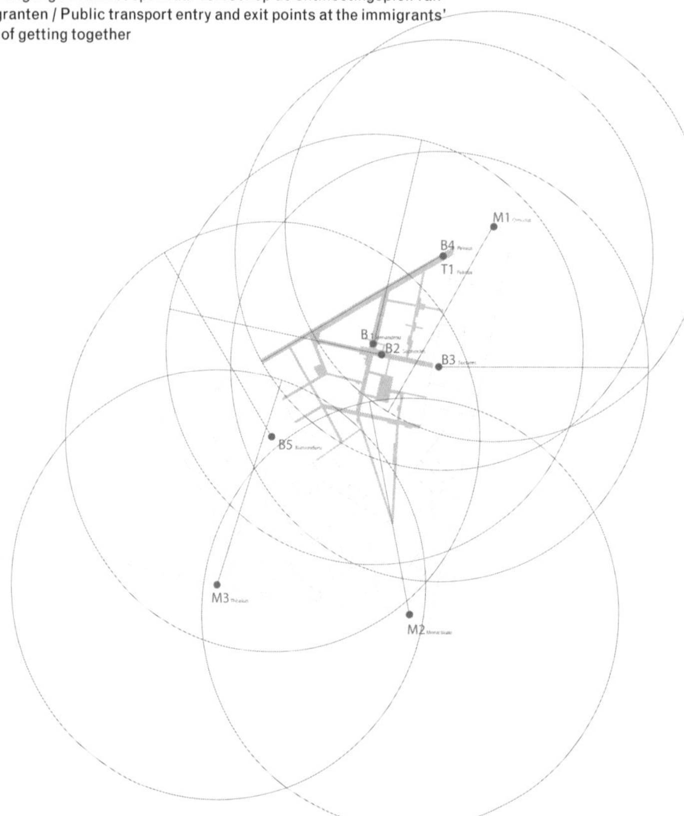

In- en uitgangen van het openbaar vervoer op de ontmoetingsplek van
immigranten / Public transport entry and exit points at the immigrants'
place of getting together

ningen hebben een geringe diepte vanaf de straat, dat voor in kelders gevestigde voorzieningen is een voordeel, dat het gebrek aan een etalage compenseert.

De diversiteit aan bouwtypen – en dus van het soort interieur en de omvang ervan – bevorderlijk is voor de aanwezigheid van beschikbare interieurs met uiteenlopend economisch rendement die financieel haalbaar zijn voor immigranten. Typologische diversiteit leidt tot een aanzienlijk aantal interieurs met niet-gangbare commerciële ruimten en een overvloed aan binnenruimten kleiner dan 40 m², die weinig kosten. Wat dat betreft is de aanwezigheid van beschikbare interieurs die van geringe omvang zijn, niet-gangbare commerciële ruimten zijn en op korte topologische afstand van de straat liggen, een factor die bevorderlijk is voor de vestiging van immigrantenvoorzieningen.

Fysieke omgevingsfactoren die bevorderlijk zijn voor het oproepen van de sfeer van het land van herkomst   Activiteiten die men associeert met het oproepen van de sfeer van het land van herkomst van de immigranten zijn onder meer het tonen van boodschappen, symbolen, logo's en koopwaar en decoratie in de vorm van kleur, figuren of patronen. De topologische en metrische eigenschappen van de ruimtelijke afbakeningen van de immigrantenfaciliteiten zijn factoren die bevorderlijk zijn voor bovengenoemde activiteiten.

De immigranten toe-eigenen zich de beschikbare oppervlakken bij de ingang van de voorziening en de oppervlakken in de ruimten tussen het interieur en de straat stilistisch. In topologische termen vormen deze ruimten tussenlocaties tussen de ingang en de doellocatie.

Topografische kaart van het metronetwerk van Athene /
Topographic network of the Athens metro

Soort en diepte van interieurs van immigrantenvoorzieningen /
Types and depth of interiors of immigrant facilities

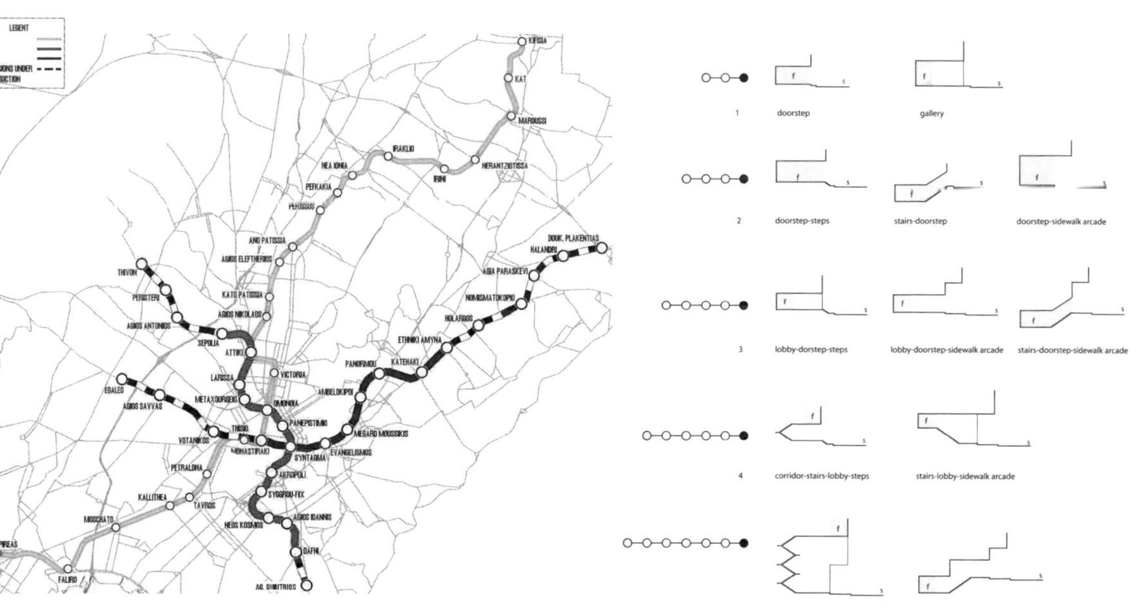

In dit opzicht kan topologische tussenheid beschouwd worden als een eigenschap van de beschikbare oppervlakken die bevorderlijk is voor hun stilistische toe-eigening. Het meest treffende voorbeeld van deze stilistische toe-eigening van elementen van het straatlandschap zijn de arcaden langs de straat.

Vaak worden in deze arcaden de straatmarkten gehouden, waarbij de koopwaar wordt uitgestald op de vloer of tegen de omringende muur. Bij restaurants, kappers of verenigingen worden de blinde muren die de arcade in de lengte afsluiten, beschilderd in felle kleuren of van muurschilderingen voorzien. De arcaden zijn vormgegeven als grote stedelijke nissen met zuilen aan de kant van de straat en worden afgebakend door de gevel met de ingangen naar de interieurs en de blinde muren van de aangrenzende gebouwen. Deze blinde muren zijn minimaal drie meter breed en maximaal zeven meter hoog en bieden dus genoeg ruimte voor grote muurschilderingen. De zuilen van de arcade zijn doorgaans rechthoekig en bestaan uit vier zijden van minimaal dertig centimeter breed. Ze bieden de immigranten extra oppervlak om borden en posters op te hangen. In dit opzicht is de aanwezigheid van blinde verticale oppervlakken, zoals bij de rechthoekige zuilen en de blinde muren die de arcaden omsluiten, bevorderlijk voor het oproepen van de sfeer van het land van herkomst van de immigranten en ook voor de uitwisseling van informatie.

Fysieke omgevingsfactoren die bevorderlijk zijn voor clustervorming van etnische groepen   In dit gedeelte wordt de *OPVI* beschouwd

On all three scales of investigation stated above the topological properties of the appropriated locations in the area were analysed. Using labelled location graphs that indicate – as nodes – the locations of immigrant activity, and – as edges – the access between these locations. At the scale of the urban subsystem we have constructed a location graph as a topographic network that maintains geometric information. Certain concepts of graph theory[22] were employed in order to recognise topological properties of the locations of immigrants' intra-group interaction and associated supportive activities that contribute to their occurrence.

Physical Environmental Conditions Contributing to the Accessibility of the Urban Location   The high external connectivity of the location on an urban-regional scale influences its accessibility in the Athens Metropolitan area. There are multiple entry and exit points for all locally available public transport - bus, metro and trolley. In addition, public bus routes transverse Menandrou, Sophocles, Euripides and Korinis streets, rendering them highly accessible from different parts of the municipality of Athens and its suburbs. The presence of multiple public transport entry and exit points to the location influences the clustering of ethnic subgroups, flow, and street gathering in the urban subsystem. The metro station of Omonoia is situated within a ten-minute walk of the *IPOGT* and is therefore the major access point to the location by metro. Omonoia presents high *centrality*, although it is not the centre of the metro network of Athens, high *degree* and high *betweenness*. These topological properties of the

on the exterior, the perimeter of spaces and blocks must be well articulated to establish outdoor rooms containing corners, niches, pockets and corridors'. Trancik, op. cit. (note 20).

22
F. Buckley and F. Harary, *Distance in Graphs*, Redwood City 1990.

als een stedelijk subsysteem en er wordt uitsluitend rekening gehouden met een topologische analyse op het niveau van stratenpatronen. Hier worden de topologische eigenschappen van het netwerk van activiteitenlocaties van immigranten die bevorderlijk zijn voor de aanwezigheid van etnische subclusters binnen dit multi-etnische territorium geïdentificeerd.

De registratie van immigrantenvoorzieningen en straatbijeenkomsten resulteerde in een topografisch netwerk N(L1, … L37) dat de locaties waar immigrantenactiviteiten zich concentreren weergeeft als knooppunten. Deze knooppunten zijn genummerd; ze maken het onderscheid zichtbaar tussen de belangrijkste etnische groepen die in de locatie zijn gevestigd en vormen bundellocaties. De mate waarin ze zich vertakken geeft het aantal voorzieningen en straatbijeenkomsten aan die op elke bundellocatie zijn waargenomen. We geven ook toegangslocaties naar het stedelijk subsysteem aan (Lin) bij de haltes van het openbaar vervoer. Verder werden de subgrafieken van het topografische netwerk N(L1, … L37) voor elk van de vier belangrijkste etnische groepen in de immigrantencluster (Bangladeshi, Chinezen, Nigerianen en Pakistani) onderzocht.

Uit de topografische analyse kan gesteld worden dat de aanwezigheid van rijen voorzieningen, alternatieve routes en centrale en perifere locaties in het netwerk van locaties van immigrantenactiviteiten de clustervorming van etnische subgroepen beperkt. Concentraties van de activiteiten van elke etnische groep, voorzieningen en straatbijeenkomsten, vormen rijen. Kijkend naar de ontwikkeling van de subclusters van immigranten, kan gesteld worden dat deze rijen

location in the metro network of Athens are considered as contributing conditions to its accessibility in the metropolitan complex.

Physical Environmental Conditions Contributing to the Establishment of Immigrant Facilities   There is a variety of interiors that would not qualify as commercial or religious spaces for indigenous groups, but that are available to accommodate a range of immigrant facilities: shops, enterprises, civic associations and places of worship. These spaces present *establishment potential*, since they are financially accessible to immigrant businessmen, as well as to civic and religious associations. Two properties can be identified that contribute to the establishment potential of the available interiors; diversity in economic yield with respect to size and type of interior and accessibility from the sidewalk.

The diversity in economic yield of available interior spaces is directly related to the diversity of interior type and size. Diversity in type and size is the result of the wide range of building types present in the area, inherited historically as a result of the building code and economic conditions: apartment blocks, houses, shops and public buildings. Immigrant facilities established in interiors of the four building types range between standard shops and non-standard commercial spaces: residual spaces within apartment blocks, apartments and offices. Immigrant shops and enterprises occupy a significant amount of non-standard commercial space – basements in particular. Places of worship and civic associations have been established in apartments or offices in apartment blocks. According to the survey

Stylistische toe-eigening van de muren langs de straatarcaden /
Stylistic appropriation of walls circumscribing sidewalk arcades

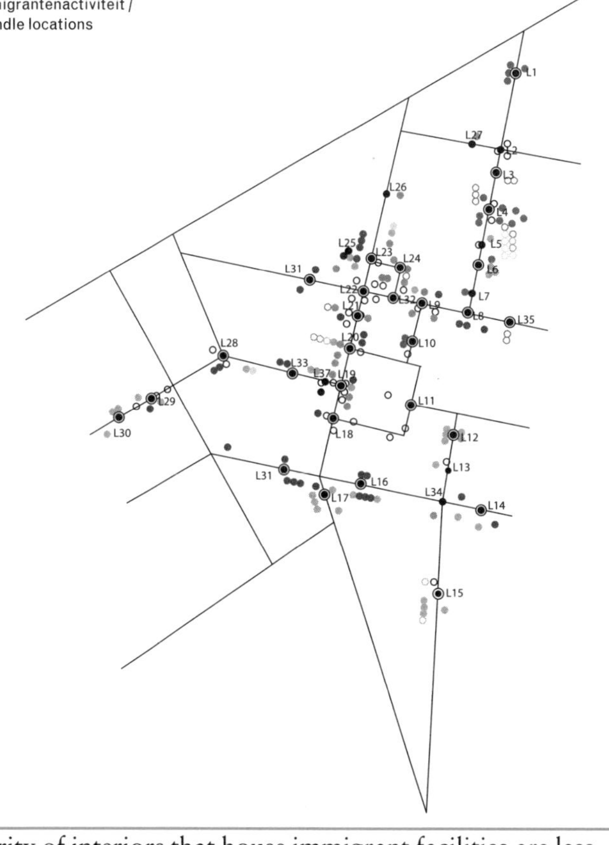

data the majority of interiors that house immigrant facilities are less than 40 m², and thus relatively small.

Given the fact that a significant amount of facilities are established in non-standard commercial interiors, accessibility of the interior from the sidewalk constrains establishment potential. The diversity of interior types results in the diversity of types of access and distance between facility interior and sidewalk. The diversity of types of intervening spaces between facility interiors and the sidewalk is the combination of elementary building circulation spaces (lobbies, corridors and stairwells) with the network of public spaces (sidewalk, sidewalk arcade or gallery). *Depth* is the topological distance of the facility interior to the sidewalk. The majority of facility interiors present shallow depth from the sidewalk, which is an advantage of facilities established in basements that lack shop windows.

In conclusion, the diversity of building types – and consequently of interior types and sizes – contributes to the presence of available interiors with diverse economic yield that are financially accessible to immigrants. *Typological diversity* results in a significant number of interiors that are non-standard commercial spaces and an abundance of interiors smaller than 40 m², of low financial value. In this respect, one condition that contributes to the establishment of immigrant facilities is the presence of available interiors that are of *small size*, and that are non-standard commercial spaces, and maintain a short topological distance from the sidewalk.

voorzieningen in de nabijheid liggen van de oudste activiteitenlocaties, oftewel geringe diepte vertonen ten opzichte van die locaties.
Subgrafieken van etnische subclusters geven twee of meer alternatieve
routes te zien. Alternatieve routes zijn bevorderlijk voor de privacy
van etnische groepen en vergroten de mogelijkheden voor de vestiging
van voorzieningen, hetgeen de intensivering van subclusters beperkt.
Centrale routes en centrale locaties hebben een hoge gemeenschaps-
waarde voor de ontmoetingsplaats voor immigranten als geheel; het
zijn locaties van multi-etnische concentratie. Perifere locaties zijn
bevorderlijk voor de privacy van de etnische groepen.

**Fysieke omgevingsfactoren die bevorderlijk zijn voor de voetgangers-
circulatie**   Om bij het onderzoek van de *OPVI* factoren te identificeren die de voetgangerscirculatie beperken, is een topologische
analyse van het stedelijk subsysteem op het niveau van stratenpatronen gehanteerd. Aangezien de immigranten de locatie primair met
het openbaar vervoer bereiken, wordt de voetgangerscirculatie in het
stedelijk subsysteem beperkt door de aankomst- en vertrekpunten van
het openbaar vervoer. Er zijn bepaalde locaties die voetgangerscirculatie lijken aan te trekken. Drie belangrijke beperkingen zijn gedistil-
leerd voor de voetgangerscirculatie. De structurele eigenschappen van
$N(L_1, … L_{37})$ zijn onderzocht en de aanwezigheid van alternatieve
routes die naar deze 'aantrekkelijke' locaties leiden geïdentificeerd.
Twee ervan (L_{22} en L_{19}) zijn gebieden van multi-etnische concentratie; ze geven blijk van een sterke tussenheid en centraliteit. Locatie
(L_4) is perifeer en geeft de hoogste concentratie te zien van

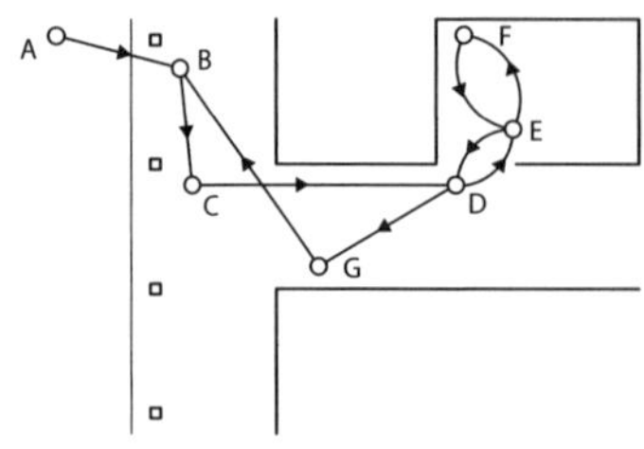

Activities

A: arrive at calling centre location
B: park motorcycle
C: greet fellow country people hanging around the st<
D: enter and exit calling centre
E: interact with cashier of calling centre
F: make long distance call
G: chat with a friend coming to the calling centre

Spatial Envelopes

L1: street
L2, L3: sidewalk arcade
L4: lobby
L5: doorstep
L6: cashier
L7: cabin

**Physical Environmental Conditions Contributing to the Evocation
of Ambience of the Home Country**   Activities associated with
the evocation of the ambience of the immigrants' home country
include the display of messages, signs, logos and merchandise and the
decoration by colour, figures or patterns. The topological and metric
properties of the spatial envelopes of immigrant facilities can be seen
as contributing conditions to the above-mentioned activities.

Immigrants stylistically appropriate the available surfaces around
the entry of the facility, as well as the surfaces in the intervening spaces between interior and sidewalk. In topological terms these spaces
constitute *intervening locations* between entry points and target locations. In this respect, topological *betweenness* can be considered as
a property of the available surfaces that contributes to their stylistic
appropriation. The most striking example of the stylistic appropriation of elements of the streetscape is the case of sidewalk arcades.

L1	L2	L3	L4		L5	L6	L7
{A}	{B}	{C}	{G}		{D}	{E}	{F}

L1	L2	L3	L4
{A}	{B,C}	{G}	{D,E,F}

Li	L2	L3	Lj
{A}	{B,C}	{G}	{D,E,F}

Activiteiten en locatiegrafieken van het
gebruik van het callcenter / Activity graph
and labeled location graph of the use of
the calling center

In many cases street markets take place in sidewalk arcades, using the
floor or the enclosing walls to display merchandise. In the cases of
restaurants, hairdressers or civic associations, the blank walls enclosing the length of the arcade are painted with bright colours or murals.
Sidewalk arcades are shaped as large urban niches aligned with
columns on the side of the street and defined by the façade containing entrances to facility interiors and the blank walls of the adjacent
buildings. These blank walls have a minimum width of three metres
and a maximum height of seven metres and provide adequate surface
for large murals. Typical sidewalk arcade columns are rectangular

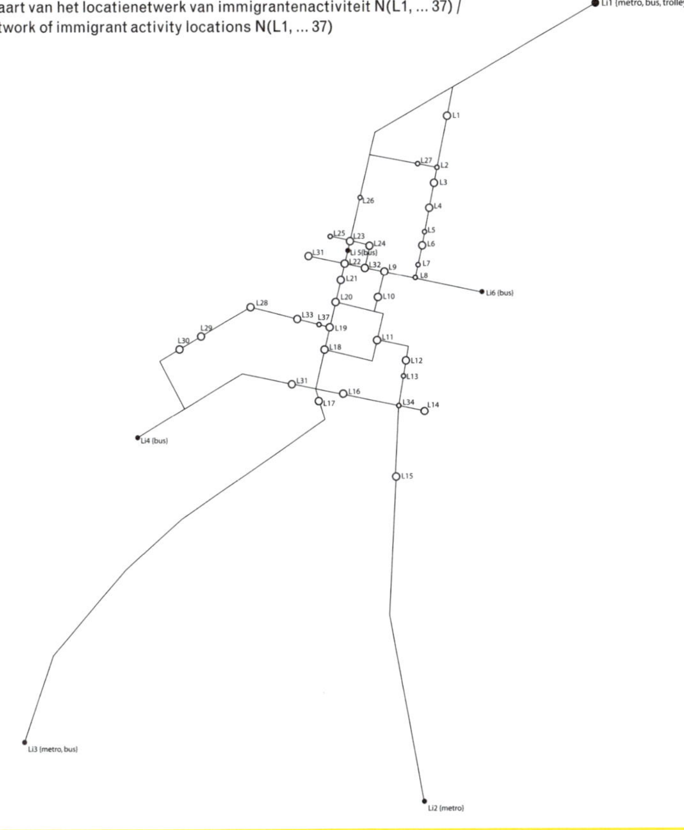

and consist of four sides with a minimum width f thirty centimetres.
Their presence provides extra surfaces for immigrants to place signs
and posters. In this respect the presence of blank vertical surfaces,
as in the case of rectangular columns and of blank circumscribing
walls in sidewalk arcades, contributes to the evocation of the ambience of the immigrants' home country as well as the exchange of
information.

**Physical Environmental Conditions Contributing to the Clustering
of Ethnic Subgroups**   In this section the *IPOGT* is perceived as an
urban subsystem, it is engaged exclusively in topological analysis at
the level of street patterns. The intent is to identify topological properties of the network of immigrants' activity locations that contribute
to the presence of ethnic sub-clusters within this multiethnic territory.

On the basis of the registration of immigrant facilities and street
gatherings a topographic network N(L1, . . . L37) was produced
representing locations of concentrations of immigrant activity as
nodes. These nodes are labelled; distinguishing between the major
ethnic groups established in the location and comprise *bundle locations*. Their *degree of branching* indicates the amount of facilities and
street gatherings that have been observed in each *bundle location*. An
indication was made of entry locations to the urban subsystem (Lin)
at the points of public transport. The topographic network
N(L1, . . . L37) for each of the four major ethnic groups in the
immigrant cluster (Bangladeshi, Chinese, Nigerian and Pakistani)
was notated by sub-graphs.

Stedelijke objecten die straatbijeenkomsten mogelijk maken /
Urban objects accommodating activities supporting street gatherings

activiteiten van Nigerianen. Door de aanwezigheid van veel haltes van het openbaar vervoer in het stedelijk subsysteem vertonen alledrie de locaties een geringe diepte. Veel aankomst- en vertrekpunten van openbaar vervoer en locaties waar activiteiten zich concentreren zijn bevorderlijk voor de voetgangerscirculatie in het netwerk van straten van de ontmoetingsplaats voor immigranten.

Fysieke omgevingsfactoren die bevorderlijk zijn voor straatbijeenkomsten   In dit laatste gedeelte komt de micro-locationele analyse op het niveau van stedelijke ruimten en objecten en een analyse van het stedelijk subsysteem op het niveau van stratenpatronen aan de orde, teneinde topologische en metrische eigenschappen te identificeren die een spontane toe-eigening in de hand werken omdat ze activiteiten mogelijk maken die met straatbijeenkomsten verband houden.

Aan de hand van een micro-locationeel voorbeeld zal de nadruk worden gelegd op topologische eigenschappen die straatbijeenkomsten mogelijk maken. Opeenvolgende gebeurtenissen die verband houden met het gebruik van een belhuis, een immigrantenvoorziening die typerend is voor het onderzoeksgebied, worden geconstrueerd. Deze opeenvolging van activiteiten wordt in een gerichte grafiek die bestaat uit activiteitenlocaties (knooppunten) en overgangen van de ene activiteitenlocatie naar een andere weergegeven, waarbij de richting is aangegeven (randen). De concepten nabijheid en verbondenheid dragen bij aan inzicht in de vorming van opeenvolgingen van activiteiten in de ruimte. In het geval van het belhuis is de grafiek van opeenvolgende activiteiten verbonden en bevat reeksen activiteiten

The conclusion of the topological analysis (whose detailed exposition escapes the scope of the present article) is that the presence of rows of facilities, alternative paths and central and peripheral locations in the network of immigrant activity locations constrain the clustering of ethnic subgroups. Concentrations of activities of each ethnic group, facilities and street gatherings, form *rows*. Considering the evolution of the immigrant subclusters we can state that these rows of facilities maintain proximity (shallow depth) to the oldest activity locations. Subgraphs of ethnic subclusters present two or more alternative paths. *Alternative paths* contribute to the privacy of ethnic groups and multiply the possibilities for facility establishment, constraining subcluster intensification. Central paths and central locations have high community value in the *IPOGT* as a whole; they are locations of multi-ethnic concentration. Peripheral locations contribute to the privacy of the ethnic groups.

Physical Environmental Conditions Contributing to Pedestrian Flow
The investigation of the *IPOGT* in order to identify conditions constraining pedestrian flow, engages in the topological analysis of the urban subsystem at the level of street patterns. As immigrants access the location primarily by public transport the pedestrian flow in the urban subsystem is constrained by the locations of *public transport entry and exit points*. There are also certain locations that appear to *attract* pedestrian flow. There are three major constraints of pedestrian flow; locations that manifest high concentration of immigrant activity – both facilities and street gatherings – with a minimum *degree*

die in elkaars nabijheid plaatsvinden. Ik construeer een locatiegrafiek van de ruimten waar de opeenvolging van activiteiten plaatsvindt door de specifieke activiteitenlocaties in de ruimte te projecteren en een route uit te zetten. De locaties zijn genummerd; de nummers verwijzen naar informatie over de activiteiten die daar plaatsvinden en die overeenkomen met de geregistreerde opeenvolging van activiteiten. Deze opeenvolging is een compacte grafiek, waar L_2 en L_4 een ingebedde subgrafiek van locaties bevatten. De opeenvolging van activiteiten is weergegeven als een bewegingsstroom, waarin de vertreklocatie (L_i) en de aankomstlocatie (L_j) worden bepaald. In dit geval is L_i de straat en L_j het belhuis. De locaties L_2 en L_3 zijn tussenliggende locaties op de route tussen L_i en L_j. Op deze tussenliggende locaties vindt informele interactie plaats. In dit geval zijn de straatarcade en de lobby, die de tussenliggende locaties zijn tussen de straat en het interieur van de voorziening, op grond van hun topologische eigenschappen bevorderlijk voor informele interactie.[23] Zoals eerder besproken, bevat dit specifieke straatlandschap een veelheid en diversiteit aan tussenliggende locaties tussen interieurs van voorzieningen en de straat. De aanwezigheid van tussenliggende locaties tussen interieurs van voorzieningen en de straat is een factor die bevorderlijk is voor informele interactie en de vorming van straatbijeenkomsten.

Ik ga verder in op het topologische concept van de tussenliggende locaties en het aanvullende concept van tussenheid op de schaal van het stedelijke subsysteem. Het Theaterplein wordt op de grafiek van de locaties van immigrantenactiviteiten $N(L_1, \ldots L_{37})$ weergegeven als knooppunt L_{11}. Ondanks de afwezigheid van immigrantenvoor-

[23] Tzonis, op. cit. (noot 8).

of branching of eight. The structural properties of $N(L_1, \ldots L_{37})$ identify the presence of alternative paths leading to these attractor locations. Two of them (L_{22} and L_{19}) are areas of multiethnic concentration; they manifest high *betweenness* and high *centrality*. Location L_4 is peripheral and shows the highest concentration of Nigerian activity. Due to the presence of many public transport entry points in the urban subsystem all three locations manifest shallow depth. In conclusion, the multiple *transport entry and exit points* and *locations of facility concentration* contribute to pedestrian flow in the network of streets of the *IPOGT*.

Physical Environmental Conditions Contributing to Street Gatherings
In this final section a micro-locational analysis at the level of urban spaces and objects, as well as in an analysis of the urban subsystem at the level of street patterns was engaged, in order to identify topological and metric properties that contribute to their spontaneous appropriation, thereby aiding the accommodation of activities associated with street gatherings.

Empirical observation led to reconstructed sequential events related to the use of a calling centre, an immigrant facility typical in the area of study. This sequence of activities is represented by a directed graph, which consists of activity locations (nodes) and transitions from one activity location to another indicating direction (edges). The concepts of *adjacency* and *connectedness* can aid the understanding of the formation of activity sequences in space. In the case of the calling centre the graph of sequential activities is connected and includes sets

zieningen vinden op L11 regelmatig straatbijeenkomsten plaats.
L11 is een tussenliggende locatie tussen knooppunten met een grote
voorzieningendichtheid en vertoont een sterke tussenheid tussen vier
aankomst- en vertrekpunten. Zo heeft ook locatie L4, waar de straten
Geraniou en Anaxagoras elkaar kruisen, zelf geen immigrantenvoorzieningen maar vinden er toch regelmatig straatbijeenkomsten
plaats. Het knooppunt vertoont tussenheid tussen drie aankomst- en
vertrekpunten en geringe diepte vanaf locatie L4, een locatie met een
hoge activiteitendichtheid. Daaruit valt op te maken dat een sterke
mate van tussenheid en nabijheid (geringe diepte) van een locatie ten
opzichte van locaties met een hoge voorzieningendichtheid een factor
is die bevorderlijk is voor het optreden van straatbijeenkomsten op de
ontmoetingsplaats voor immigranten.

Ten slotte worden de vorm en omvang van de beschikbare open
ruimten en stedelijke objecten die voorkomen in het specifieke straatlandschap van de *OPVI* onderzocht, met het doel de metrische eigenschappen te identificeren die bevorderlijk zijn voor het optreden van
straatbijeenkomsten. De belangrijkste eigenschap van dit straatlandschap is de morfologische diversiteit, die het resultaat is van de chro-
nologische gelaagdheid van bouwtypen in het gebied. Open ruimten
worden in verband gebracht met bepaalde bouwtypen; straatarcaden
zijn standaardelementen van flatgebouwen; drempels zijn gangbaar
in oude huizen en winkels. Een veelvormige 'urban void' die voortdu-
rend zijn profiel verandert langs zijn lineaire dimensies wordt waargenomen.

— Straatarcaden komen hier en daar voor; ze komen uit op omslo-

of adjacent activities. The location graph reflects the spaces accommodating the sequence of activities by projecting the specific activity
locations in space and formulating a path. Locations are labelled to
reflect information about activity that occurs there that corresponds
to the registered activity sequence. One can represent this sequence
as a compact graph, where L2 and L4 contain a nested sub graph of
locations. Finally, we represent the activity sequence as *flow*, determining departure Li and arrival Lj locations. In this case Li = street
and Lj = calling centre. Locations L2 and L3 are *intervening locations*
on the path between Li and Lj. Informal interaction occurs in these
intervening locations. In this case the sidewalk arcade and the lobby,
which are the intervening locations between the street and the facility
interior, are *conductive to informal interaction* on account of their topological properties.[23] As earlier elaborated the particular streetscape
manifests plethora and diversity of intervening spaces between facility interiors and sidewalk. In this perspective we can argue that the
presence of *intervening locations* between facility interiors and the
sidewalk are contributing conditions to informal interaction and the
formation of street gatherings.

The topological notion of intervening locations and the comple-
menting concept of *betweenness* addressing the scale of the urban
sub-system was expanded. Theatre Square is represented in the graph
of immigrant activity locations N(L1, . . . L37) by the node L11.
Despite the absence of immigrant facilities, L11 frequently accommodates street gatherings. L11 is an *intervening location* between
high facility concentration nodes, and manifests a high *betweenness*

[23]
Tzonis and Oorschot, op. cit.
(note 8).

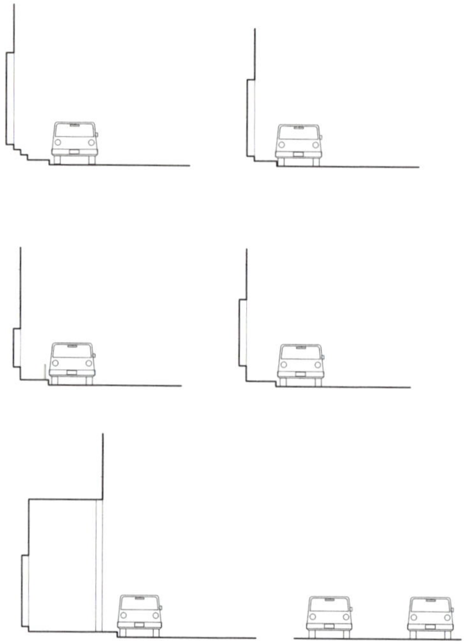

Diplari-straat, zaterdagavond, augustus 2003 /
Diplari Street, Saturday evening, August 2003

Diplari-straat, zaterdagavond, augustus 2004 /
Diplari Street, Saturday evening, August 2004

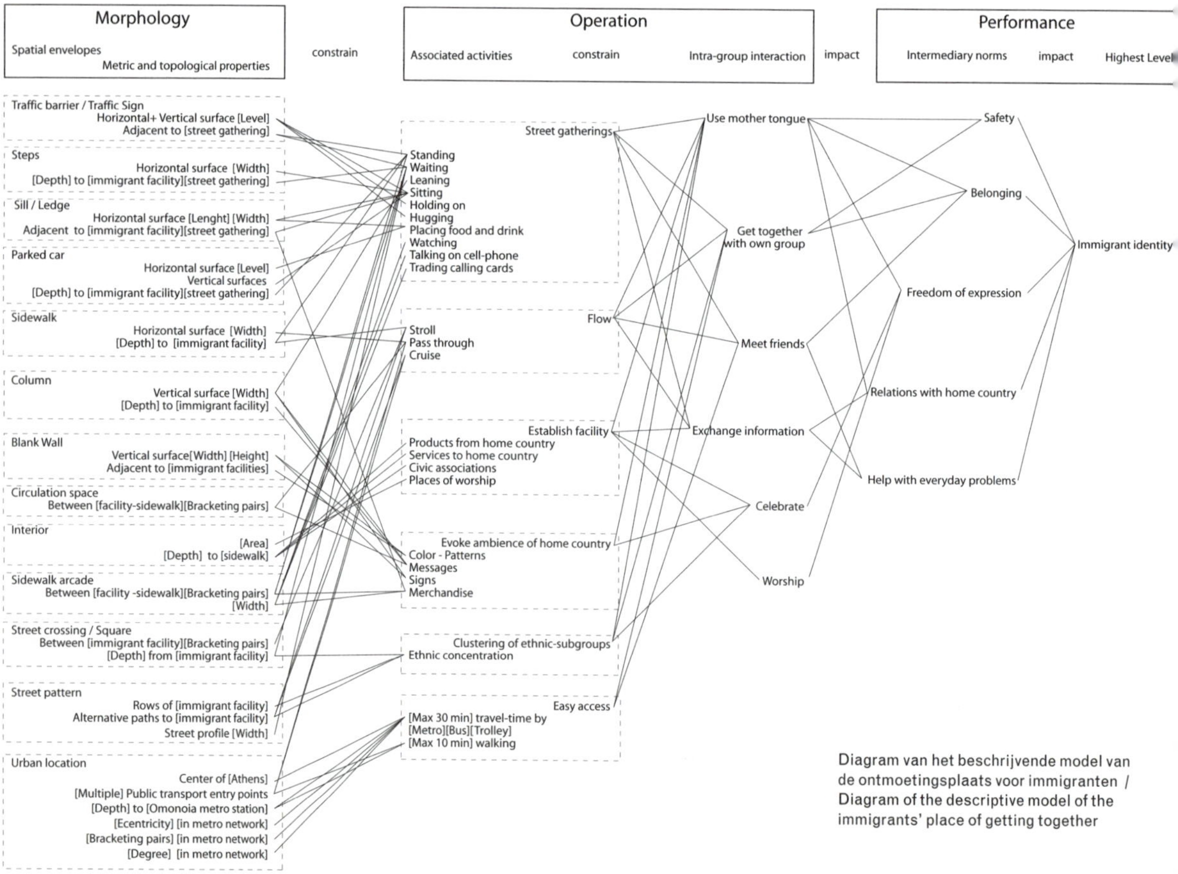

Minimale afmetingen van beschikbare oppervlakken voor straatbijeenkomsten /
Minimum dimensions of available surfaces for street gatherings

Diagram van het beschrijvende model van de ontmoetingsplaats voor immigranten /
Diagram of the descriptive model of the immigrants' place of getting together

The descriptive-model diagram is organised in three panels:

Morphology

Spatial envelopes — Metric and topological properties — *constrain*

- **Traffic barrier / Traffic Sign**
  - Horizontal+ Vertical surface [Level]
  - Adjacent to [street gathering]
- **Steps**
  - Horizontal surface [Width]
  - [Depth] to [immigrant facility][street gathering]
- **Sill / Ledge**
  - Horizontal surface [Lenght] [Width]
  - Adjacent to [immigrant facility][street gathering]
- **Parked car**
  - Horizontal surface [Level]
  - Vertical surfaces
  - [Depth] to [immigrant facility][street gathering]
- **Sidewalk**
  - Horizontal surface [Width]
  - [Depth] to [immigrant facility]
- **Column**
  - Vertical surface [Width]
  - [Depth] to [immigrant facility]
- **Blank Wall**
  - Vertical surface[Width] [Height]
  - Adjacent to [immigrant facilities]
- **Circulation space**
  - Between [facility-sidewalk][Bracketing pairs]
- **Interior**
  - [Area]
  - [Depth] to [sidewalk]
- **Sidewalk arcade**
  - Between [facility -sidewalk][Bracketing pairs]
  - [Width]
- **Street crossing / Square**
  - Between [immigrant facility][Bracketing pairs]
  - [Depth] from [immigrant facility]
- **Street pattern**
  - Rows of [immigrant facility]
  - Alternative paths to [immigrant facility]
  - Street profile [Width]
- **Urban location**
  - Center of [Athens]
  - [Multiple] Public transport entry points
  - [Depth] to [Omonoia metro station]
  - [Ecentricity] [in metro network]
  - [Bracketing pairs] [in metro network]
  - [Degree] [in metro network]

Operation

Associated activities — *constrain* — Intra-group interaction — *impact*

Associated activities:

- Standing
- Waiting
- Leaning
- Sitting
- Holding on
- Hugging
- Placing food and drink
- Watching
- Talking on cell-phone
- Trading calling cards
- Stroll
- Pass through
- Cruise
- Products from home country
- Services to home country
- Civic associations
- Places of worship
- Evoke ambience of home country
- Color - Patterns
- Messages
- Signs
- Merchandise
- Clustering of ethnic-subgroups
- Ethnic concentration
- [Max 30 min] travel-time by [Metro][Bus][Trolley]
- [Max 10 min] walking

Intermediate nodes:

- Street gatherings
- Flow
- Establish facility
- Easy access

Intra-group interaction:

- Use mother tongue
- Get together with own group
- Meet friends
- Exchange information
- Celebrate
- Worship

Performance

Intermediary norms — *impact* — Highest Level

Intermediary norms:

- Safety
- Belonging
- Freedom of expression
- Relations with home country
- Help with everyday problems

Highest Level:

- Immigrant identity

ten ruimten die alleen naar de straat toe open zijn; grote stedelijke nissen met toegangen naar interieurs van voorzieningen. Meestal worden deze ruimten spontaan toegeëigend voor straatbijeenkomsten en groepsbijeenkomsten. De straatarcaden zijn groot genoeg om er motoren te parkeren waarop men kan zitten als ze eenmaal zijn geparkeerd, zodat ze als ad hoc mobiel straatmeubilair dienen. Vaak worden in de arcaden de straatmarkten gehouden, waarbij de koopwaar wordt uitgestald op de vloer en tegen de omringende muren. De diversiteit aan stedelijke nissen die ontstaan in de ommuurde straatarcaden is een opvallend kenmerk van dit specifieke straatlandschap.

— Overdekte passages vergroten de diversiteit van de verschillende typen open ruimten. Het zijn lineaire ruimten die alternatieve routes bieden, en er vinden meestal straatbijeenkomsten plaats bij de ingangen ervan.
— Langwerpige lobby's in flatgebouwen lijken op overdekte passages.

Op microschaal springt de veelvormigheid van het straatlandschap in het oog en deze is ook bevorderlijk voor straatbijeenkomsten, omdat ze individuele activiteiten mogelijk maakt die daarmee verband houden, want er zijn oppervlakken om op te staan, te zitten en te leunen, en al deze oppervlakken kunnen spontaan worden toegeëigend. Vooral:
— De oudere gebouwen, die een uiterst toe-eigenbare, veelvoudige 'urban poches' bieden met trapjes, richels, raamkozijnen en drem-

---

of four bracketing pairs. Similarly, location L2, the intersection of Geraniou and Anaxagoras, contains no immigrant facilities yet regularly accommodates street gatherings. The node presents a *betweenness* of three bracketing pairs and *shallow depth* to location L4 – a high activity concentration location. Therefore *high betweenness* and *proximity* (shallow depth) of a location to facility concentration locations is a condition that contributes to the occurrence of street gatherings in the *IPOGT*.

Finally, the examination of the shapes and sizes of the available open spaces and urban objects that populate the particular streetscape of the *IPOGT*, intended to identify their metric properties that contribute to the accommodation of street gatherings. The most prominent property of this streetscape is its morphological *diversity*, which results from the chronologically stratified aggregation of building types in the area. Open spaces are associated with particular building types; sidewalk arcades are standard elements of apartment blocks; and doorsteps are common in old houses and shops. We observed a polymorph urban void that constantly changes its profile along its linear dimensions.
— Sidewalk arcades occur incidentally, leading to circumscribed spaces open only onto the street, large urban niches that contain entrances to facility interiors. In most cases these spaces are spontaneously appropriated by street gatherings. The space provided by sidewalk arcades allows parking motorbikes which, when parked, provide sitting surfaces, operating as *ad hoc* mobile street furniture. In many cases street markets take place in the

pels waarop te zitten valt. De meeste verticale oppervlakken
(muren, zuilen) zijn bedekt met posters die de uitwisseling van
informatie bevorderen.
— Auto's die langs de hoofdstraat geparkeerd staan. Auto's zijn
   weliswaar geen permanente stedelijke objecten, maar hun con-
   stante aanwezigheid maakt ze tot een permanent element van het
   straatprofiel dat plaats biedt om te zitten, te leunen, dingen op te
   leggen of producten uit te stallen of op te slaan. In dit domein van
   de toeeigening van het straatlandschap kunnen we geparkeerde
   voertuigen beschouwen als multifunctionele elementen van de
   openbare ruimte.
— De ruimte tussen geparkeerde auto's en de buitenmuren van
   gebouwen is, vooral als de trottoirs smal zijn, nog een voorbeeld
   van omsloten open ruimte waar kleine groepsbijeenkomsten
   plaatsvinden. Zo'n ruimte is naar twee kanten open, zodat door-
   stroom mogelijk is, en naar de andere twee gesloten, wat oppervlakken oplevert om op te leunen of te zitten.
— Ook verkeersobstakels zijn objecten waarop gezeten en geleund
   kan worden. We nemen twee standaardvormen waar, de een ou-
   der dan de ander: de oude is een buisvormig frame met een hori-
   zontale rand, de nieuwe een omgekeerde kegel met een cirkelvor-
   mige, platte bovenkant. Stedelijk meubilair is opvallend afwezig,
   maar verkeersborden en afvalbakken zijn er te over.
— De afvalbakken zijn groot, manshoog, en dienen soms om tegen
   te leunen.
— De verkeersborden zijn ook manshoog en vormen soms het

sidewalk arcades, using the floor or the enclosing walls to display
merchandise. The variety of *urban niches* resulting from circumscribed sidewalk arcades is a prominent characteristic of the particular streetscape.
— Gallery passages add to the diversity of open space types. Being
   linear spaces that provide alternative paths, they are mostly
   occupied by street gatherings at their entrances.
— Elongated lobbies in apartment blocks resemble gallery passages.

Polymorphy of the streetscape is evident at the micro-scale, and contributes to street gatherings by accommodating individual activities
associated with them, providing surfaces for standing, sitting and
leaning, all of which can be spontaneously appropriated. Particularly:
— The older buildings that present a highly appropriable manifold
   urban poche with steps, ledges, windowsills and doorsteps
   providing surfaces for sitting. Most vertical surfaces – walls and
   columns – are covered with posters aiding information exchange.
— Parked cars that line the street thoroughfare. Although cars are
   non-fixed urban objects, their constant presence renders them
   a permanent element of the street profile, providing surfaces
   for sitting, leaning, putting things on, or displaying and storing
   products. In this realm of immigrant streetscape appropriation
   we can acknowledge parked vehicles us multifunctional elements
   of public space.
— The space between parked cars and the exterior walls of buildings
   – especially in the case of narrow sidewalks – is another type of

middelpunt van kleine bijeenkomsten, waarbij mensen zich
soms aan de paal vasthouden.
De elementen van het straatlandschap zijn betrekkelijk klein van
omvang. De straten zijn meestal smal en er staan altijd aan minstens
één kant auto's geparkeerd. De huizenblokken zijn kort; er zijn veel
kruisingen en zijstraten. Als de straten smal zijn kan gemakkelijk
contact worden gelegd met mensen aan de overkant. In de smalste
straten omspant het blikveld het interieur van de voorziening plus de
rand van het trottoir aan de overkant. Straatbijeenkomsten komen
voor tussen het interieur, de drempel van de voorziening, het aangrenzende trottoir en de overkant van de straat. Brede straten scheiden
de toe-eigeningsruimten in twee afzonderlijke trottoirs. Hoewel er
wel oogcontact wordt gemaakt met de overkant van een brede straat,
verhinderen de afstand en het verkeer – bredere straten hebben meer
rijstroken – interactie tussen de ene kant van de straat en de andere.
De lengte van de straat lijkt geen beletsel te vormen om zich ruimten
toe te eigenen. Hoe langer de straat is, hoe meer potentiële toe-eige-
ningslocaties hij biedt.

De trottoirs zijn smal. De geringe breedte van het trottoir werkt
niet ontmoedigend op straatbijeenkomsten. Zelfs op de smalste
trottoirs, met name als er voorzieningen aan liggen, vinden bijeenkomsten plaats. Het smalste trottoir (van 60 cm breed) dient, als er
ook verkeersobstakels zijn, om te zitten, waarbij de aangrenzende
muur als rugleuning fungeert. Ook op zeer smalle trottoirs zijn hoge
concentraties personen waargenomen. De maximale waargenomen
dichtheid van straatbijeenkomsten is zes personen per vierkante

circumscribed open space that accommodates small group gatherings. Such space is open at two sides, allowing flow through, and
closed on the other two, providing surfaces for leaning or sitting.
— Traffic barriers are also objects that can be sat or leaned on. We
observed two standard shapes according to their age: the oldest
are tubular frames with a horizontal edge, while the newest are
reversed cones or cylinders with a flat circular top. While there
is a distinct absence of urban furniture, traffic signs and rubbish
dispensers are common.
— Rubbish dispensers are large, man-size and are sometimes used
for leaning against.
— Traffic signs are also man-size and are sometimes used as central
points of small gatherings, people holding onto the tubular base
while standing around.

The dimensions of the elements of the streetscape are relatively small.
Streets are mostly narrow and always aligned with parked cars on
at least one side. Blocks are short; intersections and junctions are
frequent. Narrow streets allow contact with opposite sidewalks. In
most cases crowds and group gatherings move between both sides of
the street. In the narrowest of streets the visual field spans the facility interior and the edge of the opposite sidewalk. Street gatherings
occur between the interior, the doorstep of the facility, the adjacent
sidewalk and the opposite side of the street. Wide streets separate
appropriation spaces for each sidewalk. Although visual contact is
made across wide streets, distance and traffic – since wider streets

meter, ofwel een gemiddeld grondoppervlak per persoon van 0,16 m². Straatarcaden zijn doorgaans minimaal drie meter breed. De breedte van de arcade is bevorderlijk voor de vorming van groepsbijeen- komsten, terwijl een grotere lengte een negatieve invloed heeft op hun functie als stedelijke nis. In de langste arcaden nemen we lineaire opeenvolgingen van straatmarkten waar en maar weinig groeps- bijeenkomsten.

De morfologische dichtheid van het straatlandschap op de schaal van stedelijke ruimten en objecten is bevorderlijk voor het optreden van straatbijeenkomsten. Hoe groter de veelvormigheid, hoe meer gelegenheid voor spontane toe-eigening. Later gearriveerde immi- granten hebben de elementen van dat veelvormige straatlandschap praktisch geheel opnieuw vormgegeven en er – in de ogen van in- heemse Atheners – ongebruikelijke bestemmingen aan gegeven. De geringe afmetingen van de elementen van het straatprofiel vergemak- kelijken interactie met de overkant van de straat. Tot slot: in tegen- stelling tot wat stedenbouwkundigen denken, verhindert de aanwe- zigheid van auto's niet de vorming van groepen op straat.

Het beschrijvende model als basis voor een ontwerpinstrument
Het beschrijvende model van de *OPVI* maakt de beperkingen ex- pliciet tussen de fysieke omgevingsfactoren in de locatie, de gebeur- tenissen die op de locatie plaatsvinden en de wijze waarop deze gebeurtenissen beantwoorden aan specifieke groepsbehoeften zoals weergegeven in het conceptuele MOP-kader via de analytische cate- gorieën morfologie, operativiteit (actie) en performativiteit (effect).

have more lanes – prevent cross-street interactions. The length of the street does not seem to inhibit the appropriation of spaces. One can hypothesise that the longer the street, the more opportunities for ap- propriating locations.

The *reduced width* of a sidewalk does not discourage street gath- erings. Even on the narrowest sidewalks, especially when they are adjacent to facilities, gatherings take place. The narrowest sidewalk of 0.6 m serves, when it includes car obstacles, as a seat, allowing the adjacent wall to operate as a backrest. Very high concentrations of people have been observed in the cases of very narrow sidewalks. The maximum density of street gatherings reaches six people per square metre, allowing an available floor area of 0.16 m² per person. Side- walk arcades present a standard minimum width of 3m. While the width of the sidewalk arcade aids the accommodation of group gath- erings, increased length affects the property of urban niche negatively. In the longest arcades the linear sequences of street markets and few group gatherings.

Morphological diversity of the streetscape at the scale of urban spaces and objects positively contributes to the occurrence of street gatherings. The greater the polymorphy, the more opportunities for spontaneous appropriation. Complementary immigrants have *practically* redesigned the elements of this polymorph streetscape, assigning unconventional – in the eyes of the indigenous citizens – usage to them. The small dimensions of the elements of the street profile facilitate cross-street interactions. Finally, contrary to the belief of urban designers, the presence of vehicles does not inhibit

Binnen het wetenschappelijk kader van de stedenbouw biedt het beschrijvende model een verklaring voor het ontstaan van *OPVI* op een specifieke stedelijke locatie, doordat het de fysieke omgevingsfactoren identificeert (de intrinsieke en contextuele eigenschappen van een specifiek omschreven reeks straten in de binnenstad van Athene) die noodzakelijk maar niet voldoende zijn voor het optreden van activi-teiten die de culturele kern van de immigrantenidentiteit versterken en de locatie geschikt maken voor toe-eigening door Aziatische en Afrikaanse immigranten.

De Aziatische en Afrikaanse immigranten in Athene zijn deel van een stedelijke subcultuur die de sociaal en cultureel marginaal is, wat ook blijkt uit het feit dat in het ontwerp van de stedelijke ruimten geen rekening met hen wordt gehouden. Aziatische en Afrikaanse immigranten in Athene hebben, ondanks hun institutionele ontheemdheid, hun ruimtelijke uitsluiting bestreden, door zich de specifieke locatie toe te eigenen om in de binnenstad van Athene hun eigen openbare domein te vestigen. In tegenstelling tot wat algemeen wordt aangenomen, namelijk dat marginale stedelijke groepen nergens heen kunnen en 'hebben overleefd en gebloeid in de nauwe restruim-ten van de stad',[24] kan in het geval van de immigranten in Athene bevestigd worden dat ze selectieve, zichzelf helpende gebruikers van de openbare ruimte zijn die zich de locaties toe-eigenen die zich het best lenen om hun eigen specifieke activiteiten in onder te brengen. Zoals besproken, ligt de *OPVI* in Athene centraal, is goed bereikbaar en morfologisch divers, en bevat een overvloed aan ruimten die zeer geschikt zijn om voorzieningen te vestigen

[24]
Wilson 1991 in: S. Low (red.),
Theorizing the City. The New Urban Anthropology Reader,
New Jersey 1999.

the formation of groups in the street.

The Descriptive Model as the Foundation for a Design Tool

The descriptive model of the *IPOGT* makes explicit constraints between the physical environmental conditions of the location, the events that occur there, and the way these events satisfy particular group needs represented in the *MOP conceptual framework* through the analytical categories of Morphology, Operation and Performance. Within the scientific scope of urban design the descriptive model provides an explanation of the emergence of the *IPOGT* in this particular urban location by identifying the physical environmental conditions – intrinsic and contextual properties of the particular set of streets in downtown Athens – that are necessary, though not sufficient, for the occurrence of activities that support the cultural core of immigrant identity, and which render the location fit for appropriation by Asian and African immigrants.

Asian and African immigrants in Athens can be considered as an urban subculture whose social and cultural marginality corresponds to the lack of acknowledgment in the design of urban spaces. Despite their institutional place-less-ness Asian and African immigrants in Athens have contested their spatial exclusion by appropriating the particular location to establish their public domain in downtown Athens. Contrary to the general assumption that marginal urban groups have no place to go and 'have survived and flourished in the interstices of the city',[24] in the case of Athens' immigrants we can affirm that they are selective, self-served users of public space that

[24]
Wilson 1991 in: S. Low (ed.),
Theorizing the City. The New Urban Anthropology Reader,
New Jersey 1999.

Sophia Vyzoviti

en straatbijeenkomsten te houden.

De werkhypothese was dat het ontstaan van spontaan toegeëigende stedelijke ruimten niet deterministisch kan worden voorspeld, maar wel wordt beperkt door bepaalde fysieke omgevingsfactoren. Aangetoond is dat de fysieke omgevingsbeperkingen van de ruimtelijke toe-eigening groeps-specifiek zijn en moeten worden vastgesteld door empirisch onderzoek, door te kijken waar de interactie plaatsvindt die van essentieel belang is om aan de specifieke groepsnormen te beantwoorden. Controle, hetzij in de vorm van gedogen, hetzij in de vorm van verbieden, over het toe-eigeningspotentieel van een locatie, kan worden verkregen door de noodzakelijke fysieke omgevingsfactoren te manipuleren die essentiële interactie binnen groepen beperken. Bij de ontwikkeling van een ontwerpinstrument – in wezen een voorschrijvend model – dat tot doel heeft controle te verkrijgen over het toe-eigeningspotentieel van een locatie, moet dan ook gebruik worden gemaakt van de verklarende structuur van een beschrijvend model om richtlijnen voor het ontwerp te kunnen formuleren.

Tot slot wil ik de noodzaak benadrukken om in toekomstige stadsvernieuwingsplannen voor de Atheense binnenstad rekening te houden met de *OPVI* en dit door zelforganisatie ontstane publieke domein officieel te erkennen. Fundamenteel uitgangspunt voor populistische ontwerpers en democratisch gezinde planologen was en is dat de status quo van hoe mensen wonen, zoals omschreven in gedragsmodellen, moet worden gehandhaafd en ondersteund door de gebouwde omgeving. Dus als het doel van stadsvernieuwingsplannen voor de

66

appropriate those locations that can best accommodate their particular activities. As we have elaborated, the location of the *IPOGT* in Athens is central, highly accessible and morphologically diverse, with an abundance of spaces with facility establishment and street gathering potential.

The work hypothesis has been that while the emergence of spontaneously appropriated urban spaces cannot be deterministically forecast, it is nevertheless constrained by the existence of certain physical environmental conditions. The physical environmental constraints of spatial appropriation are group specific and ought to be discovered by empirical research, considering the accommodation of interaction that is essential to the satisfaction of the particular group norms. Control, either toleration or prohibition, over a location's appropriation potential would be accomplished by manipulating the necessary physical environmental conditions that constrain essential intra-group interaction. Therefore the development of a design tool – essentially a prescriptive model – intending to accomplish control over a location's appropriation potential ought to utilise the explanatory structure of a descriptive model in order to formulate design guidelines.

In conclusion the necessity of acknowledging the *IPOGT* in any future urban renewal plan for downtown Athens was put forward, granting institutional recognition to this self-organised public domain. The fundamental point of departure of the populist designers and the bottom-up planners has been, and still is, that the *status quo* of how people dwell, as described by behavioural models, ought to be

Atheense binnenstad zou zijn de ontmoetingsplaats voor immigranten op dezelfde locatie te handhaven en te ondersteunen, dan moeten de ontwerpers tegemoet komen aan de normen van de immigranten (en niet van vooral hun eigen burgerlijke idealen ten aanzien van de publieke ruimte volgen) en dus de noodzakelijke fysieke omgevingsfactoren onderhouden en creëren om essentiële interactie tussen immigranten op de locatie, zoals gedefinieerd in het beschrijvende model, mogelijk te maken. Dan zien we de westerse Atheense binnenstad misschien veranderen van een stedelijke ruimte waarin immigranten zijn 'binnengedrongen'[25] in een plek waar inheemse Grieken en nieuwe bewoners elkaar kunnen leren kennen, zodat een multiculturele ruimte van ontmoeting en uitwisseling ontstaat.

[25] De aangehaalde term is afkomstig van R.K. Dudrah, met de complimenten van de auteurs voor zijn commentaren en suggesties voor dit artikel.

Vertaling: Auke van den Berg, Bookmakers

Dankbetuiging *Dit artikel is gebaseerd op een casestudy in het proefschrift* Emergent places for urban groups without a place: Representation, Explanation, Prescription, *dat de auteur in januari 2005 verdedigde aan de TU Delft, onder supervisie van prof. Alexander Tzonis en prof. Liane Lefaivre. Al het empirische materiaal, foto's en grafieken zijn het intellectuele eigendom van de auteur, tenzij ze aan hun bron worden toegeschreven.*

---

preserved and supported through the built environment. Thus *if* the goal of an urban renewal plan for downtown Athens would be the preservation and support of the getting *IPOGT*, then designers ought to satisfy the immigrants' norms – rather than project their own middle class public space ideals – and therefore maintain and provide the necessary physical environmental conditions for the occurrence of the essential immigrant interaction in the location as identified by the descriptive model. In this perspective, we could anticipate a transformation of western downtown Athens from an urban space 'invaded'[25] by immigrants to a place where indigenous Greeks and the new dwellers can get to know each other, becoming a multicultural space of exposure and exchange.

[25] Cited term is attributed to R K Dudrah with the author's compliments for his comments and suggestions to the current essay.

Acknowledgments *This essay is based on one case study in the author's PhD dissertation* Emergent Places for Urban Groups Without a Place: Representation, Explanation, Prescription *completed at Delft University of Technology in January 2005, conducted under the supervision of Prof. Alexander Tzonis and Prof. Liane Lefaivre. All empirical evidence, photographs and diagrams are intellectual property of the author, unless attributed to their source.*

Igor Marjanovic & Katerina Rüedi Ray

Immigratie naar Chicago: droomlandschappen en datalandschappen

Chicago Immigration: Dreamscapes and Datascapes

Datascape 1: Prologue
Illinois 2000 US Census data[1]

Total population   12,279,027

Foreign born
  Naturalised citizens   641,848
  Not a citizen   962,188
    Entered 1990 or later   813,157
    Entered before 1990   790,879

Language spoken at home
  English only   9,113,940
  Other than English   2,266,241

1
Voor gedetailleerde bevolkings-
cijfers van de VS, zie
www.census.gov (geraadpleegd
13 september 2004). /
For detailed US census information see www.census.gov
(Accessed September 13, 2004).

Chicago: architectuur en immigratie   Dit essay beschrijft de totstandkoming van Chicago: City of Arrivals, een architectuurinstallatie van ReadyMade Studio in het Art Institute of Chicago.[2] De curatoren hadden de ontwerpers gevraagd na te denken over de toekomst van de architectuur in Chicago. ReadyMade Studio reageerde hierop met een concept dat in dialectisch contrast staat met een traditionele architectuurpresentatie aan de hand van beroemde gebouwen en architecten, zoals het werk van de Chicago School of Architecture, en plaatste het architectuurdiscours in de context van migratie en hervestiging. *Chicago: City of Arrivals* herinterpreteert de geschiedenis van de stad Chicago aan de hand van parallellen tussen de kindertijd en migratie in de moderne metropool. Het officiële verhaal over immigranten en kinderen wordt tegen het licht gehouden; de vraag wordt gesteld waarom hun eigen verhaal ontbreekt in het publieke domein en er wordt een kader geschapen om het alsnog een plaats te geven.

Chicago staat historisch bekend als een stad van architectuur, de geboorteplaats van de moderne architectuur en de thuisbasis van de Chicago School of Architecture. Uit de geschiedenis en uit de statistische gegevens blijkt dat Chicago ook een stad is van immigratie, een startpunt voor veel immigranten van over de hele wereld en uit andere delen van de VS. Het is een stad van etnische buurten, kerken, restaurants en bedrijfsleven. Hoewel ook naar het platteland van Amerika in toenemende mate immigratie plaatsvindt, vooral door landarbeiders naar de rurale staten, concentreert ze zich nog steeds vooral in de steden. Het is mede op grond van deze cijfers dat ook wij ons vooral op de stad richten, maar vooral vanwege de geschiedenis van het moderne en postmoderne denken, dat gericht is op steden en hun potentieel

2

Twintig ontwerpers werden uitgenodigd deel te nemen aan de tentoonstelling 'Chicago: Ten Visions' (Art Institute of Chicago, november 2004–april 2005), van wie er tien werden geselecteerd om ieder een ruimte van 6x6 meter te ontwerpen. Curatoren van de tentoonstelling waren Stanley Tigerman, John Zukowsky en Martha Thorne.

Chicago: Architecture and Immigration   This essay documents the formation of *Chicago: City of Arrivals*, an architectural installation by ReadyMade Studio at the Art Institute of Chicago.[2] The exhibition curators asked the designers to reflect on the future of Chicago architecture. Standing in a dialectical contrast with the traditional work of architecture received through famous buildings and architects – such as the work of the Chicago School for example – ReadyMade Studio's entry positions architectural discourse in the context of migration and resettlement. *Chicago: City of Arrivals* re-reads Chicago's urban history through parallels between childhood and immigration in the modern metropolis. It consciously scrutinises the official narratives about immigrants and children, questioning their absence from the public realm, and creating a framework for their re-instatement.

Historically, Chicago is known as the city of architecture – the birthplace of modern architecture and the home of the Chicago School of Architecture. But, as history and statistical data in this essay suggest, Chicago is also a city of immigration, a point of entry for many immigrants from around the world and other parts of the US. It is a city of ethnic neighbourhoods, churches, restaurants and industries. Although immigration has also become more and more present in rural America – especially in the form of migrant farm workers in rural states – it is in cities that immigrants are still most concentrated. Our focus on the city owes something to these numbers, but also something more to the history of modern and post-modern thought focused on cities and their ability to serve as agents of social change. In *Architecture and Disjunction* Bernard Tschumi writes:

2

Twenty designers were invited to participate in the Chicago: Ten Visions show (Art Institute of Chicago, November 2004 – April 2005), and ten were selected to design a 20'- 0"x20'- 0" room each. The exhibition was curated by Stanley Tigerman, John Zukowsky, and Martha Thorne.

als instrument voor maatschappelijke verandering. In *Architecture and Disjunction* schrijft Bernard Tschumi:

> Niet alleen was de stad (Liverpool, Londen, Los Angeles, Belfast, enzovoort) de plaats waar de maatschappelijke conflicten het scherpst waren, maar, zo stelde ik, de stedelijke conditie zelf kon een middel zijn om maatschappelijke verandering te versnellen.[3]

Chicago is een schoolvoorbeeld van zowel een moderne als een post-koloniale stad. De moderniteit van deze stad komt het duidelijkst tot uitdrukking in de stadsgeschiedenis en de aard van productie (sociaal, economisch en ruimtelijk); haar postkoloniale karakter dankt ze aan een geschiedenis van aanhoudende stedelijke conflicten. Migrantenwerkers waren de motor van de arbeidersopstanden in de negentiende eeuw, en zeker van de beweging voor een achturige werkdag, die uitliep op de Haymarket-bijeenkomsten en -rellen van 1 tot 4 mei 1886. De omvang van de Haymarket-rellen en het controversiële proces dat erop volgde, leidden tot de viering van 1 mei als internationale dag van de arbeid. Arbeidersvakbonden als de International Working People's Association en etnische arbeiderstijdschriften als *Die Arbeiter-Zeitung* speelden een sleutelrol bij de strijd voor gelijke rechten en tegen rassendiscriminatie onder arbeiders. Deze bonden brachten in Chicago arbeiders met uiteenlopende achtergronden samen, waaronder vrouwen, Ieren, Duitsers, zwarte Amerikanen en andere. Ook in de twintigste eeuw duurden maatschappelijke conflicten rond kwesties als immigrantenarbeid en politieke vertegenwoordiging nog voort. De politieke onrust van de jaren zestig kwam tot een hoogtepunt in de burgerrechtenbeweging, in het kader van de strijd voor erkenning en zelfbeschikking van de groeiende

3
Bernard Tschumi, *Architecture and Disjunction*, Cambridge 1994, p. 7.

> Not only was the city (Liverpool, London, Los Angeles, Belfast, etc.) the place where social conflicts were most exacerbated but, I argued, the urban condition itself could be a means to accelerate social change.[3]

Chicago is both a paradigmatic modern city and a paradigmatic post-colonial city. While its modernity is most evident in the history and character of production – social, economical, and spatial – the post-colonial character of Chicago builds upon the continuous history of urban conflicts. The nineteenth-century workers rebellions most notably the movement for an eight-hour workday which resulted in the Haymarket meetings and riots of 1-4 May 1886 – were mostly driven by the power of immigrant labour. The magnitude of the Haymarket Riot and the controversial trial that followed resulted in the celebration of May 1 as the international workers day. Workers' unions, such as the International Working People's Association, and ethnic workers journals, such as *Die Arbeiter-Zeitung*, played a key role in promoting equal rights and an end to racial discrimination in the workforce. These associations brought together Chicago workers of various backgrounds, including women, Irish, German, African-American and other immigrants. The twentieth century saw a continuation of social conflict based on the issues of immigrant labour and political representation. The political unrest of the 1960s culminated during the civil rights movement as part of the struggle to recognise and empower the growing African American diaspora in the North. For David Harvey, the question of social change is inseparable from *otherness*:

3
Bernard Tschumi, *Architecture and Disjunction*, Cambridge 1994, p. 7.

zwarte diaspora in het noorden. Volgens David Harvey viel de kwestie van de maatschappijhervorming niet te scheiden van het *anders-zijn*:

Als we de anderen die ons ontbijt serveren als belangrijk beoordelen, en daar is alle reden toe, welk soort intersubjectieve ruimte-tijd en wat voor beoordelingsschema wordt daarmee dan geconstrueerd en in hoeverre beïnvloedt dit ons zelfbeeld, onze ethische en politieke identiteit?[4]

Voor ons ontwerpers overstemt deze ethische vraag elke formele bespreking van de stedelijke geschiedenis van Chicago. We zien Chicago als een speelterrein voor menselijk immigrantenkapitaal, met zijn werk en inspanningen, zijn diasporische productie en verbeelding. In termen van architectuur heeft het modernisme een beheersing van de ontwerpverbeelding gebracht via het werk van een Europese immigrantenelite met namen als Ludwig Mies van der Rohe, Hilberseimer en Laszlo Moholy-Nagy; daarnaast bracht het ook rauwe immigrantenbouw middels het werk van de Poolse, Ierse en Duitse arbeiders. Het postkolonialisme daarentegen brengt een langzame maar onmiskenbare verschuiving met zich mee naar zowel een ontwerpelite van Latino-afkomst – zoals de ontwerpers en leidinggevenden in grote firma's als Gensler en SOM – als een gestaag groeiende Latino-bouwindustrie in Chicago. De Hispanic American Construction Industry Association (HACIA) is een van de machtigste associaties van bouwbedrijven van de stad. Toch speelt de massaverbeelding van de immigranten nog geen rol in het dromen over de stad. Het zijn de *anderen* die ons ontbijt serveren, maar van wie de dromen zich nog steeds in de ruimten van de stilte bevinden waar het in dit project om draait. We zijn geïnteresseerd in de immigra-

4
David Harvey, *Justice, Nature, and the Geography of Difference*, Oxford 1996, p. 233.

If the others who put breakfast on our table are judged, as surely must be, significant, then what kinds of intersubjective space-time and what kind of valuation schema is being constructed thereby and how does this affect our sense of self, of moral and political identity?[4]

For us designers, this ethical question overpowers any formal discussion about Chicago's urban history. We see Chicago as a playground for immigrant human capital – for its work and labour, for both diasporic production and imagination. Architecturally speaking, modernism brought control of the design imagination through the work of the immigrant European elite, such as Ludwig Mies van der Rohe, Ludwig Hilberseimer and Laszlo Moholy-Nagy; it also brought raw immigrant construction through the labour of Polish, Irish, and German workers. Post-colonialism on the other hand, is bringing a slow but evident shift to both the Latino design elite – such as designers and principals in large firms like Gensler and SOM – and the ever-growing Latino construction industry in Chicago. The Hispanic American Construction Industry Association (HACIA) is one of the most powerful construction associations in the city. However, the immigrant mass imagination has not yet had a role in dreaming the city. It is the *others* who put breakfast on our table yet whose dreams are still in spaces of silence that are the main concern of this project. We are interested in the complexities of immigration processes, especially the most silent and unheard voices: those of immigrant children.

4
David Harvey, *Justice, Nature, and the Geography of Difference*, Oxford 1996, p. 233.

Gevel van het gebouw van de Immigration and Naturalization Services (INS-gebouw) met de torenhoge figuur van een immigrantenkind ervoor en overdekt met een stortvloed van dossierkasten en tl-buizen. /
The façade of the Immigration and Naturalization Services (INS) building altered by the towering figure of an immigrant child and complemented by the rain of filing cabinets and fluorescent light strips.

Gevel van het warenhuis Dollar Daze en de 'dikte' van de gevel van het INS-gebouw met blootliggend houten skelet. /
The façade of the Dollar Daze store and the 'thickness' of the INS façade wall with its exposed timber structure.

De ruimte van de stedelijke vervreemding: de hoek van Jackson Street en State Street met de gevels van het INS-gebouw en Passport Photo. /
The space of urban alienation: the corner of Jackson and State Streets with the façades of the INS building and the Passport Photos store.

74

Detail van de gevel van het INS-gebouw: de stortvloed van zwarte dossierkasten wordt aangevuld met tl-buizen. Met hun koude witte licht zijn de tl-buizen metaforen voor de I-balken die in de iconische gebouwen van de moderne architectuur worden gebruik. /
Detail of the INS façade: the rain of administrative black filing cabinets is complemented by fluorescent strip lights. With its cold white light, the fluorescents are metaphors for 'I' beams used on iconic buildings of modern architecture.

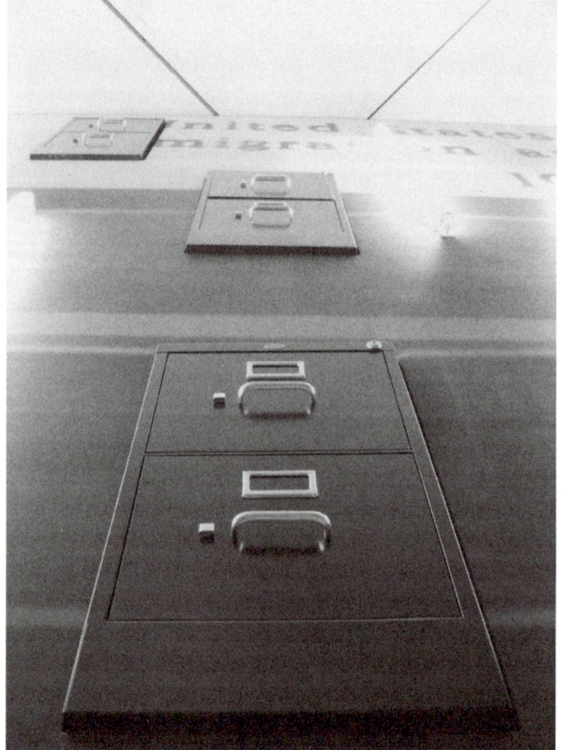

tieprocessen, in al hun complexiteit, en vooral in de stilste en minst gehoorde stemmen: die van de immigrantenkinderen.

Overeenkomsten: kindertijd en immigratie

Zodra men aankomt, begint het stadium van de kindertijd.[5]
Walter Benjamin

Dit waren de woorden waarmee Walter Benjamin zijn ervaring als volwassene beschreef toen hij een reis door Rusland maakte en opnieuw moest leren lopen op de bevroren straten van Moskou, en waarmee hij een verband legde tussen diaspora en regressie naar de kindertijd.[6] Benjamins observatie drukt concreet uit dat men zich alles opnieuw moet toe-eigenen, van taal tot hoe men zich in de ruimte beweegt; iets wat door elke immigrant intens wordt beleefd. Naast deze vervreemding die alle immigranten ervaren, geloofde Benjamin ook in dromen als een collectief fenomeen – een paradox in de geprivatiseerde werelden van het kapitalisme – en riep op tot montagestrategieën die de massa's zouden wakker schudden, in plaats van ze te laten wegzinken in een individuele droomtoestand zoals die door de surrealisten werd beschreven.[7] In *Chicago: City of Arrivals* breiden we deze ideeën van vervreemding en wakker schudden uit door immigrantenervaringen en -discours een nieuwe plaats te geven in de institutionele context van een museum. Via een niet voor de hand liggend gebruik van alledaagse objecten, namelijk de vitrinekastjes waarin de visie van immigranten kinderen op de toekomst van Chicago is verbeeld, ontvouwt de tentoonstellingsruimte zich als een montage van kant-en-klare artefacten. Het is een magische documentaire van een immigrantenjeugd in de grote stad.

5
Walter Benjamin, 'Moskau', in: Susan Buck-Morss, *The Dialectics of Seeing. Walter Benjamin and the Arcades Project*, Cambridge 1999, p. 265.

6
Ibid.

7
Voor een gedetailleerde bespreking van Benjamins relatie met het surrealisme, zie Buck-Morss, op. cit. (noot 5), p. 260.

Correspondences: Childhood and Immigration

The instant one arrives, the childhood stage begins.[5]
Walter Benjamin

It is through these words that Benjamin described his adult experience of travelling to Russia and having to relearn to walk on the icy streets of Moscow, thus establishing the connection between diaspora and the regression to childhood.[6] Benjamin's observation embodies the re-appropriation *de novo* of everything, from language to spatial practice, and is intensely experienced by every immigrant. In addition to this estrangement experienced by all immigrants, Benjamin also believed in dreams as a collective phenomenon – a paradox of the privatised worlds of capitalism – and called for montage strategies that could awaken the masses, rather than allow them to succumb to individual dream-like states described by the Surrealists.[7] In *Chicago: City of Arrivals* we extend these ideas of estrangement and awakening through the re-instatement of immigrant experiences and discourses in the institutional context of a museum. Through the uncanny use of everyday objects, namely the shadow boxes depicting immigrant children's visions of future Chicago, the exhibition space unfolds as a montage of ready-made artefacts. It is a magical documentary of immigrant childhood in the big city.

Benjamin argued that both children and immigrants are not yet fully integrated by the process of socialisation and therefore have an 'unsevered connection between perception and action that distinguished revolutionary consciousness in adults'.[8] As much as Benjamin's writing about childhood related to the Surrealist idea of regression into dreams, it also 'marked Benjamin's leave-taking of any homeland, and was in

5
Walter Benjamin, 'Moskau', in: Susan Buck-Morss, *The Dialectics of Seeing: Walter Benjamin and the Arcades Project*, Cambridge, Mass., 1999, p. 265.

6
Ibid.

7
For a detailed discussion of Benjamin's relationship to Surrealism see Buck-Morss, *The Dialectics of Seeing*, op. cit. (note 5), p. 260.

8
Ibid., p. 263.

Volgens Benjamin hebben immigranten evenmin als kinderen een volledig socialisatieproces doorgemaakt en hebben ze dus een 'nog niet verbroken band tussen waarneming en actie die bij volwassenen op een revolutionair bewustzijn duidt'.[8] Wat Benjamin over de kindertijd schreef, hield weliswaar verband met het surrealistische idee van een zich terugtrekken in dromen, maar het 'markeerde ook Benjamins afscheid van elk mogelijk vaderland en was in feite een expliciete poging zich immuun te maken voor heimwee'.[9] Onnodig te zeggen dat elke immigrant het gevecht tegen het heimwee moet leveren; zelfs degenen die in hun vaderland niet te lijden hebben gehad van politieke onderdrukking moeten leren leven met de gedachte dat ze een thuis en taal hebben verloren: sommigen kunnen waarschijnlijk echt nooit terug, maar allen verliezen in mindere of meerdere mate iets in het assimilatieproces. Bovendien delen alle immigranten de collectieve droom van een beter leven, in zijn meest stereotiepe vorm 'de Amerikaanse droom'. Tegelijkertijd heeft 'de ervaring van de kindertijd bij een generatie veel gemeen met een droomervaring'.[10] Aan de hand van deze dialectische relaties – verlies van thuis en taal, dromen, en het onderdrukken van *een andere* verbeelding – gaan we de vele analogieën tussen kindertijd en immigratie ruimtelijk verkennen.

Benjamin was vooral onder de indruk van de revolutionaire kracht van het handelen van kinderen, die vaak de gegeven, klakkeloos aanvaarde opvatting van dingen niet accepteren. Hij observeerde kinderen tijdens het maken van hun kunstwerken en probeerde van hen te leren, en die lessen te vertalen naar inzicht in revolutionaire kracht bij volwassenen. Hij was ervan overtuigd dat elke generatie een zwakke messianistische kracht in zich draagt, en dat de directe band tussen waarneming en

8
Idem, p. 263.

9
Idem, p. 39.

10
Idem, p. 273.

---

fact an explicit attempt to immunise himself against homesickness'.[9] Needless to say, all immigrants fight the battle of homesickness, and even those who escaped political oppression in their homelands have to cope with the idea of a lost home and language, to which some may never be able to return in reality and all lose to some degree in the assimilation process. Furthermore, immigrants share a collective dream of a better life, at its most stereotypical 'the American dream'. At the same time 'the childhood experience of a generation has much in common with dream experience'.[10] It is through these dialectical relationships – loss of home and language, dreaming, and the repression of *another* imagination – that we start to spatially explore the manifold analogies between childhood and immigration.

Benjamin was particularly impressed by the revolutionary power of the action of children, who frequently do not accept the given, uncritically received notions of things. He watched children in the production of their works of art and tried to learn from them and to translate that learning into an understanding of adult revolutionary power. He believed that each generation carries a weak Messianic power, and that childrens' direct link between perception and action was a powerful example of a revolutionary consciousness that was able to see everything anew. Our contribution to Benjamin's argument is that we as immigrants also carry this weak power, one that comes from the powerful simultaneous experience of alienation and enchantment within new worlds. By working with immigrant children and including their works of art and architecture within ours, ReadyMade Studio attempts to extend this emancipatory learning process and to explore possibilities for change in an alienated yet also enchanting world. Our dreaming eyes wide open, together

9
Ibid., p. 39.

10
Ibid., p. 273.

actie bij kinderen een krachtig voorbeeld was van een revolutionair bewustzijn, het vermogen alles als nieuw te zien. Wat wij aan Benjamins beweringen toe te voegen hebben, is dat ook wij als immigranten die zwakke kracht in ons dragen, een kracht afkomstig van de gelijktijdige ervaring van vervreemding en betovering in nieuwe werelden. Door met immigrantenkinderen te werken en hun kunstwerken en architectuur op te nemen tussen de onze, probeert ReadyMade Studios dit emancipatoire leerproces uit te breiden en mogelijkheden voor verandering te onderzoeken in een vervreemdende maar ook betoverende wereld. We houden al dromend onze ogen wijdopen en onze handen en voeten storten zich gezamenlijk in het maken en ongedaan maken van vreemde, betoverende en onbekende Chicago's. Puttend uit de rijke immigratietraditie van Chicago trachten we middels individuele en collectieve reflectie nauwkeurig te bestuderen wat immigranten te zeggen hebben vanuit hun plaatsen van stilte. De kritische theorie biedt vele interessante modellen voor zelfreflectie, emancipatie en zelfbeschikking. Het is vanuit deze traditie dat we onze tentoonstellingsruimte hebben ontwikkeld – een collectieve hybridiseringsruimte, ontworpen door immigranten-professionals (wijzelf), maar aangevuld en van betekenis voorzien door de individuele visies van immigrantenkinderen.

Tentoonstellingsruimten   *Chicago: City of Arrivals* hanteert de techniek van de montage en ontvouwt zich als een verzameling *readymade* en gemakkelijk te herkennen artefacten. De montagetechniek is afkomstig van de fotomontage, een begin twintigste eeuw ontwikkeld artistiek medium waarbij foto's worden bewerkt en verplaatst naar de nieuwe context van een ander beeld. Deze artistieke techniek beantwoordt

our hands and feet hurtle into the making and unmaking of strange, enchanting and unknown Chicagos. Drawing on the rich tradition of immigration in Chicago, we are interested in careful examination of immigrant's arguments from their places of silence, examined through individual and collective reflection. Critical theory offers many interesting models for self-reflection, emancipation, and empowerment. It is from this tradition that we develop our exhibition space – a collective space of hybridisation, designed by immigrant professionals (ourselves) yet supplemented and made meaningful through individual visions of immigrant children.

Exhibition Spaces   *Chicago: City of Arrivals* appropriates the practice of montage, unfolding itself as a collection of ready made and easily recognizable artefacts. Montage practices spring from the early works of photomontage, an artistic medium based on altering photographs and displacing them into the new context of another image. This artistic practice is analogue to the question of immigrant identity and the ways in which cultural identity is once again de-territorialised and re-territorialised.

Underlying *Chicago: City of Arrivals* is the undeniable fact that the future of Chicago belongs to its children and its immigrants. There can be no architecture without creative, intellectual and physical labour, and there is no labour without birth or immigration. Children and immigrants, perhaps more powerfully than others, inhabit an especially magical and critical form of urban imagination. The Surrealists and Dadaists called this condition estrangement and used montage to come close to describing it. Estrangement consists of enchantment – the experience

sterk aan de immigrantenidentiteit en aan de manieren waarop culturele identiteit wordt gedeterritorialiseerd en gereterritorialiseerd.

Ten grondslag aan *Chicago: City of Arrivals* ligt het onloochenbare feit dat de toekomst van Chicago toebehoort aan haar kinderen en immigranten. Zonder creatieve, intellectuele en fysieke arbeid is er geen architectuur mogelijk, en er is geen arbeid mogelijk zonder geboorte en immigratie. Kinderen en immigranten verkeren wellicht in sterkere mate dan anderen in een bij uitstek magisch en kritisch domein van de verbeelding. De surrealisten en dadaïsten noemden deze toestand vervreemding en maakten gebruik van montage om hem bij benadering te beschrijven. Het vreemd-zijn bestaat uit betovering, het beleven van de stad als een verlossende, bevrijdende, magische wereld, en vervreemding, het beleven van de stad als een vernederende, onderdrukkende, onbegrijpelijke wereld.

De tentoonstelling *Chicago: City of Arrivals* is onderverdeeld in drie ruimten. Het vreemd-zijn in de stad is vertegenwoordigd in een ruimte van publieke vervreemding. Het stelt het werkelijk bestaande exterieur van het INS-gebouw aan Jackson Street in Chicago voor. De ruimte ertegenover wordt ingenomen door een driehoekige huiselijke omgeving, een ruimte van betovering, gevuld met vitrinekastjes ontworpen en vervaardigd door immigrantenkinderen uit Chicago. Tussen deze twee ruimten in staat een onvoltooide muur, een gecomprimeerde bouwplaats met een blootliggend houten skelet. Deze tussenruimte is een volume dat sporen bevat van het dagelijks leven van de buitenlandse bouwvakkers die met hun onzichtbare arbeid de snelle groei van Chicago's bebouwde omgeving voeden.

De ruimte van de betovering: een huiselijk aandoende ruimte met gedimd licht en vitrinekastjes waarin de kijk van immigrantenscholieren op de toekomst van Chicago te zien is. /
The space of enchantment: a domestic-like space with dimmed lights and shadow boxes containing immigrant schoolchildren's visions of Chicago's future.

of the city as a redeeming, liberating, magical world – and alienation, the experience of the city as a debasing, oppressive, incomprehensible world.

The space of *Chicago: City of Arrivals* is divided into three parts. The space of urban estrangement is represented by a space of public alienation. It is an actual exterior space in front of Chicago's Immigration and Naturalization Services building on Jackson Street. The opposite side is occupied by a triangular domestic environment; a space of enchantment, it is filled with shadow boxes designed and made by Chicago's immigrant children. Standing in-between these two spaces is an unfinished wall, a compressed construction zone with an exposed timber stud structure. This space in-between is a volume containing traces of the daily life of immigrant construction workers, whose invisible labour continues to fuel the rapid growth of Chicago's built environment.

Space of Estrangement   The space of estrangement for an immigrant is an urban exterior. In this exhibition, it is represented through a montage of photographs – a continuous street wall of pasted images. The space is lit by cold fluorescent strip lights, referring to their use in institutional buildings associated with immigration and naturalisation. A daytime space of alienation – bringing wry smiles of recognition to immigrants visiting the exhibition – the corner of Jackson and State Streets in Chicago is defined by the façades of the Immigration and Naturalization Services (INS) building, and the Dollar Daze and Passport Photo storefronts. The two stores are essentially parasites of the INS building, feeding off the line of immigrants in front of it. In the Dollar Daze and Passport Photo stores, immigrants obtain photos for their documents

Drie lagen van stedelijke immigratie, weergegeven in de huiselijke ruimte van betovering, met de blootgelegde constructiemuur en de ruimte van vervreemding op de achtergrond. /
Three layers of urban immigration represented by the domestic space of enchantment, the exposed construction wall and the space of urban alienation in the background.

Ruimte van vervreemding Voor de immigrant is de stedelijke buitenruimte een ruimte van vervreemding. In deze tentoonstelling wordt hij afgebeeld door middel van een montage van foto's, een doorlopende stadsmuur van aan elkaar geplakte beelden. De ruimte wordt verlicht door de kille gloed van tl-buizen, een verwijzing naar hun gebruik in de kantoorgebouwen die men associeert met immigratie en naturalisatie. De hoek van Jackson Street en State Street in Chicago wordt gedomineerd door de gevel van het INS-gebouw en de winkelpuien van de Dollar Daze en Passport Photo. Het is een ruimte van vervreemding bij daglicht en brengt bij immigranten die de tentoonstelling bezoeken een wrange glimlach van herkenning. De twee winkels zijn in feite parasieten van het INS-gebouw en voeden zich met de rij immigranten die ervoor staan te wachten. Bij Dollar Daze en Passport Photo kopen immigranten foto's voor hun identiteitspapieren en souvenirs en briefkaarten om naar huis te sturen; of naar wat 'thuis' was, als Chicago hun nieuwe thuis is. Veel personen die voor het INS-gebouw in de rij staan zijn werkelijk op doortocht, ze laten hun papieren zien terwijl ze tussen twee landen in zitten en wachten tot ze het proces kunnen afronden. Dollar Daze is inderdaad een *daze*, een bedwelming, een zwart gat van verlangen, consumptie, herinnering en goedkoopte. De verder onopmerkelijke gevels van deze gebouwen krijgen een andere schaal door de torenhoge gestalte van Luka, een immigrantenkind dat de tentoonstellingsbezoekers groet. Bij zijn enorme afmetingen schrompelen volwassenen ineen tot het formaat van een kind. De tentoonstellingsbezoekers worden uitgenodigd zich door de ruimte te bewegen als immigranten die in de rij staan voor nieuwe papieren. Ze kunnen de afbeeldingen op de muren aanraken en de geboorte- en immigratiecijfers van Chicago lezen.

and buy souvenirs and postcards of Chicago to send home; or what used to be home, if home is now Chicago. Many bodies that queue in front of the INS building are true transients, submitting papers while in-between countries, waiting for the process to come to its conclusion. The Dollar Daze store is just that, a daze, a limbo space of aspiration, consumption, memory and cheapness. The normally ordinary façades of these buildings are altered in scale by a giant, towering figure of Luka, an immigrant child greeting the exhibition visitors. His enormity shrinks an adult to the scale of a child. Exhibition visitors are invited to move through the space like immigrants waiting in line to get their new documents. They can touch the images on the walls and read about Chicago's birth and immigration statistics.

Central to the concept of urban estrangement around the INS building is the quiet line of immigrants, forming as early as 4:00 a.m. and awaiting entry at 7.00 a.m. This experience of waiting in the queue is a process of sacrifice associated with obtaining legal documents in a new home. In his essay 'Refugees', Charles Simic writes:

> It is hard for people who have never experienced it to truly grasp what it means to lack proper documents. We read every day about our own immigration officers, using and misusing their recently acquired authority to turn back suspicious aliens from our borders. The pleasure of humiliating the powerless must not be underestimated.[11]

The question of spatial humiliation of underrepresented groups is central to this project. The relative ease with which American citizens obtain their documents is very different from the process of institutional es-

11
Charles Simic, Refugees, in: Andre Aciman (ed.), *Letters of Transit*, New York 1999, p. 121.

Centraal in het concept van stedelijke vervreemding rond het INS-gebouw staat de zwijgende immigrantenrij, die zich al om vier uur 's ochtends begint te vormen tot het kantoor om zeven uur open gaat. De ervaring van wachten in de rij is een proces van opoffering gerelateerd aan het verkrijgen van nieuwe wettelijke papieren in een nieuw thuisland. In zijn essay 'Refugees' schrijft Charles Simic:

> Voor mensen die het nooit hebben meegemaakt is het moeilijk te bevatten wat het betekent om niet de juiste papieren te hebben. We lezen elke dag over onze eigen douanebeambten, die hun onlangs verworven gezag gebruiken en misbruiken om verdachte buitenlanders van onze grenzen terug te sturen. Men moet het genoegen ontleend aan het vernederen van machtelozen niet onderschatten.[11]

De kwestie van de ruimtelijke vernedering van minderheidsgroepen staat in dit project centraal. Het relatieve gemak waarmee Amerikaanse burgers hun papieren krijgen, staat in schril contrast met het proces van institutionele vervreemding dat immigranten ondergaan wanneer ze aan wettelijke papieren proberen te komen. De tentoonstellingsbezoekers worden uitgenodigd met de immigrantenrij mee te schuifelen en zo deel te nemen aan een simulatie van de immigrantenrealiteit (al is die nauwelijks te bevatten), een realiteit die wordt afgehandeld en opgelost binnen een verscheidenheid aan autoritaire institutionele omgevingen die de ruimte van de tentoonstelling ver te buiten gaan. De torenhoge figuur van het kind is een poging de andere, duisterder ervaring van het kind-zijn te laten zien die immigranten elke dag te verwerken krijgen: het gevoel klein te zijn, machteloos, verward en onderworpen aan

11
Charles Simic, 'Refugees', in: Andre Aciman (red.), *Letters of Transit*, New York 1999, p. 121.

Detail van de tentoonstellingsruimte met vitrinekastjes van leerlingen en een ingebouwde tv waarop immigrantenzenders uit Chicago en omgeving te zien zijn. / Detail of the exhibition space with students' shadowboxes and a built-in TV playing immigrant TV stations from the Chicago area.

regels, zelfs als die zinloos lijken en niets te maken hebben met de concrete ervaring van de betreffende persoon.

Ruimte van betovering   Voor het kind is de stedelijke buitenruimte een ruimte van betovering. In *Chicago: City of Arrivals* bestaat deze uit een nachtelijke speelkamer vol vitrinekastjes. Deze is ontworpen als een soort slaapkamer met gedimd licht. Voor de immigrant is de ruimte van betovering een nagemaakte huiselijke ruimte, een ruimte die vele individuele en collectieve dromen herbergt die uit de echte wereld zijn verbannen. De muren zijn middernachtsblauw geschilderd, met een tekst uit Walter Benjamins *Passagenwerk* in goud erop die verwijst naar de kindertijdervaringen. De speelkamer wordt verlicht door een klein in-gebouwd televisietoestel waarop constant etnische zenders uit Chicago en omgeving te zien zijn. De televisie staat lager dan normaal zodat de immigrantenkinderen die de vierentwintig afzonderlijke vitrinekastjes hebben ontworpen, ernaar kunnen kijken.

De vitrinekastjes zijn vervaardigd met behulp van voorwerpen en plaatjes die bij Dollar Daze zijn gekocht. Ze zijn verzameld en van betekenis voorzien door immigranten-schoolkinderen in het kader van een leerproject op de Pilsen Community Academy in een van de groot-ste Latinobuurten van Chicago. Het idee om kant-en-klare objecten te gebruiken ligt in het verlengde van Walter Benjamins 'cognitieve benade-ring van veronachtzaamde, over het hoofd geziene fenomenen'.[12] Elk im-migrantenkind heeft vertrouwde kleine voorwerpen en plaatjes uit Dollar Daze uitgekozen en in een kastje geplaatst. Deze kastjes zijn vervolgens op ooghoogte voor kinderen aan de muur van de slaapkamer bevestigd. Zo wordt de slaapkamer een verzameling gevonden voorwerpen die as-

12
Buck-Morss, op. cit. (noot 5),
p. 262

trangement associated with obtaining legal documents that immigrants undergo. By moving through the immigration line, the exhibition visitors are invited to participate in a simulation of an immigrant reality – albeit a barely graspable one – a reality that is negotiated and resolved within a variety of authoritarian institutional settings far beyond the space of the exhibit. Nevertheless, the towering figure of the child tries to show the other, darker experience of childhood that immigrants internalise everyday: the sense of being small, powerless, confused and obedient to rules, even if they seem to make no sense and do not relate to the lived experience of the person.

Space of Enchantment   The space of enchantment for the child is an urban interior. In *Chicago: City of Arrivals* it is a night-time playroom full of shadow boxes. It is designed as a bedroom-like setting with dimmed lights. The space of enchantment for an immigrant is a fake domestic space, a space that is home to many singular and collective dreams censored from the real world. Its walls are painted midnight blue, with golden text relating to childhood experience from Walter Benjamin's *Passagenwerk*. The playroom is lit by a small built-in TV set continuously playing various ethnic TV stations from the Chicago area. The TV is posi-tioned lower than usual, making it visually accessible to the immigrant children who designed the twenty four individual shadow boxes.

The shadow boxes are designed through a montage of objects and im-ages purchased at the Dollar Daze store. They are assembled and made meaningful by immigrant schoolchildren through a learning project at the Pilsen Community Academy in one of the biggest Latino neighbour-hoods in Chicago. The idea of using ready-made objects extends Walter

sociaties oproepen met dromen, een wereld van immigratie in verleden en toekomst. Bezoekers van de ruimte worden opnieuw kind in een ontdekkingstocht aan de hand van tekeningen, maquettes en verhalen die de gefantaseerde toekomst van de stad beschrijven.

De speelkamer wordt zo voor volwassenen een ruimte van regressie naar de kindertijd. Een ruimte waarin stedelijke angsten kunnen worden geïnternaliseerd via spel en verbeelding. Dit unieke kruispunt tussen publieke ruimte, huiselijke ruimte en de psyche wordt in veel theorieën van de moderniteit bestudeerd. In haar boek *The Dialectics of Seeing* schrijft Susan Buck-Morss:

> Wat Benjamin bezighield was eerder hoe de publieke ruimte, de stad Berlijn, zijn onbewuste was binnengedrongen en ondanks zijn beschermde bourgeoisopvoeding, zijn verbeelding kon beheersen.[13]

13
Idem, p. 39.

Vooral bij ondervertegenwoordigde groepen wordt een actieve, betrokken verbeelding onderdrukt, met als gevolg dat deze verbeelding zich terugtrekt in een droomwereld. Benjamin was geïnteresseerd in collectieve dromen en zag die als een eerste stap naar een historisch ontwaken en dus concrete verwezenlijking.[14] Het is dit proces van historisch ontwaken dat de sleutel vormt tot alle Benjaminiaanse werelden, een revolutionair bewustzijn dat deel uitmaakt van een kritisch proces van zelfreflectie en uiteindelijk emancipatie en maatschappelijke actie. De architectuur is er zelden in geslaagd iets aan dit proces bij te dragen, voornamelijk vanwege haar elitaire status in de maatschappij: te vaak bekleedde ze de status van een autoritaire droom, en te weinig die van een collectieve droom.

14
Idem, p. 260-261.

Benjamin's 'cognitive approach to discarded, overlooked phenomena'.[12] Each immigrant child chose familiar small objects and images from the Dollar Daze store and placed them in a box. These containers were then mounted on the bedroom wall at a child's eye level. The bedroom thus became a collection of found objects associated with dreaming, a world of past and future immigration. Visitors to the space become children for the second time, discovering its contents through drawings, models and stories describing the imagined future of the city.

The playroom is thus a space of adult regression to childhood, a space in which urban anxieties can be internalised through play and imagination. This unique intersection between public space, domestic space and the psyche is observed by many theorists of modernity. In her book *The Dialectics of Seeing* Susan Buck-Morss writes:

> Benjamin was concerned, rather, with how public space, the city of Berlin, had entered into his unconscious and, for his protected, bourgeois upbringing, held sway over his imagination.[13]

12
Buck-Morss, op. cit. (note 5), p. 262.

13
Ibid., p. 39.

The repression of an active, participatory imagination is particularly strong in underrepresented groups, whose imagination therefore often retreats into a dream world. Benjamin was interested in collective dreams, and saw them as the first step towards historical awakening and therefore concrete realisation.[14] It is this process of historical awakening that is the key to all Benjaminian worlds, a revolutionary awareness that forms part of a critical process of self-reflection and ultimately emancipation and social action. Architecture has often failed to contribute to this process, mostly because of its elite status in society; it has seldom carried the true status of a collective, rather than an authoritarian dream.

14
Ibid., p. 260-261

Ruimte van constructie   Tussen de buitenruimte van de immigratie en de binnenruimte van de speelkamer staat een onvoltooide muur, een blootliggend skelet van balken en panelen. Met een tot negentig centimeter uitvergrote dikte is deze barrière een metafoor voor een architectuur die zowel in tekeningen als gebouwen verloren is geraakt. De binnenconstructie van de muur is met opzet in het zicht gelaten om niet-deskundige bezoekers te betrekken bij het constructieproces van gebouwen. Een tekening van de doorsnede van een gebouw is een plaats waar zeker niet te wonen valt; meestal is zo'n doorsnede alleen te zien op bouwtekeningen die uitsluitend architecten kunnen lezen. Door de overdreven dikte van de onvoltooide muur, een meter, komt de doorsnede ervan volledig in het zicht. Het wordt op een merkwaardige manier een bewoonbare plaats.

Deze ruimte in doorsnede maakt – als metafoor – nog een andere zwijgende immigrantengroep zichtbaar: immigranten die in de bouw werken. Veel bouwondernemingen in Chicago zijn eigendom van aannemers uit minderheidsgroepen en ze nemen vaak immigranten in dienst, vooral uit Latijns-Amerika, Azië en Oost-Europa. Zo is de Hispanic Construction Industry Association (HACIA) een organisatie waar bedrijven lid van kunnen worden, vierentwintig jaar geleden opgericht om discriminatiepraktijken in de bouw te voorkomen en met als missie de deelname van haar leden aan publieke en private bouwprojecten in Chicago en omgeving te bevorderen. In de blootliggende doorsnede van de muur liggen weggegooide blikjes en wikkels, die een stereotiep beeld geven van de werkende bevolking van Chicago, haar menselijke diversiteit en de lange uren die de vaak niet georganiseerde arbeiders maken. Handtekeningen op de muren getuigen van de daadwerkelijke arbeid die in het maken van

Space of Construction   Standing between the exterior space of immigration and the interior space of the playroom is an unfinished wall, a frame structure made of exposed studs and panels. With its thickness exaggerated to three feet, this barrier is a metaphor for an architecture lost in both drawings and buildings. The wall's internal structure is left intentionally exposed, in order to engage non-professional audiences in the process of building-making. A building section drawing in particular is a place that cannot be inhabited; it is usually only visible in the construction documents that only architects can read. Through the exaggerated thickness of the unfinished wall of one metre, the wall section is fully exposed and made visible. It becomes a strangely habitable space.

This sectional space makes visible – as a metaphor – another typically silent immigrant group: immigrant workers employed by the construction industry. Many Chicago construction companies are owned by minority contractors and often employ immigrant workers, especially those from Latin America, Asia and Eastern Europe. For example the Hispanic American Construction Industry Association (HACIA) is a 24-year-old business membership organisation founded to prevent discriminatory practices in the construction industry whose mission is to promote the participation of its members in public and private construction projects throughout the Chicagoland area. In the sectional space discarded cans and wrappers testify to stereotypical images of Chicago labour, its human diversity, and the long hours of its often non-unionised workers. Signatures on its walls record the actual labour involved in the making of the exhibit, from curators to carpenters and electricians, some of them immigrants as well.

de tentoonstelling is gaan zitten, van curatoren tot timmerlui en elektriciens, van wie sommigen ook immigranten zijn.

Tot slot   Om te kunnen extrapoleren vanuit afzonderlijke architectonische eenheden als gebouwen en steden, en vanuit theoretische eenheden als klasse en geslacht, moet men het bestaan van uiteenlopende subjectposities onderkennen. Een van deze posities is die van buitenstaander. Het spreekt vanzelf dat in onze geglobaliseerde wereld vanuit deze positie veel aanspraken op identiteit kunnen worden gemaakt. Immigranten worden vaak gezien als mensen zonder thuis of geschiedenis, mensen die ervoor hebben gekozen hun eerste geschiedenis voorgoed in te leveren of te behouden als tweederangs fenomeen, als een schouwspel van geschiedenis en traditie. Zelfs als het er heel veel zijn, zoals het datalandschap in dit essay aangeeft, blijven immigranten een 'tussenvolk'. Hun cultuur is een schimmig terrein dat vraagt om nieuwe strategieën om tot een eigen identiteit te komen. Als zulke strategieën – individueel of gemeenschappelijk – onder het domein van theorie of politiek vallen, blijft nog steeds de vraag: wat is de rol van architecten in de processen van maatschappelijke of ruimtelijke articulatie van migratie en immigratie?

Voor ReadyMade Studio bestaat deze rol erin de ervaringen onder de aandacht te brengen van een bevolkingsgroep die in het centrum staat van de Amerikaanse sociale dynamiek – de dynamiek van arbeidsstromen en ideologieën van de Amerikaanse droom. Daarnaast stellen we de politieke strategieën ter discussie die twee derde van de in het buitenland geboren inwoners het staatsburgerschap, en daarmee een stem en politieke subjectiviteit ontzeggen. Ook buiten het traditionele

Final Words   In order to extend architectural singularities of building and city, and theoretical singularities of class or gender, one has to acknowledge the existence of diverse subject positions. One of these positions is that of an alien. It goes without saying that this position inhabits many claims to identity in a globalised world. Immigrants are often perceived as people without a home or history, as people who have chosen to forever surrender their first history or to retain it as a second level phenomenon, as a spectacle of history and tradition. Even when they form large numbers, as the datascape in this essay suggests, immigrants are still a people in-between. Their culture is a *terrain vague* calling for elaboration and new strategies of selfhood. If such strategies – singular or communal – fall under the domains of theory or politics, the question still remains: what is the role of architects in the processes of social and spatial articulation of migration and immigration?

The work of ReadyMade Studio sees this role as one of raising awareness of the experiences of a population that lies at the heart of the US social dynamic – the dynamic of labour flows and ideologies of the American dream. We also question political strategies that leave two thirds of foreign-born subjects without citizenship, and therefore without a voice and political subjectivity. We also see new roles for architects outside the traditional domains of the art of building. These roles extend into a world of cultural difference, a world that Homi Bhabha defines as 'the right to signify from the periphery of authorised power and privilege'.[15] By stepping outside ourselves and our professions we become aware of other groups, thus transforming the museum space into a communal project of empowerment.

15
Homi K. Bhabha, *The Location of Culture*, London, 1994, p. 2.

domein van de bouwkunst zien we nieuwe rollen weggelegd voor architecten. Die rollen strekken zich uit tot in een wereld van cultuurverschil-
len, een wereld die Homi Bhabha omschrijft als 'het recht ook in de
periferie van gesanctioneerd gezag en privilege mee te tellen'.[15] Door
buiten onszelf en ons vak te treden, worden we ons bewust van andere
groepen, en kunnen we de museumruimte omvormen tot een gezamenlijk project van zelfbeschikking.

Vertaling: Auke van den Berg, Bookmakers

15
Homi K. Bhabha, *The Location of Culture*, Londen 1994, p. 2.

Een van de vitrinekastjes, ontworpen door een vierdeklasser van
de Pilsen Community Academy
in Chicago. Alledaagse objecten
die zijn gekocht bij het warenhuis
Dollar Daze tegenover het INS-
gebouw krijgen betekenis in deze
speelse verbeeldingvan de toekomstige skyline van Chicago. /

One of the shadow boxes designed by a fourth year student at the
Pilsen Community Academy in
Chicago. Through playful imagination of the future skyline of
Chicago, the shadow box utilizes
and makes meaningful ordinary
objects purchased from the Dollar
Daze store across the street from
the INS building.

Datascape 2: Epilogue
Chicago 2000 US Census data

		Percentage	
Total population	2,896,016	100	
Age			
Population below age 15	643,336	22.1	
Economic status			
Poverty level families	105,752	16.6	
Race			
White	1,215,315	42.0	
Black/African American	1,065,009	36.8	
Hispanic/Latino	753,644	26.0	
Mexican	530,462	18.3	
Puerto Rican	113,055	3.9	
Cuban	8,084	0.3	
Other Hispanic/Latino	102,043	3.5	
Asian	125,974	4.3	
Asian Indian	25,004	0.9	
Chinese	31,613	1.1	
Filipino	26,423	1.0	
Korean	11,985	0.4	
Asian	8,221	0.3	
Japanese	5,467	0.2	
American Indian/Alaskan Native	10,290	0.4	
Native Hawaiian/Other Pacific Islander	1,788	0.1	
Country of Origin			
Native born outside USA	60,881	2.1	
Foreign born	626,903	21.7	
Foreign born entered country 1990-2000	291,785	10.1	
Foreign born naturalised	223,984	7.7	
Not a citizen	404,919	14.0	
Percentage of Foreign born			
Region of origin			
Latin America	354,034	56.3	
Europe	145,462	23.1	
Asia	112,932	18.0	
Africa	12,613	2.0	
North America	3,201	0.5	
Oceania	661	less than 0.1	
Language spoken at home			
Population 5 years or over	2,678,981	100	
English only	1,726,905	64.5	
Language other than English	952,076	35.5	
Speak English less than very well	494,175	18.4	
Spanish	625,240	23.3	
Speak English less than very well	335,393	12.5	
Other Indo-European languages	212,576	7.9	
Speak English less than very well	105,009	3.9	
Asian/Pacific Island languages	82,582	3.1	
Speak English less than very well	42,690	1.6	

Other Ancestries	1,734,057	59.0
Polish	210,421	7.3
Irish	191,998	6.6
German	189,618	6.5
Italian	101,903	3.5
English	57,579	2.0
US or American	38,779	1.3
Sub-Saharan African	36,985	1.3
Russian	28,845	1.0
Swedish	24,882	0.9
French	24,180	0.8
Greek	18,249	0.6
Czech	17,086	0.5
Lithuanian	15,383	0.5
Arab	14,971	0.5
Norwegian	14,890	0.5
Scottish	14,285	0.5
Ukrainian	13,579	0.5
Dutch	11,906	0.4
West Indian	11,698	0.4
Scotch/Irish	11,142	0.4
Hungarian	9,418	0.3
Slovak	6,238	0.2
Danish	5,922	0.2
French Canadian	5,013	0.2
Welsh	5,226	0.2
Swiss	3,002	0.1

Raoul Bunschoten

Verlangen en vertrouwdheid
Longing and Belonging

1 Geruchten   Zoals het stof van de bergen afval uit de mijnen wordt rondgeblazen in het centrale gebied van de stad Johannesburg, zo gaat het gerucht rond over de manier waarop de stad haar ziel verkoopt aan privé-bedrijven die met kernachtige PowerPoint-presentaties het ogenschijnlijk voor de hand liggende laten zien van het besturen van een stad als bedrijf met aanverwante investeringen en opbrengsten. Diegenen die stellen dat water een recht is en niet een goed, zonder aan te geven waar het geld vandaan zal komen om de voorzieningen te verbeteren, laat men links liggen, terwijl zij hun protest kenbaar maken in een context van oude tradities of in de opvoering van filmscripts over communistenbijeenkomsten van een andere tijd. Maar met het voorbijgaan van de apartheid en mijnbouwbedrijven die grondbezitters werden, is de leegte in het centrum van Johannesburg, het braakliggende land dat eens de plaats was waar het goud aan de oppervlakte voor het oprapen lag en dat nu vergiftigd land is, ondermijnd door ontelbare mijnschachten en grotten, nu zowel symbool voor de vroege weelde van mineralen die de stad maakte tot wat ze is, als de duurzame erfenis van apartheidsplanning die met nauwelijks zichtbare, onuitwisbare markeringen de verschillende delen van de bevolking verdeelt.

De Afrikaanse bus   Soweto is een metafoor voor de strijd tegen apartheid en tegelijkertijd reflecteert het de erfenis van die apartheid. Het is het huis voor zwarte mensen, hoofdzakelijk armen, zonder de mogelijkheid te verhuizen over de leegte die loopt van het oosten naar het westen dwars door Johannesburg, tussen het 'witte' noorden en het 'zwarte' zuiden, dat tijdens de apartheid 'gekleurd' genoemd werd. Door deze leegte heen arriveren de bestelbussen,

1 Rumours   Johannesburg. As dust of the mountains of waste material from the mines blows around the central area of the city of Johannesburg, so rumours flow around about the way the city sells its soul to private companies that with PowerPoint demonstrate the apparent obviousness of running a city department as a company with corporate investments and returns. Those arguing that water is a right and not a commodity, without indicating where the money to improve the services will come from, are left vocalizing their protest within the context of older traditions or within the enactment of movie scripts about communist meetings of another era. But with apartheid gone, and the mining companies turned property managers, the void in the centre of Johannesburg, leftover land that was once the place were the gold seam emerged at the surface, now toxic land undermined by myriad tunnels and caves, is both the landmark symbolizing the early mineral wealth that created the city and the legacy of apartheid planning making barely erasable marks dividing different sections of the population.

The Africa Van   Soweto is a metaphor for the struggle against apartheid while at the same time it reflects the legacy of apartheid. It is the home for black people, mainly poor, with no ability to move house across the void that runs east-west through Johannesburg, between the 'white' north and the 'black' south, who under apartheid were called 'coloured'. Across this void come the minivans, carrying the people from Soweto to their jobs in the North. The vans' stitching pattern defines the character of the void. People from Soweto are migrants in Johannesburg. Soweto, now a city of two million people, was originally founded as an enclave for male work-

RANDBURG
SANDTON
ROODEPOORT
ALEXANDRA
JOHANNESBURG
CBD
SOWETO

die de mensen vervoeren uit Soweto naar hun banen in het Noorden. Het hechtingspatroon dat ontstaat door de beweging van de bussen bepaalt het karakter van deze leegte. De mensen uit Soweto zijn migranten in Johannesburg. Soweto, nu een stad van 2 miljoen mensen, werd oorspronkelijk gesticht als een enclave voor mannelijke arbeiders die leefden in slaapzalen. Deze conditie weerspiegelt de originele *homelands* die in de jaren vijftig waren ingericht als onderdeel van de apartheidspolitiek van scheiding. Zwarte mensen werd bevolen te leven in *homelands*. Door passagewetten werd controle uitgeoefend over de bewegingen van zwarte mensen die een baan in de grote steden nodig hadden. Vrouwen en kinderen bleven in de *homelands*, semi-stedelijke gebieden. In feite creëerde het *homeland*-concept een valse plaats van toebehoren, een werkelijk verlangen en de schadelijke situatie van mensen die een vreemdeling, een migrant, zijn in de steden en de rest van het land.

2 Incubators   De grenzen van de Europese natiestaten creëren eveneens quasi-stabiele eenheden van vertrouwdheid. Kijkend naar Europa over een langere periode openbaart haar verandering tot een meer vloeibare, buigzame substantie. Deze notie van vloeibaarheid is fascinerend en gaf richting aan ons onderzoek in proto-urbane condities en concepten als de *Urban Gallery* en *Urban Curation*.

Hoe deze vloeibaarheid te beschouwen? Hoe vallen haar samenstellende processen te begrijpen? Een geboorteland is het totaal van processen binnen een grondgebied, en de belangrijkste vorm ervan is de manier waarop deze processen gezamenlijk evolueren. Wij bestuderen deze processen door gebruik te maken van willekeurige meetpunten en basisprocessen die de dynamiek in een plaats beers living in dormitories. This condition reflects that of the original *homelands* created in the 1950s as part of the apartheid policies of segregation. Black people were ordered to live in the *homelands*. Pass laws meant a controlled passage of black people that needed a job in the large cities. Women and children stayed in the *homelands*, semi urban territories. Effectively the *'homeland'* concept created a false place of belonging, a real longing, and a pernicious condition of people being a stranger, a migrant, in the cities and the rest of the country.

2 Incubators   The boundaries of Europe's nation states create quasi stable unities of belonging. Observing Europe over a longer period reveals its transition into a more fluid, malleable substance. This sense of fluidity fascinates and forms a focus of our research in proto-urban conditions and concepts such as the Urban Gallery and Urban Curation.

How to see this fluidity? How to understand its constituent processes? A *homeland* is the sum of processes in a territory, and its primal form is the manner of co-evolution of these processes. We observe these using random sampling points, and basic processes that describe the dynamics in a place, revealing in their encyclopaedic critical mass an emergent, fluid identity. Many mini-scenarios show the nature of a local identity as being a 'framed form' of mobility; the static image of a river is in fact a frame of its incessant flowing, its identity a composite of its history of floods and other changes, *panta rei* said Heraclitus, 'everything flows'.

The Urban Gallery is a meta-space enabling the observation of flows and forces, and at the same time a place for negotiating the

Raoul Bunschoten

schrijven, daarmee, vanuit hun encyclopedische kritische massa, een aanwassende vloeiende identiteit blootleggend. Veel mini-scenario's tonen de aard van een lokale identiteit als een gekaderd moment van beweging, het statische beeld van een rivier is in feite een momentopname van zijn onophoudelijke stromen, zijn identiteit is een samenstelling van zijn geschiedenis van overstroming en andere veranderingen; 'panta rei', aldus Heraclitus, 'alles stroomt'.

De Urban Gallery is een metaruimte die de beschouwing van bewegingen en krachten mogelijk maakt en op hetzelfde moment een plaats voor het bepalen van hun onderlinge verstrengeling, op die manier nieuwe leefvormen creërend, een incubator. De niet-steden, de tussengebieden bepaald door drempelcondities, infrastructuren, bergpartijen, zeeën eerder dan bevolkingsdichtheden, zijn de thuislanden van de nabije toekomst. Het uitdrukken van deze territoria als incubatorcondities van vertrouwdheid en verlangen wordt zichtbaar door de ingewikkelde verbindingen binnen een metaruimte, hun architectuur is de topologie van deze niet-lineaire verstrengeling. De identiteit van een thuis wordt vormgegeven door het vermogen van bewoners zich aan te passen aan bezoekers, nieuwe broederschappen, veranderende relaties. Idealiter is het een open-bronsysteem; elke broedergast kan eraan bijdragen, ervan afnemen, zich aan de vorm ervan aanpassen. Echter, het is in de beweging tussen verschillende metaruimten waar de betovering van verlangen is en vertrouwdheid werkelijk bestaat.

intertwining between them, creating in effect new life forms, an incubator. The non-cities, liminal territories defined by threshold conditions, infrastructures, mountain ranges, seas, rather than population densities, are the *homelands* of the near future. By expressing these territories as incubators, conditions of belonging and longing become visible through the intricate connectivity inside a meta-space, its architecture is the topology of such non linear intertwining. The identity of a home is formed by the ability of inhabitants to adapt to visitors, new siblings changing relationships. Ideally, it is an open source system, each sibling guest can contribute to it, detract from it, adapt its form. However, it is in the flows between different meta-spaces where the magic of longing is and belonging really exists.

3 Protopolitics: A Case Study in Territory and Identity
(from Protopolitics etc, published in the *Architectural Association of Ireland Journal* March 2005, co-author Gary Doherty)

The Clonmany Area is a parish with three small villages nestled between mountains and sea in the west of Inishowen, Ireland. The parish has no governance structure except the County Council whose remit stretches over a very much larger territory. The Clonmany Area Pilot Project group looked into the need for a cooperative mechanism for the thirty-eight groups that live in partial harmony and partial conflict. The Pilot Project for Clonmany form the basis for the negotiation of joint projects, urban prototypes creating a proto-political space. In many other European countries Clonmany would be a municipality, here it is a proto-municipality. This rich landscape of communities is both the strength and also the weakness of the

3 Protopolitics: een casestudie naar territorium en identiteit
(uit: 'Protopolitics etc.', gepubliceerd in *Architectural Association of Ireland Journal*, maart 2005, coauteur Gary Doherty)

Het gebied van Clonmany is een parochie met drie kleine dorpen genesteld tussen bergen en zee in het westen van Inishowen in Ierland. De parochie kent geen bestuursstructuur behalve dan de County Council, waarvan de zeggenschap zich uitstrekt over een veel groter gebied. De Clonmany Area Pilot Project Group onderzocht de behoefte aan een coöperatief mechanisme voor de achtendertig groepen die deels in harmonie en deels in conflict leven. Het pilot-project voor Clonmany vormt de basis voor de onderhandeling over verenigde projecten, stedelijke prototypen creëren een proto-politieke ruimte. In veel andere Europese landen zou Clonmany een gemeente zijn, hier is het een protogemeente. Dit rijke landschap van gemeenschappen is zowel de kracht als de zwakte van het gebied. De vloeibaarheid van het congregatieleven is echter heel hedendaags, stedelijk en kosmopolitisch. Europa's randen liggen soms heel centraal als het gaat om cultuurvorming.

Vier kaarten hebben thematische titels gerelateerd aan een formele set criteria die gebruikt worden voor het ontwerp van prototypen binnen de Urban Gallery-methode: Branding, Earth, Flow en Incorporation. Een vijfde kaart, de Prototypel-kaart, vormt de onderhandelingsbasis voor de gemeenschap.

area. The fluidity of congregational life, nevertheless, is very contemporary, urban and cosmopolitan. Europe's fringes are at times very central in their cultural formation.

Four maps have thematic headings related to a formal set of criteria used for the design of prototypes in the Urban gallery method: *Branding, Earth, Flow* and *Incorporation*. A fifth map, the prototype map, forms the negotiation board for the community.

A *Branding* / Landscape of Signs and Names: Signs, landmarks and other symbolic objects and images tell a story about the space, its inhabitants.

B *Earth* / Landscape of Colour: The earth layer is about all aspects of space, but we decided on using seasonal colours as a primal form of space in this map.

C *Flow* / Landscape of Movement: With emergent tourism, roads become channels to specific destinations: hotels, golf clubs, viewpoints.

D *Incorporation* / Landscape of Institutions and Businesses: What organisational structures exist? What combinations are possible, who owns or manages what?

A

commissioned by:

CLONMANY AREA PILOT PROJECT

project title:

Comhrá Maps

Bean Map

Landscape of Names and Signs
Gaelic Name in Everyday Use
Translated from Gaelic, or new English name
Transliteration from Gaelic
Contemporary Name

Landscape of Colours

Landscape of Movement

Landscape of Institutions

Project Map

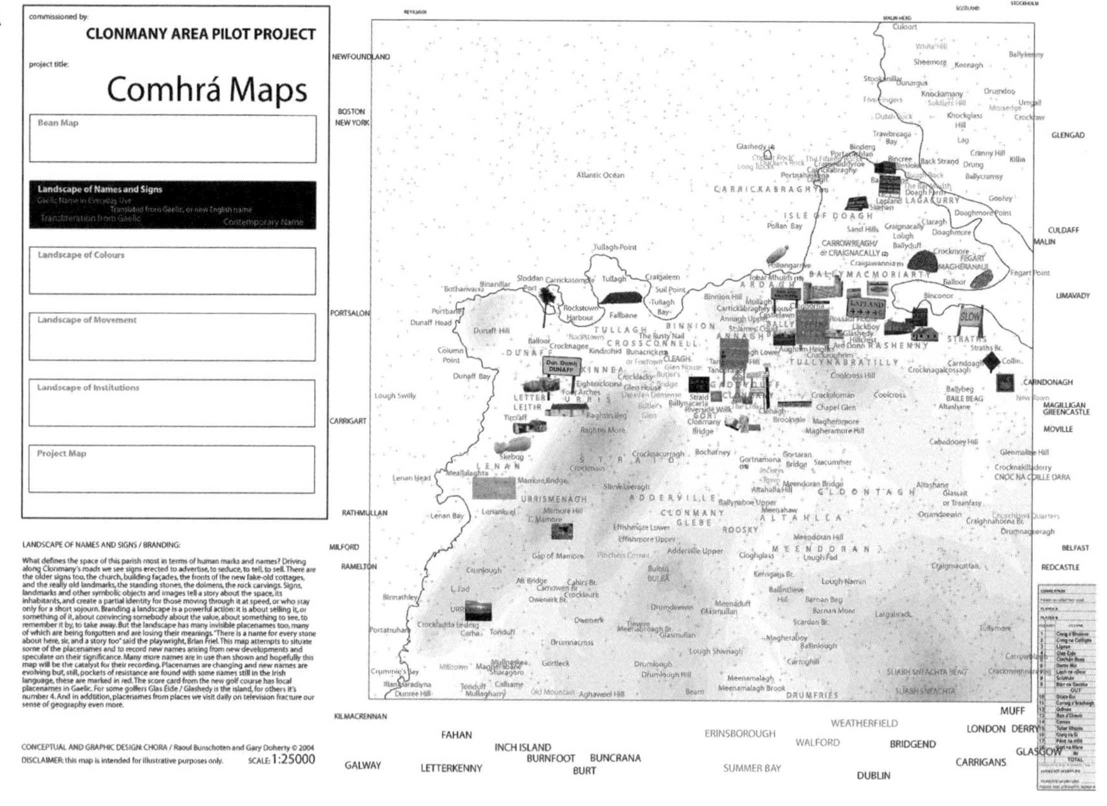

LANDSCAPE OF NAMES AND SIGNS / BRANDING:

What defines the space of this parish most in terms of human marks and names? Driving along Clonmany's roads we see signs erected to advertise, to seduce, to tell, to sell. There are the older signs too, the church, building façades, the fronts of the new fake-old cottages, and the really old landmarks, the standing stones, the dolmens, the rock carvings. Signs, landmarks and other symbolic objects and images tell a story about the space, its inhabitants, and create a partial identity for those moving through it at speed, or who stay only for a short sojourn. Branding a landscape is a powerful action: it is about selling it, or something of it, about convincing somebody about the value, about something to see, to remember it by, to take away. But the landscape has many invisible placenames too, many of which are being forgotten and are losing their meanings. "There is a name for every stone about here, sir, and a story too" said the playwright, Brian Friel. This map attempts to situate some of the placenames and to record new names arising from new developments and speculate on their significance. Many more names are in use than shown and hopefully this map will be the catalyst for their recording. Placenames are changing and new names are evolving but, still, pockets of resistance are found with some names still in the Irish language, these are marked in red. The score card from the new golf course has local placenames in Gaelic. For some golfers Glas Éide / Glashedy is the island, for others it's number 4. And in addition, placenames from places we visit daily on television fracture our sense of geography even more.

CONCEPTUAL AND GRAPHIC DESIGN: CHORA / Raoul Bunschoten and Gary Doherty © 2004
DISCLAIMER: this map is intended for illustrative purposes only.   SCALE: 1:25000

B

commissioned by:

CLONMANY AREA PILOT PROJECT

project title:

Comhrá Maps

Bean Map

Landscape of Names and Signs

Landscape of Colours
0/water, 1/sand, 2/stone, 3/rock, 4/grass, 5/building, 6/road, 7/trees, 8/hill, 9/mud
(● settlements)

Landscape of Movement

Landscape of Institutions

Project Map

LANDSCAPE OF COLOURS / EARTH

The earth layer is about the earth on whose surface we live, the sea and the air. The earth layer is about the substance of space, the ground we farm, cut into, sleep on, the air we breathe, the sky we see in the evening. The Clonmany area has a rich geological composition which colours the landscape, some parts are speckled with distinct pink-coloured glacial deposits, stones of various hues, and golden sand, line the beaches. The ocean is ever powerful, creating mists, and ever-changing hues from slate grey to magic aquamarines. The earth map is also about the plants on the surface of the land, the many shades of green, the soft grey-greens of the mosses and lichens, and a full spectrum of seasonal colours. The brilliant yellow of the whin, or gorse (Ulex europaeus), the purple of the heathers (Erica carnea) and the whites of the hawthorn (Craetagus monogyna) in early summer. Above all, there is the ancient brown of the peatfields on the higher plateaus, scratched like a Rembrandt etching, that have fuelled households for hundreds of years. This earth map is built-up by numbers that reflect the use of the land and the colour of it's surface.

CONCEPTUAL AND GRAPHIC DESIGN: CHORA / Raoul Bunschoten and Gary Doherty © 2004
DISCLAIMER: this map is intended for illustrative purposes only.   SCALE: 1:25000

C

CLONMANY AREA PILOT PROJECT

commissioned by:

project title:

Comhrá Maps

Bean Map

Landscape of Names and Signs

Landscape of Colours

Landscape of Movement

HIKING — LOCAL — COMMERCIAL — DISMANTLED RAILWAY — MALIN
GOLF — ARCHAE-OLOGY — BY-PASS — CIRCLE LINE — BEACH / GOLF

Landscape of Institutions

Project Map

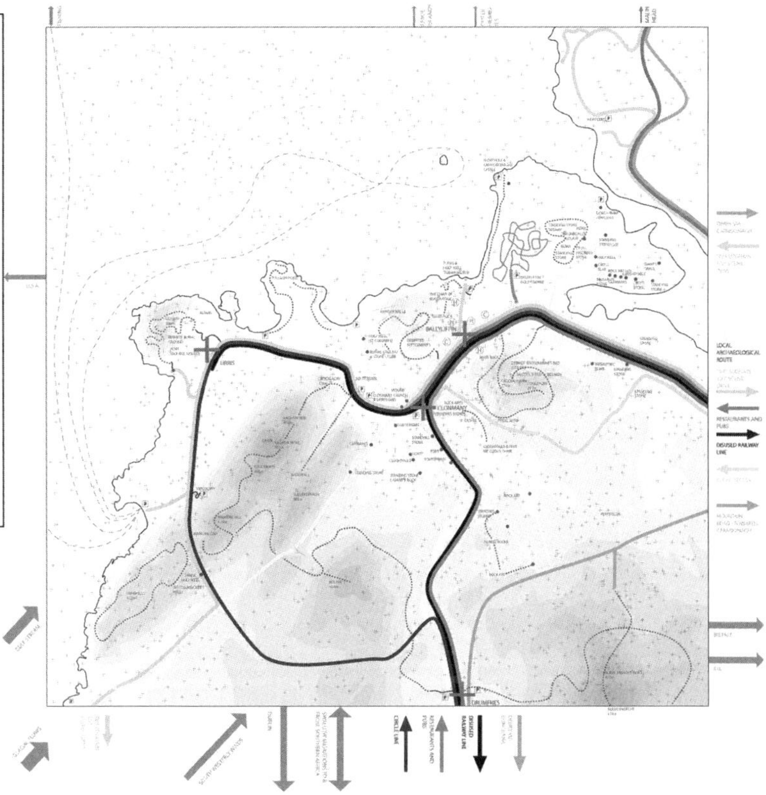

LANDSCAPE OF MOVEMENT / FLOW

With visitors to Clonmany often having quite precise goals (it's not unusual for guests to come especially from Tokyo or Boston to play golf on the Ballyliffin Golf Course, to attend the annual Charles McGlinchey Summer School on history and culture, or to immerse oneself in the songs of the annual Come-all-ye music festival every March) the roads are like metro lines, transporting visitors to their destined goals. Most do not veer far off their trajectories, sticking to a fixed programme of mobility. Only the wanderers look for places to walk, to move into the landscape and discover the wealth of archaeological sites and scenery. A landscape like the Clonmany Area is a space with many categories of mobility, many of which are not merging into greater flows, but remaining dedicated to a usergroup. Mixing and playing with flows is one way a landscape can change its identity, or can be experienced in a different way.

CONCEPTUAL AND GRAPHIC DESIGN: CHORA / Raoul Bunschoten and Gary Doherty © 2004
DISCLAIMER: this map is intended for illustrative purposes only.   SCALE: 1:25000

D

CLONMANY AREA PILOT PROJECT

commissioned by:

project title:

Comhrá Maps

Bean Map

Landscape of Signs and Names

Landscape of Colours

Landscape of Movement

Landscape of Institutions

Committees   Meeting Place   Hotel   Post Office   Shopping
Pub   Schools   Archaeological Sites   Church   Petrol Station

Project Map

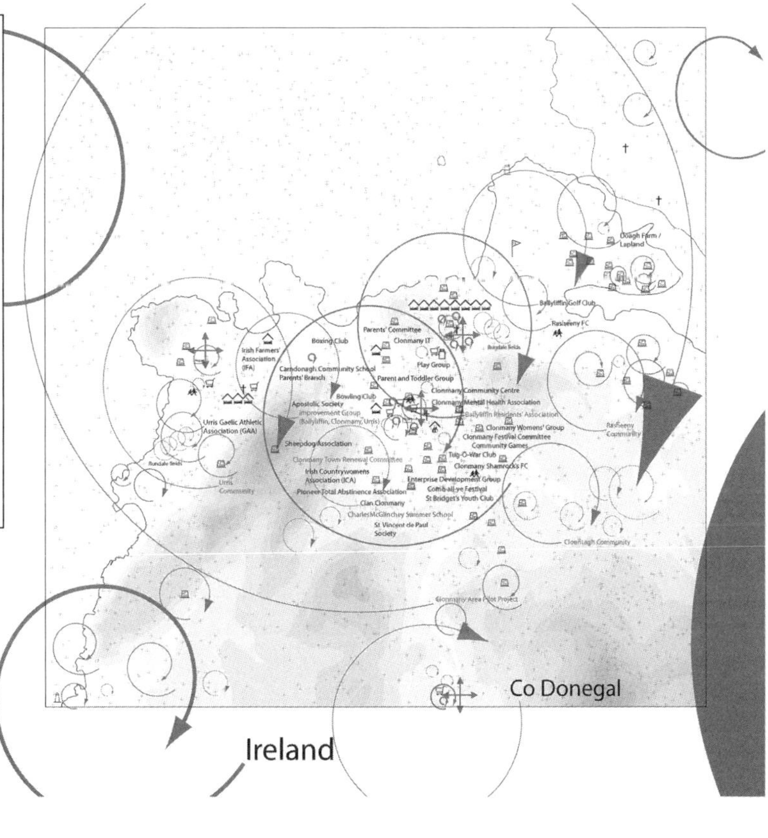

LANDSCAPE OF INSTITUTIONS / INCORPORATION

What constitutes the parish as a communal space for living? Primarily its administrative constitution, in this case the parish is a subdivision of a county and the religious subdivision of a diocese. In many other European countries Clonmany would be a municipality, here it is a proto-municipality with no official local administrative body. But perhaps its more concrete constitution is its large number of groups, associations, clubs, and other forms of meeting and joint living.

The Clonmany Area has thirty-eight associations of various kinds including three local town committees, several sports teams and many other focused groups. These are the backbone of the community organisation, the main substance and link with organised government. Parallel to them there are many individuals, non-affiliated, alone, occasional joiners, or the simply absent.

This rich landscape of communities is both the strength and also the weakness of the area. Hard decisions are hard to make, consensus hard to reach. But the fluidity of congregational life is also something very contemporary, very urban and cosmopolitan. Europe's fringes are sometimes very central in their cultural formation. The map becomes an enabling device to negotiate and build the future.

CONCEPTUAL AND GRAPHIC DESIGN: CHORA / Raoul Bunschoten and Gary Doherty © 2004
DISCLAIMER: this map is intended for illustrative purposes only.   SCALE: 1:25000

A *Branding*/Landschap van tekens en namen: tekens, *landmarks* en andere symbolische objecten en beelden vertellen een verhaal over ruimte en de gebruikers ervan.

B *Earth*/Landschap van Kleur: De laag *earth* gaat over alle aspecten van ruimte, maar we besloten tot het gebruik van seizoenskleuren als een primaire vorm van ruimte in deze kaart.

C *Flow*/Landschap van Beweging: met het opkomende toerisme worden wegen kanalen naar specifieke bestemmingen: hotels, golf-clubs, uitzichtpunten.

D *Incorporation*/Landschap van Instituten en Bedrijven: welke organi-satiestructuren bestaan er? Welke combinaties zijn er mogelijk? Wie bezit of beheert wat?

Urban Gallery

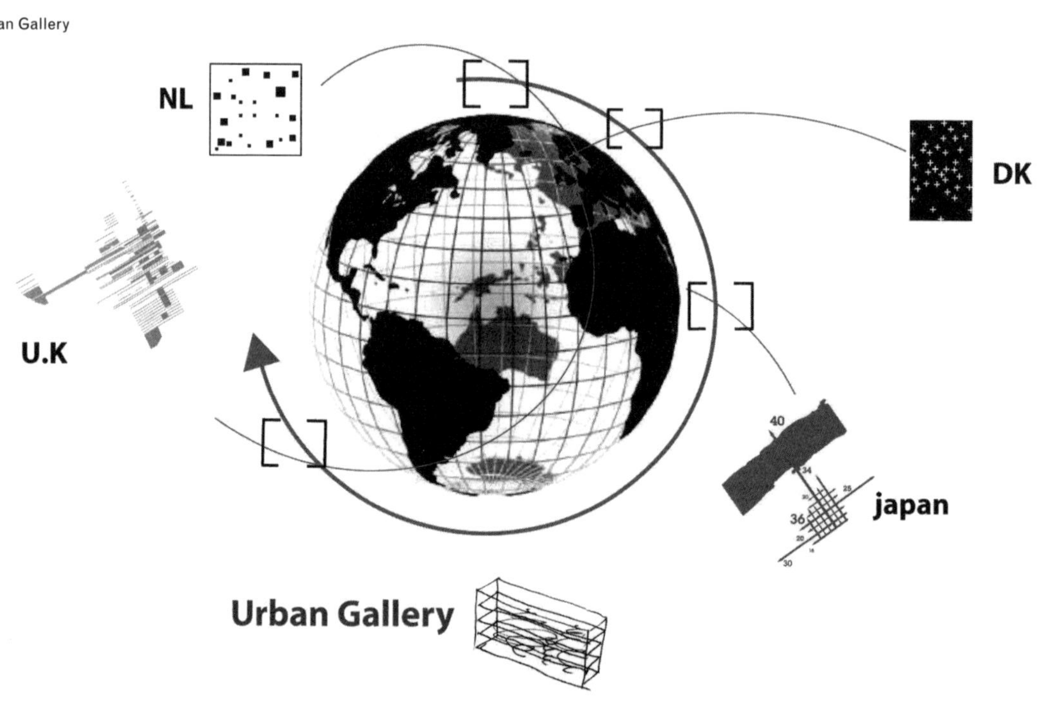

Els Verbakel

De verschuivende grenzen van het niemandsland in *Flanders Fields*

Frontier Margins: Border Spaces in Flanders Fields

Overlappingen van grensoverschrijdende gebieden zoals aangegeven op diverse websites laten een concentratie zien rond de grens zelf. / Overlapping the cross-border territories claimed by different websites reveals a pattern of concentration at the border itself.

Slagvelden / Battlefields

Grensoverschrijdende gebieden / Bleeding borders

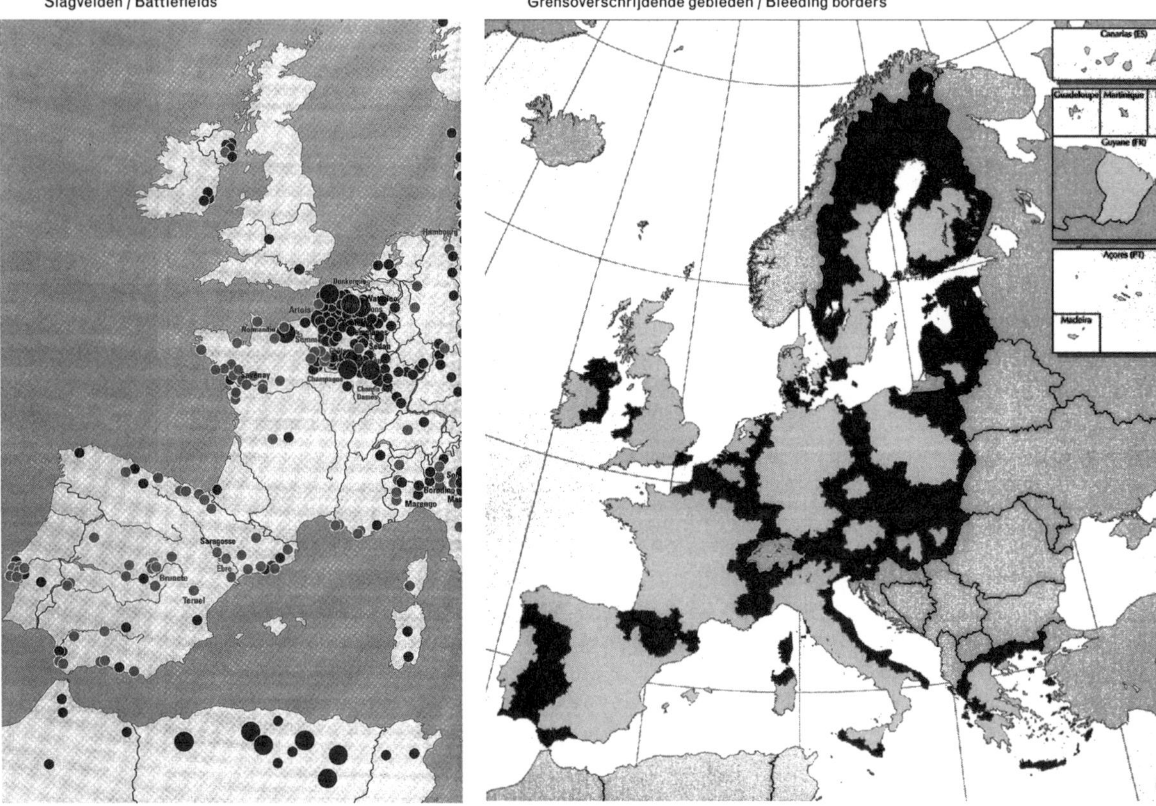

Décidés à assurer par une action commune le progress économique et social de leur pays en éliminant les barriers qui divisent l'Europe.[1]
(Verdrag van Rome, 1957)

Wat is er van bovenstaande bijna vijftig jaar oude verklaring geworden? Zijn de grenzen die Europa verdelen inderdaad verdwenen? De architectuur, het landschap en de stedelijke ruimte van de nationale grenzen binnen Europa zijn sindsdien ongetwijfeld van karakter veranderd en veranderen nog steeds. Grensoverschrijdende gebieden die het bestaansrecht van de nationale staat uitdagen, spelen een cruciale rol in het Europese sociaal-economische landschap. Zowel regionale samenwerkingsverbanden als nieuwe, snellere internationale vervoers- en communicatie-infrastructuur vormen een transnationaal – of misschien wel postnationaal – werkterrein binnen het Europese grondgebied.[2] In recent onderzoek naar urbanisatietrends in Europa zijn de landsgrenzen wat al te gemakkelijk genegeerd als niet langer relevant in een transnationale wereld van hypernetwerken. Stedelijke verspreiding is het model bij uitstek geworden om de niet-hiërarchische ruimtelijke organisatie van Europa te beschrijven, dat in de plaats van de nationale gecentraliseerde metropool is gekomen. Toch bestaat er in deze grensoverschrijdende streken en netwerken ook een hiërarchie. In plaats van de eentonigheid over een uitgestrekt gebied te versterken, articuleren en differentiëren ze juist de ruimtelijke structuur van Europa.[3]

[1] Fragment uit de preambule van het Verdrag ter oprichting van de Europese Economische Gemeenschap in 1957, zoals geciteerd in D. de Rougemont, *Vingt-huit siècles d'Europe. La conscience Européenne à travers les textes d'Hésiode à nos jours*, Parijs 1961.

[2] Zie INTERREG IIIC (www.interreg3c.net), EU-programma ter bevordering van grensoverschrijdende, transnationale en interregionale corporaties, zie ook Euregio (www.euregio.nl), samenwerking tussen Nederland en Duitsland, Euralille (www.saem-euralille.fr), intermodale vervoersknooppunten in Noord-Frankrijk.

Décidés à assurer par une action commune le progress économique et social de leur pays en éliminant les barriers qui divisent l'Europe.[1]
(Treaty of Rome, 1957)

Whatever happened to this nearly fifty year old claim? Have we eliminated the barriers dividing Europe? No doubt, the architectures, landscapes and urban spaces of Europe's internal national boundaries have since changed and are still transforming. Cross-border territories challenging the right of existence of the nation-state now play a crucial role in the European socio-economic landscape. Regional collaborations as well as new and faster international transportation and communication infrastructures constitute a transnational – or dare I say postnational – field of operations within the European territory.[2] Recent studies of urbanisation trends in Europe have too easily discarded internal national borders as no longer relevant in a hypernetworked transnational world. Urban dispersal has become the privileged model to describe the non-hierarchical spatial organisation of Europe, replacing the national centralised metropolis. Yet these cross-border regions and networks are not without hierarchy. Instead of strengthening the large field of sameness, they rearticulate and differentiate Europe's spatial structure.[3]

All the more intriguing is that postnational space has developed most significantly at specific borders, where topography, nation and culture spaces were never entirely congruent. Flanders Fields – a territory stretching across both sides of the border between

[1] Fragment from the preamble of the Treaty creating the European Economic Community in 1957, as cited in D. de Rougemont, *Vingt-huit siècles d'Europe. La conscience Européenne à travers les textes d'Hésiode à nos jours*, Paris 1961.

[2] See INTERREG IIIC, www.interreg3c.net, a EU programme promoting cross-border, transnational and interregional corporation; EUREGIO, www.euregio.nl a collaboration between the Netherlands and Germany; and EURALILLE, www.saem-euralille.fr, an intermodal transportation node in the North of France.

[3] See studies such as 'After Sprawl' and 'United States of Europe'.

Els Verbakel

Des te intrigerender is het dat de postnationale ruimte zich het opvallendst heeft ontwikkeld bij specifieke grenzen, waar de topografische, nationale en culturele ruimten nooit geheel overeenstemden. *Flanders Fields* (de slagvelden in Vlaanderen tijdens WO I) – een gebied dat zich aan beide zijden van de grens tussen Frankrijk en België uitstrekt – is een dergelijk niet overeenstemmend grensgebied dat het Belgische Zuidwest-Vlaanderen en Noordoost-Frankrijk omvat. Onder deze naam kwam het voor het eerst voor in een in 1915 door de Canadese militaire arts John McCrae geschreven gedicht, waarin het een land van oorlogsherinneringen en dood symboliseert. Ook voor en na de Eerste Wereldoorlog werden deze velden in Vlaanderen echter als één territoriale eenheid beschouwd, die zich over diverse culturele, politieke en topografische grenzen uitstrekte. Om deze grensstreek aan te duiden, leen ik daarom de term van McCrae, op zoek naar de historische wortels van een gebied dat steeds belangrijker wordt in het transnationale Europese landschap, met in het hoofdstedelijke hart daarvan het knooppunt van de Europese centrale hogesnelheidstrein.

Sinds het ontstaan van de staat in de zeventiende eeuw, is de stad als het organisatorische model gebruikt.[4] Een goed geordende staat was gebaseerd op een structureel systeem dat vergelijkbaar was met dat van de *polis*.[5] In navolging van Aristoteles' model van de *polis* als plaats waar de menselijke natuur culmineert, was de nieuwe '*polis*-staat' een beperkt gebied waarbuiten de wettelijke

France and Belgium – is such an incongruent border zone, comprising the territories of South-West Flanders in Belgium and North-East France. Under this name, it first appeared in a poem written in 1915 by the Canadian military doctor John McCrae, featuring as a land of war memories and death. Yet also before and after the First World War, these fields of Flanders operated as one territorial entity stretching across multiple cultural, political and topographical boundaries. To designate this border region, I therefore borrow McCrae's term in a search for the historical roots of a territory of increasing importance in the transnational European landscape, with Europe's central high speed train hub located in its metropolitan heart.

Since the birth of the state in the seventeenth century, the city became its organisational model.[4] A well-regulated state was one that adopted a structural system similar to that of the polis.[5] Following Aristotle's model of the polis as a place where human nature culminates, the new 'polis-state' was a limited territory beyond which the state's regulation would be suspended.[6] However, while the hinterland of the classical polis knew no life but that of beasts and Gods, the outskirts of the state did not consist of lawless life but of another, equivalent system of regulation. The urban model that rendered culture versus nature was thus no longer able to fully describe these incongruent borders. As in the American frontier, it became an ambiguous zone where humans and wilderness could coexist. Thus, as soon as the state became an instrument for con-

3
Zie onderzoeken zoals 'After Sprawl' en 'Verenigde Staten van Europa'.

4
Zie Michel Foucault, 'Space, Knowledge and Power', in: Paul Rabinow (red.), *The Foucault Reader*, New York 1984.

4
See Michel Foucault, 'Space, Knowledge and Power', in: Paul Rabinow (ed.), *The Foucault Reader*, New York 1984.

5
Michel Foucault, 'Des espaces autres. Une conférence inédite de Michel Foucault', *Architecture Mouvement Continuite (AMC)*, October 1984, no. 5, p. 46-49.

voorschriften van de staat niet van kracht waren.[6] Terwijl het achterland van de klassieke *polis* geen ander leven kende dan dat van beesten en goden, was het leven in de periferie van de staat daarentegen niet wetteloos maar bestond er een ander, equivalent stelsel van regels. Het was dus niet langer mogelijk deze niet overeenstemmende grensgebieden volledig te beschrijven door middel van het stedelijke model, waarin cultuur tegenover natuur stond. Evenals de Amerikaanse *frontier* werd het een onduidelijke zone waar mensen en wildernis naast elkaar konden bestaan. Zodra de staat dus een instrument werd om een uitgestrekt gebied te besturen, ontstond er rond de grenzen een wederzijdse toestand van 'anders zijn'. Deze toestand van omkeerbaarheid tussen de ene zijde en de andere vormde, vooral bij niet overeenstemmende grenzen, vanaf het begin een aanzienlijke bedreiging voor de staat.

De Eerste Wereldoorlog was in vele opzichten een uitbarsting van de crisis waarin de staat verkeerde. Hoewel de internationale betrekkingen rond de eeuwwisseling intensiever waren geworden, ging deze toestand van uitwisseling en samenwerking hand in hand met de opkomst van het nationalisme. Minderheden streefden naar een eigen staat, bestaande staten wilden zich uitbreiden. Deze nationalistische impuls benadrukte en versterkte de toch al gemakkelijk ontvlambare (bestaande of nagestreefde) verschillen. Het gebrek aan overeenstemming deed zich niet alleen bij grenzen voor, maar betekende niettemin een fundamentele uitdaging voor het bestaan van de staat. Men heeft dit gebrek aan overeenstemming tussen de ruimte waar het gezag heerst en de ruimte

trolling a vast territory, its borders turned to a reciprocal condition of otherness. This state of reversibility between one side and the other, especially in incongruent borders, formed from the start a considerable threat to the state.

In many ways, the Great War was an outburst of the crisis of the state. Although the turn of the century had witnessed a new intensity in international relations, this condition of exchange and cooperation was accompanied by the rising power of nationalism. Minorities pressured for their own states, existing states were looking to expand. This nationalist impetus emphasised and expanded the easily combustible incongruities – existing or pursued. The incongruities did not exist only at borders, but nevertheless challenged the existence of the state. The incongruities between the space of control and their spaces of resistance have been explained as the difference between bottom-up nations and top-down states.[7] A national entity was thus formed by the shared characteristics and common will of its members, a principle of political legitimacy rooted in eighteenth-century theories of natural law. However, recent theorists of nationalism such as Benedict Anderson, Eric Hobsbawm and Terence Ranger have emphasised the artificiality of the idea of a nation, formed by invented traditions.[8] Hence the incongruity might still exist between socio-cultural constructs such as nations and states, rather than between so-called natural conditions such as tribes and mountains. However, the more a nation is not intrinsically embedded in human nature, the more it may be related to larger spatial conditions.

5
Michel Foucault, 'Des espaces autres. Une conférence inédite de Michel Foucault', *Architecture Mouvement Continuite (AMC)*, oktober 1984, nr. 5, p. 46-49.

6
C.D.C. Reeve (red.), *Aristotle. Politics*, Indianapolis 1998.

6
C.D.C. Reeve (ed.), *Aristotle. Politics*, Indianapolis 1998.

7
See Ernest Gellner, *Nations and Nationalism*, Ithaca/London 1983. Gellner writes that nationalism can lead to war when the political boundary of a state fails to include all members of a nation or when the rulers of a political unit are not part of the nation's majority, as in large empires.

waar tegenstand wordt geboden wel verklaard als het verschil tussen niet-hiërarchische naties en hiërarchische staten.[7] Een nationale entiteit werd zo gevormd door de kenmerken die men gemeen had en de gemeenschappelijke wil van de leden ervan, een principe van politieke legitimiteit dat zijn oorsprong heeft in achttiende-eeuwse theorieën over natuurlijk recht. Moderne theoretici van het nationalisme, zoals Benedict Anderson, Eric Hobsbawm en Terence Ranger, benadrukken echter de kunstmatigheid van het idee van een door bedachte tradities gevormde natie.[8] Vandaar dat het gebrek aan overeenstemming nog wel zou kunnen bestaan tussen sociaal-culturele constructies, zoals naties en staten, maar niet tussen zogenaamde natuurlijke omstandigheden, zoals stammen en bergen. Hoe minder intrinsiek een natie in de menselijke natuur is ingebed, des te beter kan ze in verband staan met grotere ruimtelijke omstandigheden.

Van lijnen naar zones   Zouden deze ruimtes nog een extra laag kunnen toevoegen aan de stedelijke modellen die we sinds het ontstaan van de stad opeengestapeld hebben? Van stad naar metropool naar *cittá diffusa*, komen we nu bij grensgebieden als de nieuwe laboratoria voor stedelijke ruimte en een andere interactie tussen mensen en land. Vanuit een lijn op een kaart heeft de grens tussen Frans en Belgisch Vlaanderen een ruimtelijk-cultureel effect gegenereerd dat verder reikt dan deze tweedimensionale lijn en heeft zich tot een driedimensionale grenszone ontwikkeld. Douanekantoren, schuilplaatsen voor smokkelaars, herbergen

From Lines to Margins   Could these spaces add another layer to the urban models we have accumulated since the birth of the city? From town to metropolis, to *cittá diffusa*, we now arrive at frontier margins as new laboratories for urban space and different interactions between humans and the land. From a line on a map, the border between French and Belgian Flanders generated a spatio-cultural effect stretching beyond the two-dimensional line, transforming into a three-dimensional border zone. Custom control stations, smuggling hideouts, taverns for commuter workers and other border spaces have together created a widened strip of land. At first more or less ignored in the eighteenth century and first half of the nineteenth century, the separation between two nations gained strength until the mid twentieth century, now again losing its strength as a boundary, yet not as a zone of heightened ambiguity.

> Before being geometric or even geographic, space presents itself first and foremost as scene or landscape.[9]

If according to Foucault space is a priori landscape, the panoptical dominance of space over bodies can be reversed to a space constituted by the body. Instead of being the geometric structure of simultaneity, space is then situational.[10] Human actions such as military activities, inhabitation, migration and smuggling moulded and inscribed a cross-border territory.[11] It is hence the situation, inhabited by a social body, which brought about the transforma-

---

7
Zie Ernest Gellner, *Nations and nationalism*, Ithaca/ Londen 1983. Gellner schrijft dat nationalisme tot oorlog kan leiden wanneer de politieke grens van een staat niet alle inwoners van een natie insluit of wanneer de heersers van een politieke eenheid geen onderdeel uitmaken van de meerderheid van de natie, zoals in het geval van een wereldrijk.

8
T. Baycroft, *Culture, Identity and Nationalism. French Flanders in the Nineteenth and Twentieth Centuries*, Suffolk/Rochester 2004.

8
T. Baycroft, Culture, *Identity and Nationalism. French Flanders in the Nineteenth and Twentieth Centuries*, Suffolk/Rochester 2004.

9
'Before being geometric or even geographic, space presents itself first and foremost as scene or landscape.' Foucault, 1988, Vol. 1, p. 101.

10
Therefore, to call Foucault's contribution to historiography the spatialisation of history does not fully grasp the

voor pendelaars en andere ruimtes bij de grens vormen samen een bredere strook land. De scheiding tussen twee naties, die tijdens de achttiende en de eerste helft van de negentiende eeuw aanvankelijk min of meer genegeerd werd, is tot halverwege de twintigste eeuw sterker geworden en verliest nu weer aan kracht als grens, zij het niet als zone van toegenomen ambiguïteit.

> Voordat ruimte geometrisch of zelfs maar geografisch is, presenteert zij zich allereerst als decor of landschap.[9]

Indien ruimte volgens Foucault a priori landschap is, kan de allesomvattende dominantie van ruimte over lichaam omgekeerd worden tot een door het lichaam gevormde ruimte. In plaats van de geometrische structuur van gelijktijdigheid te zijn, wordt ruimte dan situationeel.[10] Menselijke activiteit, zoals militaire acties, bewoning, migratie en smokkelhandel hebben hun stempel op een grensoverschrijdend gebiedgedrukt.[11] Het is daarom de situatie, bewoond door een sociaal lichaam, die de transformatie van een lijn tussen de ene staat en de andere in een bredere zone heeft veroorzaakt.[12]

Als het middelpunt van de storm tijdens de Eerste Wereldoorlog, veranderde het landschap van Flanders Fields in een gebied dat men niemandsland noemde. De extremiteiten die tot deze situatie geleid hebben, verdienen daarom speciale aandacht. In dit onderzoek belicht ik diverse gevallen waarin het landschap van *Flanders Fields* in de eerste maanden van de Eerste Wereldoorlog

tion of a line between one state and the other into a wider margin.[12]

As the eye of the storm during the Great War, the landscape of Flanders Fields transformed into a place called no man's land. The moments of extremity leading to this condition therefore deserve close attention. This study highlights a range of instances where the landscape of *Flanders Fields* played an important military role in the first months of the First World War. However, these military tactics appear not isolated or invented, but as symptoms of underlying and continuous spatial processes. In what follows I will study three mechanisms of space-making specific to incongruent border zones. They have in common a range of survival tactics in the struggle against floods, war or poverty, together forming the spatial mechanism of frontier margins. Here, different types of boundaries coexist; between land and sea, between languages, between nations, between enemies. Their spatial mechanisms are chronological and spatial at the same time, like one tectonic layer to the other. Each mechanism will be investigated by pairing the momentary ontogenic timeframe of battle with an evolutionary, phylogenic timeframe of the *longue-durée* looking at forms of inhabitation, social practices and migration. Foucault's model of battle can regain its meaning. War time is a window to longer lasting spatial practices, from inhabitation over centuries, social oppositions confirming the border's existence, to economic exchanges reconnecting one side to the other.

9
'Before being geometric or even geographic, space presents itself first and foremost as scene or landscape.' Foucault, 1988, Vol. 1, p. 101.

10
Wanneer men de verruimtelijking van de geschiedenis Foucaults bijdrage aan de historiografie noemt, gaat men voorbij aan de complexiteit van zijn benadering. Het is juister te stellen dat Foucault de ruimte-tijdeenheid heeft toegevoegd: de gebeurtenis, de situatie of de strijd, waardoor een nauwkeuriger beschrijving van de ruimtemakende mechanismen mogelijk wordt.

complexity of his approach. More precisely it is Foucault's addition of the spatiotemporal unit: the event, the situation or the battle, which allows a more accurate description of mechanisms of space-making.

11
Michel Foucault replaced a structuralist approach with the model of battle, which profoundly affects the importance of the relationship between bodies and land in the historical research of social space (Foucault, 'Space, Knowledge and Power', op. cit.). From a system of sign and signified in which nothing exists outside of language, he moves to a realm of body practices in which a discourse can exist before and beyond the author or the subject, and thus, where spatial configurations can function as statements. As example, Foucault points out that the most important aspect of disciplinary practice in the rational age was the arrangement of tactics, which he links directly to the birth

een belangrijke militaire rol heeft gespeeld. Deze militaire manoeuvres blijken echter niet op zichzelf te staan of bedacht te zijn, maar zijn symptomen van onderliggende en voortdurende ruimtelijke processen. Vervolgens onderzoek ik drie ruimtemakende mechanismen die specifiek zijn voor niet-overeenstemmende grenszones. Ze hebben tal van overlevingstechnieken gemeen, in de strijd tegen overstroming, oorlog of armoede, die samen het ruimtelijke mechanisme van grensgebieden vormen. Hier bestaan verschillende soorten grenzen naast elkaar; tussen land en zee, tussen talen, tussen naties, tussen vijanden. Hun ruimtelijke mechanismen zijn chronologisch en tegelijkertijd ruimtelijk, als de ene tektonische laag tegenover de andere. Elk mechanisme wordt onderzocht door het kortstondige ontogenetische tijdsbestek van de strijd te koppelen aan een evolutionair, fylogenetisch tijdsbestek van de langere duur, waarbij naar vormen van bewoning, sociale toepassingen en migratie gekeken zal worden. Foucaults model van de strijd kan opnieuw betekenis krijgen. Oorlogstijd is een bron van informatie over een langduriger gebruik van de ruimte, van eeuwenlange bewoning, waarbij sociale tegenstellingen het bestaan van de grens bevestigen, naar economische uitwisseling, die de ene zijde weer met de andere verbindt.

Veranderlijke ruimte   Na een reeks gevechten van augustus tot september 1914 langs het westelijk front begonnen de geallieerden en het Duitse leger aan een wedloop naar het noorden, in de richting van de zee, waarbij beide partijen verschillende

Fluid Space   After a series of battles along the Western Front from August to September 1914, the Allied Forces and the German Army started a northward race to the sea with several mutual and unsuccessful attempts at outstripping the enemy. Meanwhile, in order to protect the last piece of defensible Belgium, King Albert I responded by opening the flood gates at the mouth of the river IJzer, submerging the polders and keeping the Germans on the East side of the river. The Belgian army took position behind the dyke of the railway connecting Nieuwpoort with Diksmuide, whereby the last possibility for the German army to cross the French-Belgian border had vanished. It was, however, no coincidence that precisely this piece of land would stop both military forces by returning to its former underwater state. Once 'wrested' from the North Sea, these polder lands were surrendered back to 'nature'.

Over centuries of struggle against and symbiosis with the sea, the Flemish coast inhabitants and conquerors had developed flexible inhabitation tactics. During the Roman period, the Flemish coastal plains were frequently flooded due to large scale sea transgressions. In the eighth century the sea withdrew once again, creating areas of salty soil used for sheep and cow breeding, called saltings. Occupation of these saltings caused their dehydration, compaction and a level decrease of the local topography, which then again created new flooded depressions. This topographic inversion also overturned the settlement pattern. Villages relocated for want of better soils to former creeks, now filled with

104

11
Michel Foucault verving een structuralistische benadering door het model van de strijd, dat van diepgaande invloed is op het belang van de relatie tussen lichaam en land in het historische onderzoek naar sociale ruimte (Foucault 1984, op. cit. (noot 4)). Van een systeem van tekens waarin buiten taal niets anders wordt aangeduid, begeeft hij zich naar een gebied van lichaamspraktijken waarin een discours voorafgaand aan en buiten de auteur of het onderwerp om kan bestaan, en waar ruimtelijke configuraties derhalve als verklaringen kunnen functioneren. Zo wijst Foucault er bijvoorbeeld op dat in het rationele tijdperk het belangrijkste aspect van disciplinaire praktijk het organiseren van strategieën was, hetgeen hij direct in verband brengt met het ontstaan in de achttiende eeuw van grote militaire strategieën en tegelijkertijd de opkomst van uiterst nauwkeurige legermanoeuvres om het soldatenlichaam discipline bij te brengen (M. Foucault,

in the eighteenth century of great military strategies and at the same time the rise of meticulous army tactics that disciplined the soldier's body (Michel Foucault, *Discipline and Punish. The Birth of the Prison*, New York, 1977). See also Foucault's theory of discursive formations as described by Paul Hirst in 'Foucault and Architecture', *AA files*, autumn 1993, p. 52-60.

12
This follows the Lefebvrian understanding of space as lived, as an entity constituted by the movement of bodies (Henri Lefebvre, *The Production of Space*, Oxford 1991, and more recent feminist theory).

malen zonder succes trachtten elkaar voorbij te streven. Om het laatste stukje verdedigbaar België te beschermen, opende koning Albert I als reactie daarop de sluizen bij de monding van de IJzer, zodat de polders onder water kwamen te staan en de Duitsers aan de oostkant van de rivier werden gehouden. Het Belgische leger nam stelling achter de dijk van de spoorlijn tussen Nieuwpoort en Diksmuide, waardoor het Duitse leger de laatste mogelijkheid ontnomen werd om de Frans-Belgische grens over te steken. Het was echter geen toeval dat juist dit stukje land in staat was beide strijdkrachten tegen te houden door het weer tot de vroegere toestand terug te laten keren. Deze ooit uit de Noordzee 'losgerukte' polders werden weer aan de 'natuur' teruggegeven.

Na eeuwenlange strijd tegen en symbiose met de zee, hadden de bewoners en veroveraars van de Vlaamse kust een flexibele wijze van bewoning ontwikkeld. Tijdens de Romeinse periode liepen de Vlaamse kustvlakten vanwege hoge vloedgolven herhaaldelijk onder water. In de achtste eeuw trok de zee zich weer terug, waardoor gebieden met zilte grond ontstonden, de zogenaamde kwelders, die voor het fokken van schapen en koeien werden gebruikt. Bewoning van deze kwelders veroorzaakte uitdroging en inklinking van de grond; de plaatselijke topografie ging ge-staag achteruit, waardoor er weer nieuwe laagten ontstonden die overstroomden. Deze topografische inversie was ook van invloed op het vestigingspatroon. Dorpen die vanwege de behoefte aan betere grond naar voormalige kreken verplaatst waren, begonnen nu te verzanden. De strijd om een permanent bewoonbaar gebied leidde tot een

sand. The battle for a permanently inhabitable land shaped a fluctuating and instable relationship between inhabitable land and uninhabitable water. Between 1014 and 1042 A.D., a new sea transgression took place causing frequent floods at two weak spots along the coast line: *Kadzand* and the plains of the river *IJzer*. In response, the inhabitants built a series of long dykes to avoid future flooding and invaded the plains of the IJzer to create new plots of land, called polders.[13] The first records using the word 'polder' in these areas date from the second quarter of the twelfth century, to indicate land conquered over water by building dykes. The inhabitants thereby moved from defensive strategies against flooding to offensive strategies of conquering land over sea for economic expansion. The polder lands acquired the status of being an act of aggression against nature, endowing the land with a value of illegitimacy. On the IJzer Plains the first polder was built by the Dunes Abbey of Koksijde in order to expand its territory. The abbey's records describe how with hard labour, the monks 'wrested the earth from the heart of the sea'.[14]

One economic use of these lands was the development of fenlands for the extraction of peat for salt and fuel. Because of a new concern with the decrease of forests as a source of fuel due to a growing urban population, the count encouraged peat digging in the second half of the twelfth century. Systematic peat digging took place in the French-Belgian Moeren, an area of lees fields on both sides of the border at Adinkerke. After a process of peat

Discipline and punish. The birth of the prison, New York 1977). Zie ook Foucaults theorie van onsamenhangende formaties, zoals beschreven door Paul Hirst in 'Foucault and architecture', *AA files*, herfst 1993, p. 52-60.

12
Dit volgt Lefebvres opvatting van ruimte als een plaats waarin geleefd wordt, als een entiteit die door de bewegingen van lichamen ontstaan is (Henri Lefebvre, *The Production of Space*, Oxford 1991, en recentere feministische theorie).

13
A. Verhulst, *Het landschap in Vlaanderen in historisch perspectief*, Antwerp 1964.

14
Ibid., p. 21.

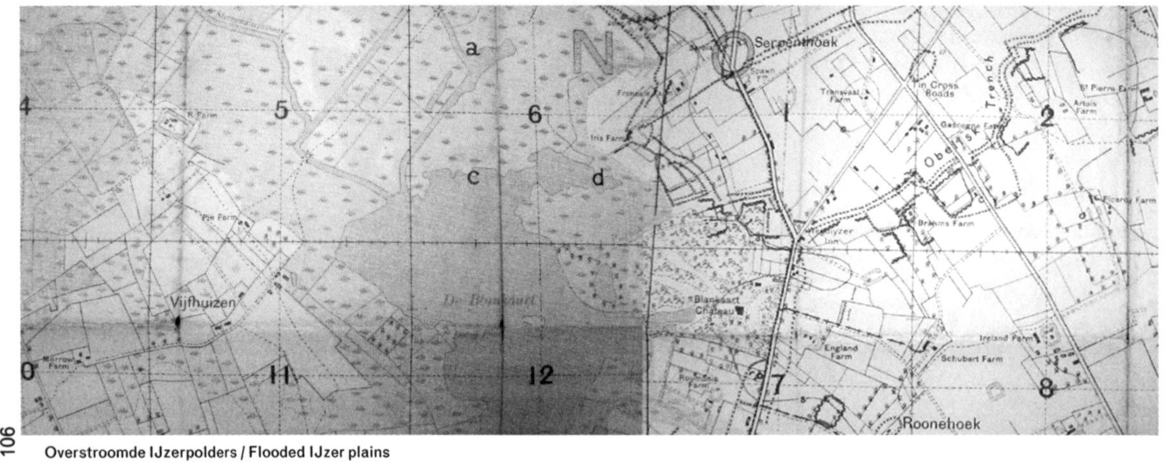

Overstroomde IJzerpolders / Flooded IJzer plains

IJzerpolders, IJzer overstroming 1914, IJzer front linie WO I / IJzer Polders, IJzer flood 1914, IJzer frontline WW I

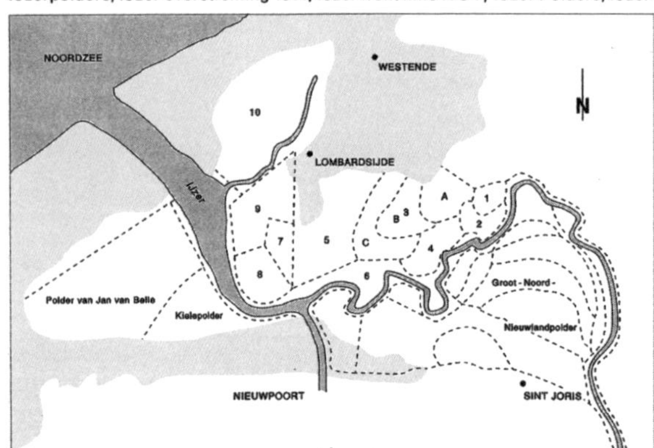

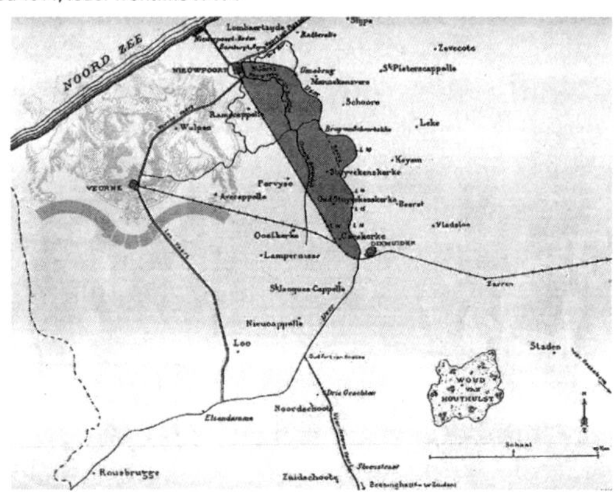

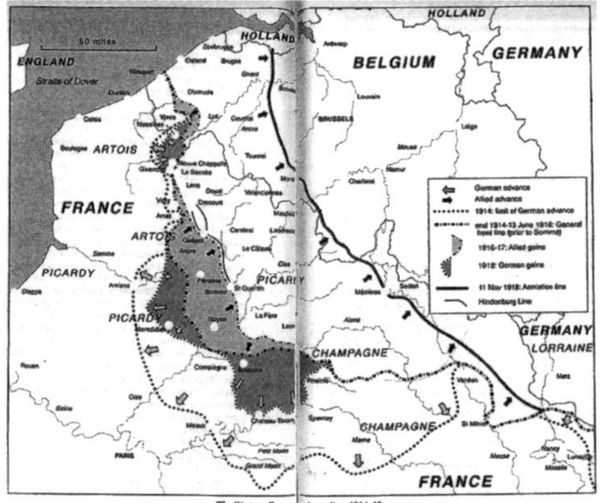

fluctuerende en instabiele relatie tussen bewoonbaar land en onbewoonbaar water. Tussen 1014 en 1042 AD was er opnieuw een hoge vloedgolf waardoor er op twee zwakke punten langs de kustlijn, Kadzand en de vlakten van de rivier de IJzer, herhaaldelijk overstromingen waren. Om toekomstige overstromingen te voorkomen, bouwden de bewoners een reeks lange dijken en trokken de vlakten van de rivier de IJzer binnen om nieuwe stukken grond te ontginnen, die men polders noemde.[13] De eerste documenten waarin het woord 'polder' in deze streken gebruikt wordt, dateren uit het tweede kwart van de twaalfde eeuw, om land aan te duiden dat door het bouwen van dijken op het water veroverd was. Van een verdedigingsstrategie om overstroming tegen te gaan, gingen de bewoners dus over op een aanvalsstrate-gie om land voor economische groei op de zee te veroveren. Deze polders kregen de status van land dat door een daad van agressie tegen de natuur ontstaan was, waardoor het in zekere zin onwettig was. De eerste polder in de vlakten van de IJzer werd door de Abdij Ten Duinen in Koksijde aangelegd om haar grondgebied uit te breiden. In de archieven van de abdij is beschreven hoe de monniken door hard werken 'de aarde uit het hart van de zee losrukten'.[14] Een van de economische doeleinden waarvoor deze polders gebruikt werden, was het ontwikkelen van moerasland voor de winning van zout en van turf als brandstof. Aangezien er bezorgd-heid bestond over het feit dat er vanwege de groeiende stedelijke bevolking steeds minder bos als bron van brandstof beschikbaar was, stimuleerde de graaf in de tweede helft van de twaalfde eeuw het turfsteken.

13
A. Verhulst, *Het landschap in Vlaanderen in historisch perspectief*, Antwerpen 1964.

14
Idem, p. 21.

---

exploitation, the Moeren naturally turned into a sweet water lake surrounded by a marshy strip. Under archdukes Albrecht and Isabella, court engineer Wenceslas Cobergher undertook a large-scale project to dry the lake to create new land for agriculture. This five year process, completed in 1627, was again reversed in the 1640s when the Moeren were intentionally flooded by the Spanish ruler to create a protective strip of water around the by then important military seaport city of Duinkerke. In 1760, the Count of Hérouville obtained the permission to dry the Moeren, which he accomplished six years later. Only four years later the dykes gave in and the Moeren flooded once again. The count's creditor Vandermey continued the efforts to regain the land and by the end of the 1780s the terrains of the Moeren were brought back to the surface. Subsequent flood problems due to dyke failures were more easily met by more advanced pumping methods and by the First World War the Moeren, fulfilling their strategic value, were turned into a military airbase by King Albert I.

This continuous cycle of land returning to water and vice versa prevents a permanent definition of these territories as one or the other. While the conquering of land was a slow process, floods happened quickly and frequently. Land was the exception to the rule and settlement patterns fluctuated following the caprice of the sea. Even more permanent housing typologies were frequently abandoned and rebuilt. An inhabitation logic of trial and error formed in close dialogue with the movement of the landscape itself, the formation of a fluid space.

Systematische turfwinning vond plaats in de Frans-Belgische Moeren, een aan beide zijden van de grens bij Adinkerke gelegen moerasgebied. Toen de turfwinning afgelopen was, veranderden de Moeren vanzelf weer in een zoetwatermeer met een moerassige strook eromheen. Onder aartshertog Albrecht en aartshertogin Isabella begon hofingenieur Wenceslas Cobergher aan een grootschalig project om het meer droog te leggen en nieuwe landbouwgrond te verkrijgen. Dit proces, dat vijf jaar duurde en in 1627 voltooid was, werd in de jaren 1640 weer teruggedraaid, toen de Spaanse vorst de Moeren opzettelijk liet overstromen om een beschermende strook water te creëren rond de toentertijd belangrijke militaire zeehaven Duinkerken. In 1760 kreeg de graaf van Hérouville toestemming om de Moeren droog te leggen, wat hij zes jaar later volbracht. Slechts vier jaar later was er een dijkbreuk en liepen de Moeren weer onder water. De crediteur van de graaf, Vandermey, probeerde het land terug te winnen en tegen het einde van de jaren 1780 was de grond van de Moeren weer boven het wateroppervlak gekomen. Latere overstromingsproblemen na een dijkdoorbraak waren gemakkelijker op te lossen vanwege meer geavanceerde pomptechnieken en rond de Eerste Wereldoorlog veranderde koning Albert I de Moeren in een militaire luchtmachtbasis, waarmee het strategische belang van het gebied bevestigd was.

Deze doorlopende cyclus van land dat tot water terugkeert en vice versa staat een permanente definitie van deze gebieden als het een of het ander in de weg. Terwijl het winnen van land een lang-

When King Albert I submerged the IJzer Plains, three boundaries intersected: between land and sea, between enemies, between nations, an intersection which multiplies territories into four different zones, each with a unique combination of topographic, national and political characteristics (see diagram). Not only in war, but also in peace did different boundaries intersect, such as the incongruence of language, topographic and national boundaries. The territory's fluidity replaced singular boundaries between self and other by multiple boundaries, whereby nature is simultaneously self and other, hence no longer opposite civilization.

Solid Space   Since the eighteenth century, the exercise of power moved from static defence to the mobile offensive, leaving aside the need for frontier fortifications and trench wars, which led to the emergence of abstract military plans prepared in advance and kept strictly secret. The German invasion in Belgium was the implementation of such a military plan conceived years earlier by German Chief of Staff Count Alfred von Schlieffen. Based on a strong trust in road and railroad transport networks, the Schlieffen plan would provide a way to outflank the French by ignoring Belgium's and Luxembourg's neutral statuses, obtained from Britain, France and Prussia in 1839. Encouraged by the extensive industrial network of railroads laid out in this region throughout the nineteenth century, the plan predominantly focused on mobility, speed and timing. Unexpectedly, already in the first months of the war, the great strategic plans of mobility and large scale military

zaam proces was, vonden overstromingen juist snel en veelvuldig
plaats. Land was de uitzondering op de regel en vestigingspatro-
nen wisselden naargelang de grillen van de zee. Zelfs meer permanente vormen van huisvesting moesten vaak achtergelaten en weer
opgebouwd worden. Een proefondervindelijke logica van bewoning leidde, in nauwe samenhang met de ontwikkeling van het
landschap zelf, tot de vorming van een veranderlijke ruimte. Toen
koning Albert I de vlakten van de IJzer liet onderlopen, kruisten
drie grenzen elkaar: tussen land en zee, tussen vijanden en tussen
naties, een kruising die het gebied in vier zones verdeelde, ieder
met een unieke combinatie van topografische, nationale en politieke kenmerken (zie diagram). Niet alleen in oorlogstijd maar ook
in vrede kruisten verschillende grenzen elkaar, zoals bijvoorbeeld
de niet overeenstemmende taal-, topografische en nationale grenzen. Door de veranderlijkheid van het gebied werden enkelvou-
dige grenzen tussen het gebied zelf en het andere vervangen door
meervoudige grenzen, waarbij de natuur tegelij-kertijd het zelf en
het andere is, en dus niet langer de tegenpool van de beschaving.

Stabiele ruimte   De noodzaak van grensversterkingen en
loopgravenoorlogen ter zijde gelaten, ontwikkelde de machtsuit-
oefening zich sinds de achttiende eeuw van statische verdediging
tot mobiele aanval, wat resulteerde in van tevoren opgestelde en
strikt geheim gehouden militaire plannen. De Duitse invasie in
België was de uitvoering van een dergelijk militair plan dat jaren
tevoren door de Duitse stafchef graaf Alfred von Schlieffen was be-

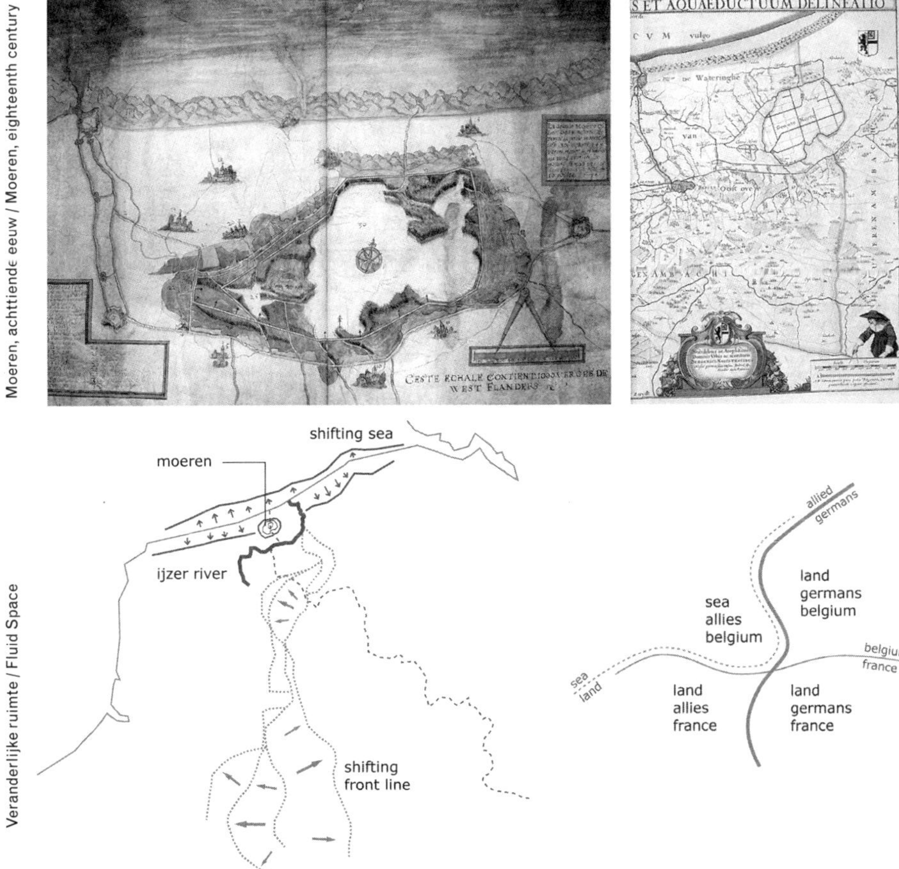

Moeren, achttiende eeuw / Moeren, eighteenth century

Veranderlijke ruimte / Fluid Space

Els Verbakel

dacht. Het op een sterk vertrouwen in het wegen- en spoorwegnet gebaseerde Von Schieffen-plan bood een manier om de Fransen te omtrekken door de neutrale status van België en Luxemburg te negeren, die deze landen in 1839 door Engeland, Frankrijk en Pruisen toegekend was. Aangemoedigd door het uitgestrekte industriële spoorwegnet dat gedurende de gehele negentiende eeuw in deze streek was aangelegd, was het plan voornamelijk op mobiliteit, snelheid en timing gericht. Onverwacht moesten deze grote door moderniteit en technologische vooruitgang geïnspireerde strategische plannen voor mobiliteit en grootschalige militaire manoeuvres al in de eerste maanden van de oorlog ingetrokken worden en vervangen door een ad-hocstrijd met en tegen het landschap. Moderne mobiliteitsstrategieën stagneerden in de dubbele rij loopgraven en de modder van *Flanders Fields*. De verstrengeling van moderniteit, zoals geavanceerde oorlogstechnologie en vervoersinfrastructuur, met schijnbaar antimoderne fenomenen[15] zoals vastgelopen legerstrategieën, was niettemin een direct gevolg van de ontwikkeling van militaire strategieën in de afgelopen twee eeuwen. Martin Warnke toont aan hoe het militaire landschap zich ontwikkelde van een vlakke bodem, waar alleen lafaards gebruikmaakten van de kenmerken van het landschap, tot een terrein voor militaire acties waarbij de terreingesteldheid met de vijand geïdentificeerd werd.[16] Met de invoering van vuurwapenen nam de afstand tussen de soldaten toe en bood het uniform niet langer voldoende bescherming. Zo werd het land het nieuwe schild, waarbij bomen, greppels, bossen of muren een

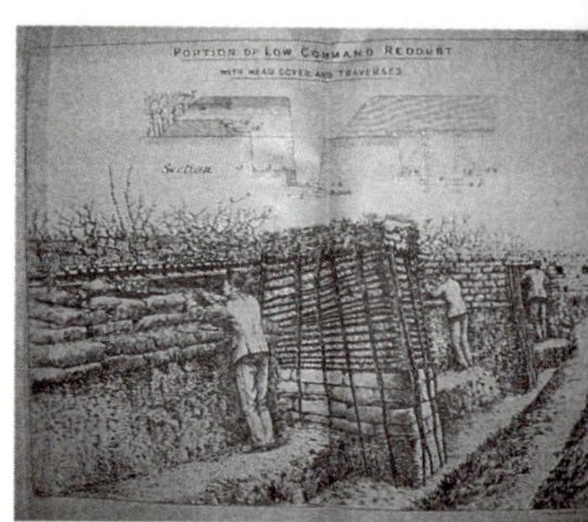

Loopgraven / Trenches

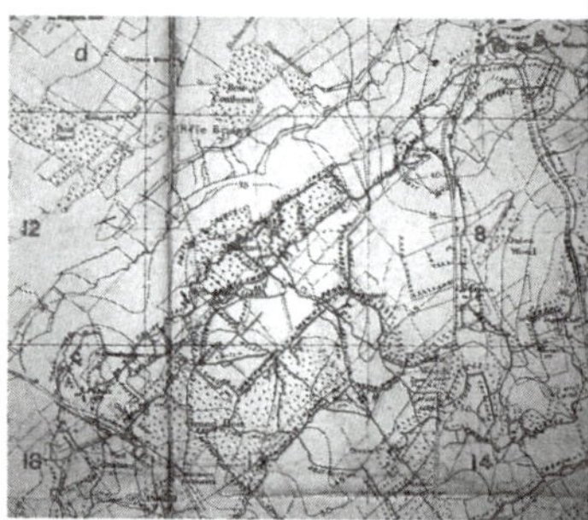

Britse kaart van vijandelijke loopgraven / British map of enemy trenches

strategies inspired by modernity and technological advancement had to be abandoned and were replaced by an ad hoc battle with and against the landscape. Modern strategies of mobility stagnated in the double line of trenches and the mud of Flanders Fields. The intertwining of modernity such as advanced war technology and transportation infrastructure with seemingly[15] anti-modern phenomena such as stagnated army strategies was nevertheless a direct consequence of the evolution of military strategies over the past two centuries. Martin Warnke demonstrates how the military landscape evolved from a level ground in which only cowards took advantage of the characteristics of the landscape, to a field for military operations in which the terrain became identified with the enemy.[16] With the introduction of firearms, the distance between soldiers increased and suits no longer offered enough protection. The land thus became the new shield whereby trees, ditches, woods or walls became extensions of the army suit. With the development of great strategic plans, the landscape evolved even further to become a chessboard, a tableau on the wall, allowing the commanders to withdraw from the battle field. The combatant however, as opposed to the strategist, was forced to identify with the landscape all the more, to merge his body with the earth by digging himself into the ground. Wearing camouflage became an important battle tactic and during the Great War the German army wore field-grey uniforms especially designed for the landscape of north-western Europe. The modernist paradigm did not get rid of the connection between bodies and land, but created a discon-

Lichamen in de loopgraven / Bodies in the trenches

Loopgraven panorama met zicht op Duitse zijde / Trench panorama looking toward the German side

verlengstuk van het legeruniform werden. Vanwege de opkomst van grote strategische plannen ontwikkelde het landschap zich nog verder, tot het een schaakbord werd, een tableau aan de muur, waardoor de bevelhebbers zich uit het slagveld konden terugtrekken. In tegenstelling tot de strateeg was de strijder gedwongen zich nog meer met het landschap te vereenzelvigen, zijn lichaam met de aarde te versmelten door zichzelf in de grond in te graven. Het dragen van camouflagepakken werd een belangrijke krijgstactiek en ook tijdens de Eerste Wereldoorlog droeg het Duitse leger speciaal voor het landschap van Noordwest-Europa ontworpen veldgrijze uniformen. Het modernistische model betekende niet het einde van de relatie tussen lichaam en land, maar veroorzaakte een ontkoppeling tussen strategie en fysieke strijd, die in het geval van *Flanders Fields* rampzalig bleek te zijn. Een veranderlijke ruimte werd met haar eigen taaiheid geconfronteerd, waarbij stagnatie het onontkoombare laatste redmiddel werd en het onderscheid tussen lichaam en land vervaagde. Toen de Europese standaardtalen ontstonden en het brede spectrum van dialecten vervingen, werd taal steeds minder sociaal verdeeld en de standaardtaal werd superieur aan de plaatselijke dialecten. De annexatie van delen van Vlaanderen door Frankrijk vereiste een nieuw programma voor de integratie van de Franse Vlamingen in Frankrijk. Na een lange periode van verschuivende grenzen tussen Frankrijk en de Oostenrijkse Nederlanden werd de grens in 1713 in het voordeel van Lodewijk XIV bij de Vrede van Utrecht vastgesteld. Kort daarna stichtte Lodewijk XIV een kolonie van Franse

15
Zie Didier Gille, 'Maceration and Purification', in: J. Crary et al. (red.), *Zone 1/2. The contemporary city*, New York 1986.

16
M. Warnke, *Political landscape. The art history of nature*, Cambridge, Ma 1995.

---

nection between strategy and physical battle, which in the case of Flanders Fields proved to be disastrous. A space of movement was confronted with its own viscosity in which stagnation became the unavoidable last rescue, blurring the distinction between bodies and land.

With the emergence of European standard languages, replacing the broad spectrum of dialects, language became less and less socially divided and standard language became superior to local languages. The annexation of parts of Flanders by France required a new programme of integration of the French Flemish into France. After a long period of shifting borders between France and the Austrian Netherlands the border had been established in favour of Louis XIV in 1713 with the Treaty of Utrecht. Shortly after, Louis XIV planted a colony of French fishermen in Flanders, to infiltrate the Flemish culture. With the French Revolution, a new programme of promoting national unity led to the intentional creation of the new regional identity of Nord-Pas-de-Calais.[17] Slowly, both sides of the border emphasised spatial differences such as housing and church typologies, following the further urbanisation of either side. The materialisation of difference followed the border and not the other way around. Not borders themselves materialised but the edge on either side, whereby the border itself played a role of mirroring one side to the other. As opposed to edge conditions in former urban models such as city gates, metropolitan peripheries and suburban fabric, this edge is double sided. One side fulfils the role of mirror image to the other, yet not by

15
See Didier Gille, 'Maceration and Purification', in: J. Crary et al. (ed.), *Zone 1/2. The Contemporary City*, New York 1986.

16
M. Warnke, *Political Landscape. The Art History of Nature*, Cambridge, Mass. 1995.

17
Louis XIV established a colony of fishermen from Boulogne in Fort Mardyck in French Flanders right after the conquest of the region, in order to facilitate further integration of the region.

Els Verbakel

vissers in Vlaanderen om in de Vlaamse cultuur te infiltreren. Na de Franse revolutie leidde een nieuw programma ter bevordering van de nationale eenheid tot het opzettelijk creëren van de nieuwe regionale identiteit van Nord-Pas-de-Calais.[17] Na verdere urbanisatie werden aan beide zijden van de grens geleidelijk aan ruimtelijke verschillen, zoals karakteristieke huizen en kerken, benadrukt. De materialisatie van die verschillen volgde de grens en niet omgekeerd. Niet de grenzen zelf materialiseerden zich maar de rand van iedere zijde, waarbij de grens zelf de rol had beide zijden te weerspiegelen. In tegenstelling tot de situatie in randzones in vroegere stedelijke modellen, zoals stadspoorten, de periferie van grote steden en de structuur van voorsteden, is deze rand dubbelzijdig. De ene zijde is het spiegelbeeld van de andere, echter niet door volledig identiek te zijn, want er is altijd al sprake van een mutatie van de ene identiteit naar de andere.

Osmotische ruimte   Na de regens en overstromingen in december 1914 vulde de dubbele rij loopgraven – die zich vanaf Het Kanaal tot de Zwitserse grens uitstrekten – zich al snel met modder.[18] De legers leden die maand meer verliezen door bevriezing, reumatiek en loopgraafvoet dan door oorlogsverwondingen. In *Rites of Spring* suggereert Modris Ekstein dat deze verschrikkelijke omstandigheden een gevoel van gemeenschappelijkheid tussen de verschillende zijden stimuleerden, dat nog versterkt werd door de algehele teleurstelling over de oorlogsstrategieën van degenen die de leiding hadden. In de avond van 24 december 1914 was de

[17] Louis XIV stichtte de kolonie van vissers uit Boulogne, Fort Mardyck in Frans Vlaanderen, direct na de verovering van het gebied teneinde verdere integratie ervan te bevorderen.

[18] J. Keegan, *The First World War*, Londen, 1998.

112

modder door de kou bevroren. Soldaten kwamen hun loopgraven uit en in het niemandsland tussen de twee vijandelijke linies werden feestjes gehouden, alcohol en tabak uitgewisseld, gegeten en gezongen. Het weer en de grond waren de gemeenschappelijke vijanden van beide legers geworden en de strook land tussen de loopgraven was de enige ruimte waar de vijanden tijdelijk rust hadden.

'Geleidelijk aan hield het vuren bijna overal langs de linie op, die kerstavond. De mannen stonden op, gingen op hun verschansing zitten en riepen een groet naar de "vijand". Gesprekken begonnen. Een Saksische Duitser tegenover de soldaten van de *Queen's Westminster Rifles* daagde de Engelsen uit om een fles wijn te komen halen. (…) Toen het de volgende ochtend licht begon te worden, was de grond hard bevroren. Op sommige plaatsen lag een laagje verse sneeuw op de grond. In Vlaanderen had de plotselinge vorst een dikke mist veroorzaakt, die in de gloed van een sterke zon geleidelijk begon op te trekken. De plotselinge verandering in het weer veroorzaakte verbazing en vrolijkheid. In vergelijking met de onafgebroken regens van de afgelopen maand, was het een stralende dag. (…) Soldaten liepen het niemandsland binnen, sommige van hen gingen zelfs elkaars loopgraven in, en vierden feest. Sommigen waren verlegen, anderen wat opener. Ze praatten, zongen, vertelden verhalen en gaven elkaar cadeaus'.[19]

Het was in deze gebieden al eerder voorgekomen dat bijzondere producten zoals tabak en alcohol uitgewisseld werden. Hoe meer

[19]
M. Eksteins, *Rites of Spring.
The Great War and the birth
of the modern age*, Boston/
New York 1989, p. 110-111

being completely identical, there is always already a mutation of the self into the other.

Osmotic Space   The rains and floods of December 1914 quickly filled the double line of trenches – which ran from the English Channel to the Swiss frontier – with mud.[18] The armies suffered more casualties that month from frost bite, rheumatism and trench foot than from war injuries. In *Rites of Spring*, Modris Ekstein suggests that these dreadful conditions encouraged the feelings of commonality between different sides, reinforced by a general disappointment with the war strategies of those in command. On the evening of December 24, 1914, colder temperatures hardened the mud. Soldiers came out of their trenches and in the no man's land between two enemy lines, parties were held with exchanges of alcohol, tobacco, food and songs. Weather and land had become common enemies for both armies and the zone of land between the trenches became the only possible space for the enemies to temporarily be in peace.

Gradually firing ceased almost everywhere along the line that Christmas Eve. Men got up and sat on their parapets and shouted greetings across to the "enemy". Conversations began. Opposite the Queen's Westminster Rifles a Saxon challenged the British to come across and fetch a bottle of wine . . . . When dawn came the next morning, the ground was frozen solid. In some areas a sprinkling of fresh snow lay on the ground. In Flanders the sudden freeze had produced a thick fog, which began to light only gradu-

[18]
J. Keegan, *The First World
War*, London 1998.

de landsgrens in Flanders Fields zich materialiseerde, des te
grotere variatie ontstond er in het sociale gedrag tussen de tegen-
standers, waardoor de duidelijke scheiding tussen de twee zijden
destabiliseerde. Specialiteiten zoals tabak, alcohol, kruiden, boter,
suiker en borduurwerk gingen in beide richtingen de grens over,
afhankelijk van het prijsverschil. Vergelijkbaar met het principe
van osmose, een biologische term waarbij verschillend samen-
gestelde stoffen zich door een poreuze wand heen met elkaar
vermengen, bracht deze uitwisseling een relatie van wederkerig-
heid teweeg. De ene zijde van de grens beloofde de andere aan
te vullen. Zo konden de Belgische Vlamingen aan het begin van
de twintigste eeuw het tekort aan suiker aanvullen door de grens
over te steken. Smokkelaars, die ter plaatse 'blauwers' genoemd
werden, verdienden gewoonlijk meer dan douanebeambten, die
dikwijls zelf ook begonnen te smokkelen en snel de rol van vriend
voor die van vijand verwisselden. Een hoeveelheid van 15 kilo-
gram gesmokkelde tabak leverde een winst van 375 francs op, het
maandsalaris van een gemiddelde landarbeider. Door de smokkelhandel ontstond een zone van solidariteit, die in de periode tussen
de twee wereldoorlogen haar hoogtepunt bereikte. De staatsmacht
erodeerde voor hij de grenslinie bereikt had.

Niet alleen producten gingen heen en weer, de wegen en steden
waren ook vol migranten die de grens overstaken. Aan het einde
van de negentiende eeuw vond in *Flanders Fields*, vanwege de
gunstige ligging aan de internationale grens, een sterke indus-
trialisatiegolf plaats. Nieuwe waterwegen, spoorlijnen en wegen

ally under the glare of a strong sun. The sudden change in the
weather brought astonishment and cheer. In comparison with the
monsoon conditions of the preceding month, the day was glorious.
… Soldiers moved into no man's land, or in some cases even into
each other's trenches, and celebrated. Some were shy. Others were
more open. They talked, sang, and exchanged stories and gifts'.[19]

19
M. Eksteins, *Rites of Spring.
The Great War and the Birth
of the Modern Age*, Boston/
New York 1989, p. 110-111.

The exchange of specialty products such as tobacco and alcohol was not a new activity in these territories. The more the state
border in Flanders Fields materialised, the more a range of new
social behaviours of resistance emerged, destabilising the clear
separation between two sides. Specialty products such as tobacco,
alcohol, spices, butter, sugar and embroidery crossed the border
in both directions depending on fluctuations of the market price.
Comparable to the principle of osmosis, a biological term whereby
a difference in substance composition causes a fluctuation across
the membrane between both sides, these exchanges created a
relationship of reciprocity. One side of the border promised to
complete the other. So the Belgian Flemish were able to compen-
sate the sugar shortage at the beginning of the twentieth century
by crossing over. Smugglers, locally called *blauwers* usually earned
more than custom officers who frequently moved to smuggling
themselves, swiftly swapping roles of friend and foe. One run of 15
kilograms of tobacco brought a profit of 375 francs, the monthly
wage of an average farm labourer. Smuggling created a zone of
solidarity, reaching its peak in the period between the two World

Roken in de loopgraven / Smoking in the trenches

Kerstbestand / Christmas Truce

Duitse kaart van de loopgraven / German map of trenches

Osmotische ruimte / Osmotic Space

Wars. State power eroded before it reached the border line.

Not only goods went back and forth, the migration workers who populated the roads and towns also crossed the border. At the end of the nineteenth century, a strong wave of industrialisation took place in Flanders Fields, due to its favourable position on an international level. New waterways, train lines and roads stitched across the border and encouraged the migration of permanent, seasonal, weekly or daily Belgian Flemish migrants to French Flemish factories.

After the 1845 crisis in the Belgian linen industry, which suffered from competition with mechanised production, a first wave of permanent migration took place. The second wave of migration after the war of 1870-1871 saw an increase of seasonal workers in the industrialised agricultural section. By 1900 weekly and daily commuting also became common, encouraged by the Belgian government with reduced train fares.[20]

As soon as a solidification of both sides of the border took place, new cross-border movements were facilitated by the landscape itself. Both sides of the border interpenetrate, thereby inhabiting the space between two sides, a land that does not belong to one or the other, yet is accessible and needed for economic and social exchanges to take place. The mirror-space between one side and the other became inhabitable as a third space, not self or other, but unclaimed and able to provide a platform for latent interactions between friend and foe, between humans and nature.

20
Baycroft, op. cit. (note 8).

breidden zich over de grens uit en stimuleerden de migratie van permanente Belgisch-Vlaamse seizoen-, week- of dagarbeiders naar Frans-Vlaamse fabrieken.

Na de crisis in de Belgische linnenindustrie in 1845 onder invloed van de concurrentie van gemechaniseerde productie, vond een eerste golf van permanente migratie plaats. Bij de tweede migratiegolf na de oorlog van 1870-1871 was er een toename van seizoensarbeiders in de geïndustrialiseerde landbouwsector. Door de Belgische regering aangemoedigd door middel van gereduceerde treintarieven, werd tegen 1900 ook het wekelijks en dagelijks pendelen algemeen.[20]

Zodra er aan beide zijden van de grens een consolidering plaatsvond, werden nieuwe grensoverschrijdende bewegingen door het landschap zelf gemakkelijker gemaakt. Beide zijden van de grens doordrongen elkaar; daarbij namen beide de tussenliggende ruimte in, een gebied dat noch bij de ene noch bij de andere zijde hoorde, maar toch toegankelijk en noodzakelijk was om economische en sociale veranderingen te laten plaatsvinden. Deze spiegelruimte tussen de ene en de andere zijde werd bewoonbaar als een derde ruimte, die noch het zelf noch het andere vertegenwoordigde, maar onopgeëist was en in staat zich een platform te bieden waar latente interactie tussen vriend en vijand, mens en natuur gerealiseerd kan worden.

Niemandsland   Dit niemandsland is een gevolg van de palimpsest van de veranderlijke ruimte, stabiele ruimte en osmotische

20
Baycroft, op. cit. (noot 8).

No Man's Land   This no man's land is a result of the palimpsest of fluid space, solid space and osmotic space and yet an open-ended process waiting for new layers to be added. The three mechanisms of space-making described in this paper have guided the transformation of this border space throughout history in war and peace, into a complex landscape now evolving toward a borderless land, in which opposite sides no longer exist. In addition, the mechanisms of space-making that coexist in the border-space of Flanders Fields reveal the importance of the relationship between humans and the land, still present at the far-reaching scales by which architects are challenged today, in a context of transnationalism and globalisation. In the urbanisation processes of these territories, the landscape fulfils a crucial role formed by geographic terms such as fluctuation, stagnation and erosion. The unravelling of invisible spatial logics has revealed the exciting possibilities of a new spatiality of the inhabitable boundary, moving beyond frontier margins into the European cityscape.

ruimte en is desondanks een open proces waar nog nieuwe lagen aan toegevoegd kunnen worden. De drie ruimtemakende mechanismen die in dit artikel beschreven zijn, hebben deze grenszone door de gehele geschiedenis heen, zowel in oorlog als in vrede, gevormd tot een complex landschap dat zich nu tot een land zonder grenzen ontwikkelt, waarin tegengestelde zijden niet langer bestaan. Daarnaast tonen de ruimtemakende mechanismen die in het grensgebied van *Flanders Fields* naast elkaar bestaan het belang aan van de relatie tussen mensen en land, die nog steeds van kracht is ondanks de verstrekkende schaal waarmee architecten tegenwoordig, in een context van transnationalisme en globalisme, geconfronteerd worden. In de urbanisatieprocessen van deze gebieden speelt het landschap een cruciale rol die in geografische termen zoals fluctuatie, stagnatie en erosie is uit te drukken. Door onzichtbare ruimtelijke logica te ontrafelen, openbaren zich de stimulerende mogelijkheden van een nieuwe ruimtelijkheid van de onbewoonbare grens, die verder reikt dan het grensgebied, tot in het stadsgezicht van Europa.

Vertaling: Ulrica Yland

Niemandsland / No man's Land

Grensgebied ontwikkelt zich van veranderlijke, naar stabiele, naar osmotische ruimte. / Border space moves through Fluid, Solid and Osmotic Space.

Max Cohen de Lara & Marieke van Rooy

Culturele diversiteit als onderlegger voor stedenbouw

Een interview met Haroon Saad

Cultural Diversity as the Basis for Urbanism

An interview with Haroon Saad

<u>Max Cohen de Lara & Marieke van Rooy</u>
Uw werk in steden zoals Birmingham, Londen, Bristol, en de Amsterdamse Bijlmer richt zich vooral op sociale en economische vernieuwing van achterstandswijken. Is het juist om te zeggen dat migratiekwesties altijd een belangrijk onderdeel van uw werk zijn geweest?
Ja, dat klopt. Over het algemeen hebben migratiepatronen zich vooral in steden voltrokken. Niet alleen trokken de mensen zelf naar stedelijke gebieden – en dit sluit naadloos aan op kwesties als ruimte, stadsontwikkeling en stadsplanning – maar dit vestigingspatroon werd in hoge mate gestimuleerd door het overheidsbeleid. Er zijn altijd strategieën gevoerd om de verspreiding van migranten te reguleren. In Duitsland worden asielzoekers en vluchtelingen bijvoorbeeld volgens een spreidingsbeleid naar bepaalde vluchtelingencentra verwezen. Als een centrum vol is, worden mensen elders geplaatst. Zo'n plaatsing kan tussen de twee en zestien jaar duren: er zijn zelfs mensen die al twintig jaar in een vluchtelingenkamp wonen. Het overheidsbeleid heeft dus de vestigings- en spreidingspatronen bepaald, en wellicht zelfs de bevolkingsdichtheid in stedelijke gebieden.

Soms bestaat er een duidelijke, hoewel impliciete tendens om mensen in bepaalde wijken te plaatsen. De Amsterdamse Bijlmer is daar een goed voorbeeld van. Toen de Bijlmerflats minder aantrekkelijk werden voor mensen uit de nieuwe middenklasse die weg wilden uit het centrum van Amsterdam of zich het niet konden veroorloven om daar te wonen, kwamen ze beschikbaar voor de nieuwe migranten. Die werden er door het overheidsbeleid gewoon allemaal geplaatst. Het kwam goed uit en het werkte ook buitengewoon goed, omdat de mensen snel een huis kregen. Zo was in een mum van tijd de bevolking van de Bijlmer voor 60 tot 70 procent Surinaams en Indonesisch.

De Britse regering voerde twee jaar geleden een spreidingsbeleid voor asielzoekers en vluchtelingen in. Daardoor kregen enorme aantallen mensen die zich in Londen hadden gevestigd te horen dat de stad niet langer hun woonplaats was en dat ze naar Glasgow moesten verhuizen, of ze nu wilden of niet. Asielzoekers en vluchtelingen hadden zich in Londen geconcentreerd, dus toen het spreidingsbeleid van de overheid in werking trad was dit een van de gebieden waaruit grote aantallen mensen moesten verhuizen. Maar de mensen ter plaatse zeggen dat een groot deel van degenen die werden weggestuurd gewoon zijn teruggekomen en nu onofficieel en illegaal weer op dezelfde plekken wonen – zonder ook maar iets van de structurele ondersteuning die er eerder wel was. Dit leidt lokaal gezien weer tot extra problemen, omdat de lokale overheid verantwoordelijk blijft voor daklozen. De

<u>Max Cohen de Lara & Marieke van Rooy</u>
Your work in cities such as Birmingham, London, Bristol and the Bijlmer in Amsterdam is mainly focussed on the social and economic renewal of deprived districts. Is it fair to say that migration issues have always been an important aspect of your work?
Yes, that's correct. By and large, patterns of migration have mostly been into cities. Not only has there been migration into urban areas – and this is the whole connection with space, urban development and urban planning – but this kind of settlement has been largely driven by public policy. There have always been policies that regulate the distribution of migrants. In Germany, for instance, the dispersion policy allocates asylum seekers or refugees to specific refugee centres. Once a centre is full, people are placed in a different location. This placement can last from two to sixteen years; there are people who have been living in a refugee camp for twenty years. So public policy has regulated the patterns of settlement, dispersion, and, if you like, concentration of the urban population.

Sometimes there is a clear if not explicit trend to allocate people to certain areas. A good example is the Bijlmer in Amsterdam. When the Bijlmer flats became less attractive to the new middle classes who wanted to leave Amsterdam city centre or couldn't afford to live there, they became available to the new migrants. And public policy just allocated them all there. It was very convenient and it worked extremely well because the people were able to find a home quickly. In no time sixty to seventy percent of the Bijlmer population was Surinam or Indonesian.

The British government introduced a dispersion policy for asylum seekers and refugees two years ago. This resulted in huge numbers of people who had settled in London being told: 'London is no longer your home, you are going to Glasgow. Whether you like it or not.' London had a concentration of asylum seekers and refugees, so when the government's dispersion policy came into play, this was one of the areas that large numbers of people were moved out of. But people on the ground are saying that what actually happened is that a high proportion of those who were sent away have come back and are now living illegally in the same locations, but without any of the support structures that existed previously, giving rise to even more difficulties in terms of the situation locally, since the local authority remains responsible for the homeless. So the problems come back to haunt us in different ways. What I have heard in Islington is that thirty to forty percent of the people who were re-allocated eventually found their way back to London.

problemen blijven ons dus op uiteenlopende wijze achtervolgen. In de Londense wijk Islington werd me verteld dat 30 to 40 procent van de mensen die eerder had moeten verhuizen uiteindelijk weer in Londen opdook.

In bijna alle grote Europese steden vinden belangrijke demografische veranderingen plaats en is er sprake van een enorm verkeer van personen. Zoals u al aangaf is dit soms van bovenaf opgelegd, soms minder gereguleerd. Deze ontwikkeling heeft tot belangrijke veranderingen in het gebruik van deze steden geleid, zoals ook in de Bijlmer het geval is: veranderingen die niet waren voorzien. Hoe kunnen steden zich actief aanpassen en hun fysieke structuur zodanig herscheppen dat deze aan de behoeften van deze groepen nieuwe inwoners voldoet? Wat voor een soort beleid zouden deze steden moeten inzetten?
Dat is een heel moeilijke vraag die echter wel de kern van het probleem raakt: wat zijn de implicaties van demografische veranderingen in termen van etniciteit, identiteit en cultuur voor degenen die verantwoordelijk zijn voor de planning van onze steden?

Bepaalde veranderingen zijn reeds waarneembaar, bijvoorbeeld de ontwikkelingen die markten doormaken. De manier waarop de structuur van de Bijlmermarkt door immigratie is veranderd, is een goed voorbeeld.

Nederlanders hebben altijd verschillende soorten gespecialiseerde markten gehouden. De markten van de Belgen zijn soortgelijk: het is bijna karakteristiek Noord-Europees te noemen. Het is interessant om te zien hoe een marktplaats plotseling verandert doordat migranten er nieuwe en verschillende goederen verhandelen, waardoor het scala aan keuzes op de markt toeneemt, wat weer meer mensen trekt en meer concurrentie creëert. Tegelijkertijd wordt het een marktplaats met een heel ander karakter. Het is niet langer een plek waar je je buren ontmoet, want de mensen die je tegenkomt zijn waarschijnlijk je buren niet. Ik herinner me nog heel goed dat toen ik in de Bijlmer woonde, sommige van de traditionelere Nederlandse standhouders in drie jaar tijd letterlijk van de Bijlmermarkt verdwenen. Voor hen was het niet langer een plek waar ze zaken wilden doen omdat ze niet langer een band hadden met de klanten. De onderlinge verhoudingen op de markten bleek een zaak van gewicht: het gaat er niet alleen om de aankoop van goederen, maar om veel meer dan dat.

Dit kan alleen tot stadsplanners doordringen als er in de steden begrip komt voor de maatschappelijke behoeften van groepen nieuwkomers. Zover zijn we volgens mij nog lang niet. Een van de uitdagingen momenteel is dan ook hoe stedenbouw kan overleven als onderdeel van wereldwijde planningsproces-

Significant demographic changes are taking place in almost all large European cities, and there is an enormous movement of people. As you said, this is sometimes controlled top-down; sometimes it is less controlled. This development has led to important changes in the use of these cities, as in the Bijlmer – changes that were not anticipated. How can cities actively adapt and transform their physical structures to the needs of these new groups of people? What kind of policies should these cities adopt?
That is a very difficult question, but it is the core of the problem: what are the implications of demographic change in terms of ethnicity, identity and culture for those who are responsible for planning our cities?

There are certain forms of expression that can already be identified, such as the growth of markets. A good example is the way in which the market structure in the Bijlmer has changed through immigration. The Dutch have always had markets in different kinds of contexts. The Belgians have the same kind of markets; you can see this almost as a Northern European feature. It is interesting to see how suddenly the same space has changed due to the migrants who operate in the market place with new and different goods, which meant that the range of choice in the market was increased, thus attracting more people

and creating more competition. At the same time, it became a market place that no longer had the same style. It was no longer simply a place where one met ones neighbours, because chances are that they weren't your neighbours. So this whole interrelationship starts to change. I remember very well that, when I lived in the Bijlmer, some of the more traditional Dutch shop keepers literally disappeared from the Bijlmer market over a period of three years. They no longer saw it as a place where they wanted to do trade because they no longer had a connection with the customers. One of the key issues was the interrelationship that markets are about; it's not just the purchasing of a product, it's more than that.

Urban planning can only pick this up if cities begin to understand the needs of the social groups that are coming in. In my view, that's a long way off at this stage. So one of the challenges for urban planning right now is: can it survive as a part of a global planning process? I think it can, because ultimately living in large urban environments requires some kind of structural planning. There is a need for that kind of level but, having said that, I think there is increasingly a need to recognise that urban planning needs to be better informed about the ways in which people connect. Local authorities have made huge advances in the past twenty years, but I've yet to hear anyone

sen. Ik denk dat het mogelijk is omdat het wonen in een grote stedelijke omgeving tenslotte enige vorm van structurele planning vereist. Er is behoefte aan planning op dat niveau, maar dat neemt niet weg dat het volgens mij steeds noodzakelijker wordt te erkennen dat stadsplanners beter geïnformeerd dienen te zijn omtrent de manier waarop mensen relaties vormen. In de afgelopen twintig jaar hebben lokale overheden enorme vooruitgang geboekt, maar het probleem is nog verre van opgelost. Iedereen worstelt er mee. Zodra je over identiteit, etniciteit en ruimte begint, gaan heel het normen-en-waardendebat en het debat over nationale identiteit meetellen. Het gaat dus niet alleen om een technische oplossing.

U lijkt niet graag over 'immigranten', 'autochtonen' en 'etniciteit' te spreken. In plaats daarvan spreekt u liever over 'burgerschap'. Kunt u dit verschil toelichten?
Dat is een van de grootste uitdagingen waar we voor staan: het ontwikkelen van het stedelijk beleid tot een flexibel en verfijnd heterogeen concept. Op dit moment draait de diversiteit uit op een vorm van wat ik 'silodenken' noem: je hebt een minderhedenbeleid voor vrouwen, een minderhedenbeleid voor gehandicapten, een minderhedenbeleid voor etnische groepen, enzovoort. Wat er aan ont-

breekt is een kader of model dat niet uitgaat van de categorie waartoe mensen behoren, maar dat uitgaat van hun feitelijke behoeften en rechten als burger. Zo'n aanpak is er nog niet. De huidige aanpak neigt ertoe zich te laten leiden door institutionele stereotypen, en die weerspiegelen vaak de vooroordelen van de massa.

Culturele diversiteit wordt nog steeds eerder als een probleem dan als een uitdaging gezien ….
Absoluut – als beleidsmakers uitgaan van de gedachte dat het verschijnsel een probleem is dan wil dat zeggen dat ze het als negatief zullen ervaren. Dat alleen al beperkt hun aanpak. Maar die manier van denken wordt door de economie nu onder druk gezet. De grote Europese steden hebben namelijk arbeidskrachten nodig, en aan die behoefte kan niet worden voldaan door eenvoudigweg meer baby's te maken. De Europese Commissie heeft voorspeld dat er in de periode tussen 2010 en 2030 behoefte is aan twintig miljoen extra arbeidskrachten. Zelfs volgens een conservatieve schatting wil dat zeggen dat Europa nog tien miljoen arbeidskrachten nodig heeft. De huidige arbeidsmarkt kan aan die behoefte niet voldoen. We bevinden ons dus in een situatie waarin we minstens tien miljoen migranten richting Europa kunnen verwachten. Het

---

tell me that they've cracked the problem. They haven't, they are all struggling with the problem. As soon as you begin to talk about identity, ethnicity and space, the whole debate on norms and values, and the debate on national identity come into the equation. So it's not only a technical solution.

You seem to object to talking in terms of immigrant, non-immigrant and ethnicity. Instead, you would rather talk in terms of citizenship. Could you comment on this distinction?
One of the biggest challenges that we face is how to develop urban policy into a flexible and sophisticated concept of heterogeneity. Diversity right now operates in a form of what I call 'silo thinking': you end up having a diversity policy for women, a diversity policy for the disabled, a diversity policy for ethnic groups, and so on. What we still lack is a framework or model that starts not from the category people fall into, but from what their actual needs and rights are as a citizen. We don't have that approach yet. What we do have is an approach that tends to be driven by institutional stereotypes. And sometimes those institutional stereotypes end up reflecting majority prejudices as well.

Cultural diversity is still seen more as a problem than as an opportunity.
Absolutely. When policy makers operate with a mind set in which the phenomenon is a problem, that means that they will have a negative idea about it. That in itself implies a limitation in the way it is approached. But that mind set will be challenged economically. Major European cities need labour. That need cannot be met by simply producing more babies. The European Commission has predicted that there will be a need for twenty million additional workers in the period from 2010 to 2030. Even a conservative estimate would mean Europe needs another ten million workers. Those needs cannot be met by the current labour market. So we have a situation in which we can expect at least ten million migrants entering Europe. There is a myth that migration should be about high level skills and high level jobs. Yes, there will be that level, but the reality is that there will be lots of jobs for low-skilled workers. You can see that in any big city: who are the people who wait on you, the ones who clean your hotel room, who clean public buildings? The reality is that that the need for low-skilled labour will increase. So both kinds of migration will continue and therefore the mind set has to change. Because if you want to attract migrants, particularly highly qualified migrants, you cannot treat them as a problem. They are

verhaal gaat dat migranten vooral moeten voorzien in banen en vaardigheden op hoog niveau. Natuurlijk is dat niveau nodig, maar de werkelijkheid is dat er veel banen zullen zijn voor laag opgeleide werknemers. Je ziet het in elke grote stad: wie bedient je, wie maakt je hotelkamer schoon, wie maakt de openbare gebouwen schoon? In feite zal de behoefte aan laaggeschoolde arbeidskrachten toenemen. Beide soorten migratie zullen dus blijven voorkomen en daarom moeten we op een andere manier gaan nadenken. Want als we migranten willen aantrekken, in het bijzonder hooggeschoolde migranten, dan moeten we bedenken dat die er niet happig op zullen zijn om naar Europa te komen als ze het gevoel hebben dat ze hier als een probleem worden bejegend.

Dit brengt ons bij het probleem van de representatie. Deze mensen moeten het gevoel hebben dat ze op de een of andere manier vertegenwoordigd zullen worden, niet alleen in de politiek maar ook in hun stedelijke omgeving, zodat ze zich letterlijk een plaats kunnen verwerven binnen het stedelijke milieu. Welke manieren zijn er om deze nieuwkomers in de stad te vertegenwoordigen, in plaats van hun gewoon te vertellen zich aan de stad – zoals die nu is – aan te passen?
Er wordt momenteel hard gewerkt aan een aantal onderzoeksprojecten op Europees

niveau die worden gefinancierd door stedelijke programma's voor onderzoek naar dit onderwerp in brede zin. Het gaat er dan om wat voor bestuursvormen we nodig hebben als we de kwestie werkelijk willen gaan aanpakken. Voor mij is het cruciale punt dat er tot op heden veel te veel vertrouwen is gesteld in een model dat – bewust of onbewust – gebaseerd is op een koloniale zienswijze. Bestuur naar koloniaal model is: uitzoeken wie de plaatselijke gemeenschapsleiders zijn, met hen spreken en hen laten zorgen dat alle anderen ingelicht worden. Volgens dit model gaat men in talloze steden in heel Europa te werk, er wordt dus aangenomen dat elke etnische groep dergelijke leiders heeft. Maar in werkelijkheid zijn migranten in de grote steden aan hun derde of vierde generatie toe en dat hele idee van zogenaamde gemeenschapsleiders is gewoon onzin. Het is een koloniaal overblijfsel dat beleidsmakers goed van pas kwam, omdat ze konden zeggen: 'Ja hoor, we hebben met de gemeenschapsleiders gesproken.' Maar in de praktijk werkt het niet. Vertegenwoordiging brengt enorme problemen met zich mee omdat er onder etnische minderheden zulke grote verschillen zijn. Als we denken dat iemand, omdat hij of zij toevallig Pakistaans is, ook recht heeft op een Pakistanenvertegenwoordiger, dan zou dat verkeerd zijn. We moeten ervoor zorgen dat we een bestuursmodel gebruiken dat ervoor

122

not going to be eager to come to Europe if they feel that they will somehow be treated as a problem here.

This brings us to the issue of representation. These people need to feel that they will somehow be represented not just politically, but also in their urban environment so that they can quite literally find a place within the urban environment. What kind of ways can be used for representing these new groups of people within the cities? Instead of just telling them to adapt to the city as it is now.
There is quite a lot of work going on, in particular a number of research projects at a European level funded by urban programmes that are exploring this whole issue. What we are talking about is what forms of governance we need if we really want to start addressing the issue. For me the crucial thing is that up till now there has been far too much reliance on a model that is – unconsciously or consciously – based on colonial thinking. The colonial model of administration was that you found the leaders in the local population and spoke to them, and they made sure that everyone else was informed. The same model is operating in numerous cities across Europe where the assumption is that each ethnic group has these leaders. But the reality is that migration in large cities is now in its third or fourth generation and the whole idea of

so-called community leaders is just nonsense. It's a colonial leftover that is convenient for policy makers, because it meant that they can say: 'Yes, we have spoken to the community leaders.' But in reality it's not working. Representation causes huge problems because there are such differences between ethnic minorities. If we end up thinking that, because I happen to be Pakistani I represent all Pakistani, that would be erroneous. We need to make sure that we use a model that allows people to feel that they have a stake in the issues and that their involvement results in some kind of response. And that's what is missing.

Getting rid of these institutional stereotypes means that a much more nuanced approach is needed. But on the other hand there might be people who do not share such a nuanced view. How can we deal with this?
What you're describing is this whole issue of cultural distance. The more culturally distant a group is from what is seen as the national identity or norm – whatever you want to call it – the greater the likelihood that George and Josephine on the street will say: they are foreigners. That's the vicious circle. When people see a certain place as their home, it is their space, their identity is being forged through the relationships and connections they create there. If they are still seen as a foreigner, then obviously

zorgt dat mensen het gevoel hebben dat ze betrokken worden bij de problemen, en dat die betrokkenheid resulteert in een bepaald antwoord. Daar ontbreekt het aan.

Als we ons willen ontdoen van deze institutionele stereotypen wil dat zeggen dat we een zeer genuanceerde aanpak nodig hebben, terwijl er anderzijds mensen zijn die zo'n genuanceerde opvatting afwijzen. Hoe moeten we hier mee omgaan?
Wat je beschrijft is die hele kwestie van de culturele afstand. Hoe groter de culturele afstand tussen een groep en hetgeen als nationale identiteit of norm geldt, hoe groter de kans dat de man of vrouw in de straat zal zeggen: 'Dat zijn buitenlanders!' Dat is de vicieuze cirkel. Wanneer mensen een bepaalde plek als hun thuis zien, dan is dat hun ruimte: hun identiteit wordt gevormd door de relaties en betrekkingen die ze daar aangaan. Als ze altijd als buitenlander worden gezien, dan creëert dat uiteraard zogenaamde 'gedifferentieerde identiteiten'. Mensen zeggen: 'Ik ben een Nederlander maar ik kom uit Marokko ... ', of: 'Ik ben een soort van Pakistaanse Fransman, of een Franse Pakistaan ... '; hoe ze zichzelf ook willen definiëren. Daarmee is niet gezegd dat een hogelijk gedifferentieerde identiteit per definitie slecht is, maar het kan problemen opleveren wanneer je er het gevoel door krijgt dat je er

niet echt bij hoort, ook al woon je daar. Je krijgt het gevoel dat je als vreemdeling wordt behandeld in je eigen achtertuin. Dat is het werkelijke probleem waar mensen tegen aanlopen. Ik denk dat er binnen de stadsplanning een rol is weggelegd voor cultuur om dit proces in goede banen te leiden.

Hierover is zojuist een programma gestart voor de noordwestelijke regio van Europa. We zijn plannen aan het ontwikkelen die het belang van cultuur als ondersteuning van diversiteit benadrukken en die economische en stedelijke vernieuwing bevorderen. We bekijken het positieve effect dat cultuur op de economische ontwikkeling van een bepaald gebied kan hebben, zodat steden gerevitaliseerd worden en nieuwe energie krijgen. Neem bijvoorbeeld het toerisme. Sommige Europese steden hebben op dit terrein succes geboekt. Een goed voorbeeld van een stad die de kwestie van de culturele diversiteit ter hand heeft genomen is Sevilla. Sevilla heeft de ontwikkeling van ondernemerschap en kleine ondernemingen in cultureel diverse wijken in hoge mate gestimuleerd. Hierdoor trokken die wijken namelijk toeristen, wat er weer toe leidde dat Spanjaarden er gingen investeren. Zo veranderden deze wijken, die niet zoals andere Europese steden bloot stonden aan etnische spreiding, in leuke nieuwe toeristische trekpleisters met een cultureel diverse

that creates so-called differentiated identities. People say: 'I'm Dutch, but I'm from Morocco.' Or: 'I'm a sort of a Pakistani Frenchman, or French Pakistani ... ' – however you want to define yourself. That's not to say that a highly differentiated identity is necessarily bad, but it can create problems because it gives you the sense that somehow you don't belong, even though you live here. It's the sense of being treated as a foreigner in your own backyard. That's the real problem, if you bring it down to the street level. I do think that the role that culture can play in facilitating this process through urban planning is fundamental.

This is one of the projects we have just started for the north-western region in Europe. We are developing plans that emphasise the role of culture in facilitating diversity and promoting economic and urban regeneration. We are looking at the positive effect that culture can have in terms of economic development in a certain area to encourage the revitalisation or re-energising of cities. For example, take the issue of tourism. Some cities in Europe have addressed the issue of tourism successfully. Seville is a good example of a city that has taken up the issue of cultural diversity. Seville has done extremely well in terms of facilitating the growth of entrepreneurship and small businesses in culturally diverse districts, which then resulted in tourists visiting those districts,

which in turn led to Spaniards investing there, so that these areas became nice upcoming tourist districts, but with a social composition that is culturally diverse, districts that have not been subjected to ethnic distribution as in other European cities.

At the moment, the urban policy of demolishing large sections of real estate in areas with social problems seems to be ineffective.
Yes, demolition is seen as an effective way of redesigning areas that can no longer be managed effectively: unmanageable in terms of insecurity, not getting enough tenants to live there, people not paying their rent, too much poverty. The solution is to demolish the area. But experience from other parts of Europe has shown that it displaces the problem. Because the people who are moved out are the ones who are the most marginalised. They end up in areas where there are no provisions and no expectations of what they need. Therefore you create another spiral of negativity there. More fundamentally, this implies a built-in model of social engineering: the fundamental idea of large scale demolition is that if you change the nature of housing, you can change the nature of the social economic groups that come and live in your area. The Bijlmer is ten years down the road now in terms of a large scale process and – yes – in terms of the property market it

maatschappelijke samenstelling.

Op het ogenblik lijkt het stedelijk beleid om in probleemwijken grote hoeveelheden onroerend goed te slopen ondoeltreffend.
Ja, sloop wordt gezien als een efficiënte manier om gebieden die niet echt bestuurbaar meer zijn opnieuw vorm te geven: het bestuur wordt daar bemoeilijkt door onveiligheid, onvermogen om voldoende huurders te vinden die er willen wonen, mensen die de huur niet betalen, te veel armoede. De oplossing is dan om een wijk te slopen. Maar uit ervaringen elders in Europa blijkt dat het probleem daardoor verplaatst wordt, want de mensen die daar weg moeten, behoren tot de meest gemarginaliseerde groep. Ze belanden op plekken zonder voorzieningen en zonder zicht op hulp. Zodoende creëer je daar opnieuw een negatieve spiraal. Maar wat nog belangrijker is, is het feit dat het een vorm van 'social engineering' impliceert: het idee achter grootschalige sloop is dat als je de aard van de woonruimte verandert, je de aard van de sociaal-economisch groepen die in een gebied komen wonen kunt veranderen.

Als grootschalig vernieuwingsproject bestaat de Bijlmer nu tien jaar en ja, op de huizenmarkt is de Bijlmer een groot succes. Huizen die op de markt komen, worden moeiteloos verkocht. Van de huizen die binnen afzienbare tijd gebouwd gaan worden is al 45 tot 50 procent verkocht, als je de projectontwikkelaars moet geloven. Er zijn dus geen problemen. Maar een deel van de mensen die zich in de Bijlmerhuizenmarkt hebben ingekocht, werkt en leeft daar echter niet. Hoewel ze er een huis hebben, zijn ze naar buiten gericht, niet op de Bijlmer. Hun kinderen gaan niet naar plaatselijke scholen, hun banen zijn niet in de buurt, hun sociale netwerk heeft niets te maken met de plaatselijke bewoners. Er is geen sprake van plaatsgebonden betrekkingen of betrokkenheid. Tegelijkertijd zie je dat de leefwereld van de meer stabielere modale gezinnen in de Bijlmer wordt veranderd door de ontwikkelingen om hen heen en ze kunnen zich nu veroorloven om hun huis te verkopen en te verhuizen, omdat ze al heel lang geleden naar de Bijlmer zijn gekomen. De situatie in de Bijlmer leidt momenteel dus niet tot de beoogde resultaten. Daarnaast klagen projectontwikkelaars dat er nog steeds maatschappelijke problemen zijn, die een negatieve spiraal veroorzaken. Met name woningbouwverenigingen hebben geïnvesteerd in een mix van koopappartementen en sociale woningbouw. Maar de eigenaren van koopappartementen bezorgen de woningbouwverenigingen weer veel problemen met hun klachten.

Vertaling: InOtherWords, Maria van Tol

has been very successful. Houses that come on the market are sold easily. Already forty-five to fifty percent of the houses that are going to be built in the near future – if you believe the property developers – have been sold. So there is no problem there. But some people who bought into the Bijlmer property market don't work or live there. Although they have a house there, they are directed outwards, not towards the Bijlmer. Their children do not go to local schools, their jobs are not local, their social networks have nothing to do with the locals. They don't actually deal and engage with the local area. At the same time you see an increase of more mature middle class families in the Bijlmer. For these families, the developments around them are somehow changing their space, and they are now in a position to sell and move on because they came to the Bijlmer many years ago. So right now the situation in the Bijlmer is not achieving the sort of results it was designed to achieve. On top of that, developers are complaining that the social problems are still there, creating a negative spiral. Housing associations in particular have invested in a mixture of owner-occupied apartments and social housing. But owner-occupiers who bought in are now creating many problems for the housing associations because of the complaints they are making.

Oscar van den Boogaard

Het huis aan de oppervlakte van de stad
The House on the Surface of the City

Uren staren we in de lucht, luisterend naar het geluid van de vliegtuig-
motoren, wolken onder de vleugels, daarboven ijle lucht, nog hoger
gewichtloze duisternis, nevelslierten, de zon lijkt in de diepte onder te
gaan, een tunnel vol geruis, stemmen op de achtergrond, we vergeten
dat we vliegen, de voeten op de bodem, we leven in het heden, een
vliegtuigje in de diepte, zwevend in dezelfde gewichtloosheid, we
zijn open en alert, niets is ooit verdwenen, misschien zijn er mensen of
dingen zoek geraakt maar niets is ooit verdwenen, we moeten een be-
weeglijkheid ontwikkelen om de dingen aan te raken, dwars door pixels
en ether, dwars door de tijd, een stad strekt zich onder ons uit, honderd-
duizenden lichtjes, een glanzend tapijt, daarbinnen een veelvoud aan
mogelijkheden, ontmoetingen, weerkaatsingen, je denkt ergens tussen al
die lichtjes …

voorlopigheid
maar geen behoefte aan vastigheid

Laat in de avond loop ik over straat, de handen in mijn zakken, ik
versnel mijn pas, de mensen vullen de stad, de stad vult de mensen, ik
steek de straat over, de geur van een jongen die voor me loopt, twee
giechelende vrouwen, de dagen rollen voort, ik ben zeventien, vijfenze-
ventig, vijfendertig, vierentwintig, ik wil de dingen zijn die ik zie, ieder
gezicht en plaats mijn naam geven, ik steek de straat over, sla linksaf, ik
ga naar binnen, het opzwepende ritme, een weemoedige stem, ik trek
mijn trui uit, worstel me door de mensen naar voren, en daar een jonge
vrouw achter haar microfoon, haar magere lijfje, de jongen achter zijn

126

We stare at the sky for hours, listening to the sound of the plane's en-
gines, beneath the wings the clouds, above that thin air, even higher
the weightless darkness, wisps of mist, the sun seems to go down in the
depths, a tunnel full of noise, voices in the background, we forget we're
flying, our feet on the ground, we live in the present, a tiny airplane down
in the deep, floating in the same weightlessness, we're open and alert,
nothing ever disappears, people or things may get lost sometimes but
nothing ever disappears, we have to become mobile enough to touch
things, straight through the pixels and airwaves, straight through time,
a city stretches out below, hundreds of thousands of lights, a gleaming
carpet, within it a multitude of possibilities, encounters, reverberations,
you think that somewhere amid all those lights …

temporality
and no need for permanence

Later in the evening I walk the streets, hands in my pockets, I pick up the
pace, the city is filled with people, the people are full of the city, I cross
the street, the smell of a young man walking in front of me, two giggling
women, the days roll on, I'm seventeen, seventy-five, thirty-five, twenty-
four, I want to be the things I see, give every face and place my name, I
cross the street, turn left, go inside, the pounding rhythm, a melancholy
voice, I take off my sweater, worm my way through the crowd to the front,
and there a young woman at the microphone, her skinny body, the boy at
the keyboards, the friction between beat and sorrow, longing and lack,
my lips move with the lyrics, I walk the city late at night, does everyone

keyboards, de frictie tussen beat en droefheid, verlangen en gemis, mijn lippen bewegen mee, *I walk the city late at night, does everyone here do the same, I want to be the things I see, give every face and place my name, I cross the street, take a right, pick up the pace, pass a fight, did I grow up just to stay home, I'm not immune, I love this tune, I wanna love more*

I just
wanna love more

De opening van Takashi Murakami in Rockefeller Center in New York. We dansen op de Lower Plaza aan de voet van Tangari-Kun, ofwel Mr. Pointy, de zeven meter hoge reus met zijn lieve punthoofd en tientallen tentakels, omringd door zijn vier smetteloze wachters met lachende bloemen in hun hand, in een veld van vrolijke paddestoelen in heldere kleuren, Murakami's oogbolvlaggen wapperen, boven ons hangen twee gigantische 'eyeball balloons', gelukzalige testikels lijken het, waarboven het 'Equitable Life Building' extatisch oprijst.

CUTENESS. Een woord waar ik van houd. CUTE. Hoe vertaal je dat? Mooi, knap, schattig. Misschien ook lief. Ik heb het over de wereld zoals ik haar graag zie. Aan mijn liefde voor poppetjes geef ik nauwelijks meer toe. Het laatste poppetje dat ik voor mijzelf mee naar huis nam was een piraatje dat ik in de winter in Berlijn vond en dat ik op de rug heb gezet van het paardje dat ik deze zomer bij de paardenraces in Rio de Janeiro kocht, en dat ik Lord Marcus heb genoemd, naar het paard dat

here do the same, I want to be the things I see, give every face and place my name, I cross the street, take a right, pick up the pace, pass a fight, did I grow up just to stay home, I'm not immune, I love this tune, I wanna love more

I just
wanna love more

Takashi Murakami's opening at Rockefeller Center in New York. We dance on the Lower Plaza, at the foot of Tangari-Kun, otherwise known as 'Mr. Pointy', the twenty-five foot giant with his cute pointy head and dozens of tentacles, surrounded by his four immaculate guards with laughing flowers in their hands, amid a field of cheerful, bright-coloured mushrooms, Murakami's eyeball flags are flapping, above us hang two gigantic 'eyeball balloons', looking like beatific testicles with the Equitable Life Building rising up ecstatically behind.

CUTENESS. A word I like a lot. CUTE. I'm talking about the world the way I like to see it. These days I barely give in to my love of dolls. The last doll I took home for myself was a little pirate I found in Berlin last winter, and which I placed on the back of the little horse I bought last summer at the races in Rio, who I've named Lord Marcus, after the horse that won the races, a pretty beige horse with a head that nods benevolently. The jockeys I saw parading by on horseback before the races, slender little men wearing helmets like acorn caps, were exceedingly cute. I still buy dolls all the time for my friends' children, as well as for the children

de races won, een mooi beige paard met een kop die goedhartig knikt.
De jockeys die ik voor de races op hun paarden voorbij zag paraderen,
tengere mannetjes met helmpjes als eikeldopjes waren enorm cute. Ik
koop wel regelmatig poppetjes voor de kinderen van mijn vrienden en
ook de kinderen van mensen die niet eens mijn vrienden zijn en – het is
niet bescheiden wat ik zeg – vaak worden de poppetjes die ik geef aan
de kinderen hun lievelingspoppetjes. Ik heb een goed gevoel voor poppetjes. Het is een kwestie van herkennen. Het juiste poppetje. Vroeger
beschouwde ik me zelf ook als een poppetje, dat een speelgoedleven
leidde, maar dat kan ik niet volhouden, ik ben nooit een poppetje geweest, daar ben ik niet lichtzinnig en onschuldig genoeg voor, ik ben
een volwassen man, maar terwijl ik dit schrijf weet ik niet eens wat dat
betekent, een volwassen man.

Voor een kind bestaat de wereld uit zijn huis, dan verwijden de grenzen
zich tot de tuin, de straat, later tot de weg naar school, de stad, het hele
land. De wereld van een volwassene, zijn ruimte, wordt bepaald door
zijn verlangen de wereld te begrijpen. Ik kan mij niet afsluiten. Mijn verlangen is onbegrensd. Op aanraden van een vriendin stel ik me een berg
voor in mijn hoofd en klim naar de top. Ik kijk uit over een stukje van de
wereld. Het is vredig en overzichtelijk. Ik moet dit beeld vasthouden.

Boven het zwembad, de daken van de appartementen, de toppen van de
palmbomen, de berg, een kronkelig zandpaadje, daarboven de zon, ik
klauter omhoog, ik verhef me boven de huizenblokken, de reclame-bor-
den, de wegen, de stad verandert in een plattegrond, links het Hollywood Sign en het Griffith Park Observatory, daarachter de bergen, de

of people who aren't even my friends, and – what I'm going to say
now sounds a bit less than modest – the dolls I give those children often
become their favorites. I have a good feeling for dolls. It's a matter of
recognition. The right doll. I used to see myself as a doll as well, a doll
leading a toy life, but I can't keep that up, I've never been a doll, I'm not
lighthearted and innocent enough for that, I'm a grown man, but even as
I write those words I don't know what that means, a grown man.

A child's world consists of its house, then its borders expand to include
the garden, the street, later on the way to school, the town, the entire
country. A grownup's world, his space, is determined by his desire to understand the world. I can't close myself off. My longing knows no bounds.
Following a girlfriend's advice, I imagine a mountain in my mind and
climb to the summit. I look out over part of the world. It's peaceful and
well-ordered. I need to hold onto this image.

Above the swimming pool, the roofs of the apartment buildings, the tops
of the palm trees, the mountain, a winding, sandy path, the sun above,
I scramble upwards, I raise myself up above the blocks of houses, the
billboards, the roads, the city becomes a map, the Hollywood sign and
Griffith Park Observatory to the left, and behind that the mountains,
the snow, straight ahead of me the skyscrapers of downtown, to the
right, back of Century City, the vague line where the oceans begins, the
dividing line between heaven and earth, I hear the sniffing of dogs, the
panting of joggers.

I'm reminded of the American who stayed at my place in Brussels a few

sneeuw, recht voor mij de wolkenkrabbers van Downtown, rechts, achter Century City, de ijle rand van de oceaan, de scheiding tussen aarde en hemel, ik hoor gesnuffel van honden, gehijg van joggers.

Ik denk aan de Amerikaan die een paar jaar geleden bij mij in Brussel logeerde. Ik nam hem voor een dag mee naar Knokke. 's Avonds voor het slapen gaan zei hij: 'I never knew Brussels had a seaside.' Ik moet in andere modellen gaan denken. België zien als een grote stad. Knokke ligt daar bij Santa Monica. En Antwerpen hier in de Hollywood Hills en achter mij in The Valley ligt Brussel. Over de Boomse Steenweg is België helemaal Los Angeles, zeker op zo'n mooie dag als vandaag. Lichtborden, winkelparadijzen en stoplichten. Ik mis alleen een Starbucks. Ja, bij Boom zou zeker een Starbucks moeten komen. Een tussenstop voor een *caffé latte* met een *blueberry muffin*.

Mijn eerste stad strekte zich uit over de grote tafel op zolder. Mijn grootvader had haar in zijn jeugdjaren rond de eeuwwisseling gebouwd. In het midden stond het Centraal Station. Een sierlijk gebouw met ramen van glas en deuren met koperen klinken. Op het perron hing een bord 'Plaatskaarten gereed houden!' De ijzeren spoorlijn doorkruiste en omsingelde de stad. Langs het spoor stonden de huizen, hotels, een watertoren, een kerk en een school.

Mijn vader voegde er in de jaren dertig een dierentuin en een pakhuis aan toe. En een hijskraan van meccano. Ik moderniseerde de stad in mijn jeugd met nieuwbouw van lego. Naast de oude ijzeren spoorrails legde ik een nieuwe spoorlijn aan voor treinen die niet opgewonden hoefden te

years ago. I took him to Knokke for the day. That night, before going to bed, he said to me: 'I never knew Brussels had a seaside.' I need to start thinking in different models. To see Belgium as one big city. Knokke is over there by Santa Monica. And Antwerp is here in the Hollywood Hills, and Brussels is behind me, in the Valley. Going down the Boomse Steenweg, Belgium might as well be Los Angeles, especially on a lovely day like today. Neon signs, shoppers' heavens and streetlights. The only thing I miss is a Starbuck's. Yes, they should definitely put a Starbuck's out at Boom. A place to pull over for a caffé latte and a blueberry muffin.

My first city was spread out over the big table in the attic. My grandfather built it when he was young, around the turn of the century. In the middle you had the Central Station. An elegant building with real glass windows and doors with copper handles. There was a little sign on the platform that read 'Keep your tickets handy!' The iron tracks ran through and around the city. Along the tracks were the houses, hotels, a water tower, a church and a school. In the 1930s, my father added a zoo and a warehouse. And a crane made with an Erector Set. In my younger years I modernized the city with new housing complexes made from Lego blocks. Beside the old iron tracks I laid a new railroad for trains you didn't have to wind up, but that ran on batteries. My city was a modern city with a historic center.
As a child I was especially interested in the city's engineering, in the public spaces, the possibilities for transport. I designed streets, boulevards, roundabouts and parking spots for my Matchbox cars. I thought up a route for the three generations of toy people – tin, rubber and plastic – to follow. At the table's edge I built a harbor complex and an airport. I

worden maar reden op batterijen. Mijn stad was een moderne stad met een historisch centrum.
Ik was als kind vooral geïnteresseerd in de techniek van de stad, in de openbare ruimten, in de transportmogelijkheden. Ik ontwierp straten, boulevards, rotondes en parkeervakken voor mijn Matchbox-autootjes. Ik bedacht een parcours voor de drie generaties poppetjes van tin, rubber en plastic. Aan de rand van de tafel legde ik een havencomplex en een luchthaven aan. Ik richtte zelfs een raketbasis in.
Soms had ik genoeg van de openbaarheid van de stad en had ik zin in de privé-wereld van het poppenhuis, en als me dat niet privé genoeg was, ging ik over tot het aan- en uitkleden van Barbie, Ken, en Skipper. Het dorp waarin ik opgroeide, de weilanden, de bossen, de koeien en paarden interesseerden me niet.

Mijn grootmoeder nam me mee naar de echte stad. We kwamen aan met de trein op het Centraal Station. Via een grote boulevard waar we ijsjes aten, liepen we hand in hand naar de rondvaartboten. We voeren door de grachten en het havengebied. Het was alsof ik zelf verkleind was tot het formaat van een poppetje en nu door mijn eigen speelgoedwereld voer.
Ik denk dat ik op mijn eerste bezoek aan de stad niet de bewoners heb bekeken, wel de gebouwen, de auto's, de etalages. Het is een onthutsende vaststelling: de enige gezichten die me interesseerden, waren die van de wassen beelden van Madame Tussaud, want die leken net echt.

Ik keek naar poppen voordat ik naar mensen keek. Ik begon pas andere mensen te observeren toen ik naar mijzelf had leren kijken. Daarna heb

even put in a rocket-launching pad. Sometimes I would tire of the city's public nature, and I'd long for the private world of the dollhouse, and if that wasn't private enough, I would set about dressing and undressing Barbie, Ken and Skipper.
The village I grew up in, the pastures, the woods, the cows and horses, didn't interest me.

My grandmother took me to the real city. Our train pulled in to Central Station. We walked down a broad boulevard where we bought ice cream, then went on hand-in-hand, all the way to the tour boats.
Our boat took us through the canals and down to the harbor front. It felt as though I myself had been reduced to the size of a little doll, as though I were now sailing through my own toy world. During my first visit to the city, I believe, I didn't look at the people who lived there, only at the buildings, the cars, the shop windows. It is a strange thing to have to admit: the only faces that interested me were the one on the wax figures at Madame Tussaud's, because they looked like real life.

I looked at dolls before I started looking at people. I only began observing others once I had learned to look at myself. After that I could never again see a city without looking at its inhabitants. That time with my grandmother was, perhaps, the last.
I still try it sometimes, to look at the city an sich, nothing but the buildings, the squares, the streets . . . but that look in the eye of that one passer-by can suddenly shut out the whole town.

There was a long period when I felt that the love stories were the most

ik nooit meer een stad kunnen zien zonder naar haar bewoners te kijken.
Die keer met mijn grootmoeder was misschien de laatste keer.
Ik probeer het wel eens, de stad an sich te bekijken, alleen de gebouwen,
de pleinen, de straten … maar die blik in dat ene gezicht van die ene
voorbijganger kan in één klap de hele stad uitschakelen.

Van de vele kleine geschiedenissen die de stad vertelt, vond ik lange tijd
de liefdesgeschiedenissen het belangrijkste. Ze werden beheerst door
een onbegrijpelijke kracht. Je kon het toeval noemen of noodzaak. Soms
heette het toeval noodlot, maar het noodlot aanvaardde ik moeiteloos
omdat een nieuw toeval het weer kon uitschakelen.
De stad werd de stad van de gezichten en de gezichten openden de weg
tot de lichamen, ik wilde ze allemaal leren kennen.

Ik heb eindeloos met lego gespeeld, ik bouwde huisjes van transparante
steentjes, met een plat dak. Mijn vriend en ik wonen nu in zo'n huis in de
lucht aan de oppervlakte van de stad Antwerpen. Het is een bungalow in
de lucht. Soms verbeeld ik me dat we poppetjes zijn. Dan zijn we *cute* en
onverwoestbaar en kunnen we alles wat we willen.
Ik hou van popmuziek.
Van electropop.
Van popart.
Van neopop.
En ik hou van de Poppys.
Poppetjes zijn onvermoeibaar.
Ze kunnen vliegen en springen.
En ze kunnen echt kijken.

important among the many little stories the city tells. They were filled with
unimaginable power. You could call it coincidence, or you might call it
fate. Coincidence was sometimes called fate, but I accepted fate without
hesitation, because a new coincidence could always come along and
obliterate it.
The city became the city of the faces, and the faces opened the way to the
bodies, I wanted to get to know them all.

I played with Lego all the time, I built little houses of transparent bricks,
with a flat roof. My friend and I now live in just such a house in the air, on
the surface of Antwerp. It's a bungalow in the sky. Sometimes I imagine
that we're dolls. Then we're cute and indestructible and we can do what-
ever we please.
Dolls are tireless.
They can fly and jump.
And they can really look.
Because people always look at things with their own story.
And dolls don't have their own story.
Sometimes Steven and I look like dolls.
Cute. Nice 'n' shiny.
We go downstairs in the elevator and climb into our gleaming supercar
and zoom out of the garage, into the world, to the airport, climb aboard
a laughing airplane.

ROCK & ROLL
That's an altogether different thing.
That doesn't make me feel light.

Oscar van den Boogaard

Want mensen kijken altijd met hun eigen verhaal.
En poppetjes hebben geen eigen verhaal.
Soms zien Steven en ik eruit als poppetjes.
Cute. Opgepoetst.
We dalen met de lift naar beneden en stappen in onze glanzende super-
auto en zoeven de garage uit, de wereld in, naar de luchthaven, stappen
in een lachend vliegtuigje en we stijgen op, pop, pop, pop.

ROCK & ROLL.
Dat is wat anders.
Daar word ik niet licht van.
Of lucide.
Maar ik hou van Nico van The Velvet Underground.
De pop die geen pop wilde zijn.
Ik wil opgetild worden. Liever champagne dan whisky.
Maar als ik te veel champagne drink dan vlieg ik over tafels.
En merk ik dat ik niet kan vliegen.
Steven zegt: en nu naar huis.
De volwassen man die dacht dat hij een poppetje was wordt afgevoerd.

Mijn Brusselse vrienden komen langs in Antwerpen. Het is voor hen een
hele onderneming. Ze zijn verrast. Het zou iedere mogelijke stad kunnen
zijn. Een vriendin zegt: 'Als je hier woont, woon je overal.' De zon gaat
onder in de Schelde, luchtballonnen drijven voorbij, rood, geel, paars
lossen op in donkerblauw, lichtjes flikkeren aan, de stad schittert, lijkt
vloeibaar, de zee. We staan aan de top van de wereld maar de top is
een relatief begrip zolang er ruimte is. Op het eind van de avond zie ik

132

Or lucid.
But I like Nico from The Velvet Underground.
The doll who didn't want to be a doll.
I want to be carried away. Make mine champagne, instead of whisky.
But if I drink too much champagne I fly over tables.
And find out I can't fly.
Steven says: and now we're going home.
The grownup man who thought he was a doll is being carried away.

My friends from Brussels come to visit in Antwerp. It's a real chore for
them. They're surprised. It could be any city at all. A lady friend says:
'If you live here, you live everywhere.' The sun goes down in the River
Schelde, hot air balloons float past, red, yellow, purple dissolve into dark
blue, little lights blink on, the city glistens, seems liquid, the sea. We're
standing on top of the world, but as long as there's still space, the top is
only relative. When the evening's over I watch from my window and see
my friends disappear into the tunnel. It seems like space travel. If I stand
on tiptoe, I'll see them arrive in Brussels in a minute. I'm reminded of the
waltz music in Stanley Kubrick's *2001, A Space Odyssey*. Calm and
stately. The ultimate bird's-eye view.

In the diary he kept during his stay in the Mir Space Station, Yuri Usachev
wrote: 'When you look down at Earth, your mind is filled with interesting
impressions. You often hear or read that the earth is fragile and defense-
less, that its atmosphere is wrapped around it like a delicate layer, but I
don't agree. To me, Earth seems big, enormous, proud, majestic, in harmony with the universe. Beside the earth you don't feel like a particle of

mijn vrienden vanuit mijn raam in hun autootjes de tunnel induiken. Het lijkt ruimtevaart. Als ik op mijn tenen sta zie ik ze zo meteen in Brussel aankomen. Ik moet denken aan de walsmuziek in Stanley Kubricks film *2001, A Space Odyssey*. Vredig en sierlijk. Een ultiem overzicht.

Yuri Usachev schreef in het dagboek dat hij bijhield in het Mir Space Station: 'Als je op de aarde neerkijkt overspoelen interessante indrukken de geest. Je hoort of leest vaak dat de aarde fragiel en weerloos is, dat haar atmosfeer er omheen is gewikkeld als een delicaat laagje, maar ik ben het er niet mee eens. Voor mij lijkt de aarde groot, enorm, trots, majesteitelijk, in harmonie met de kosmos. Naast de aarde voel je je niet als een stofdeeltje, ze onderdrukt je niet, integendeel, het is alsof je deel van haar uitmaakt, het feit dat ze daar beneden onder jou drijft heeft een eigen muziek die moeilijk in woorden is uit te drukken. Je hebt niet het gevoel dat jij boven de aarde vliegt maar dat de aarde onder jou drijft.'

De eerste maanden dat we in ons nieuwe appartement woonden, was ik vooral bezig met het uitzicht. Ik keek naar de gebouwen en huizen waar we voortaan gedwongen op zouden uitkijken, ik tuurde met mijn verrekijker bij de mensen binnen, tientallen levens volgde ik op de voet, ik werd er een beetje somber van, ik kon me niet goed op het leven in ons eigen appartement concentreren, voelde me schuldig dat ik dat niet kon, ik keek naar buiten, dacht ik ga me hier nooit thuis voelen, eigenlijk dacht ik: pas als ik me in al die andere huizen thuis voel, kan ik me ook in dit huis thuis voelen, ik verwarde de andere levens met het onze, alsof ik met al die mensen samenwoonde, alsof hun gordijnen voor mijn ramen hingen en hun planten op mijn vensterbank stonden, alsof ze allemaal bij mij

dust, she doesn't push you down, on the contrary, it's as though you're a part of her, the fact that she's floating down there below has a music of its own that is hard to describe. You don't have the feeling that you're flying above the earth, but that Earth is floating beneath you.'

During the first few months in our new apartment, I was mostly preoccupied with the view. I looked at the buildings and houses we would have to look out on from now on, I used my binoculars to peep into people's homes, I kept tabs on dozens of lives, it made me feel a little depressed, I couldn't completely concentrate on life in our own apartment and I felt guilty about that, I looked outside, thought I'd never feel at home there, but what I was really thinking was: only when I feel at home in all those other houses will I be able to feel at home in this house, I mixed up those other lives with ours, as though I were living together with all those people, as though their curtains were hanging in my windows and their plants were on my sills, as though they were all sitting on my couch or cooking in my kitchen. When I think back on myself during that period, standing with my binoculars at the window of our new apartment, I see a very lonely man there, he makes me sad. The man who has everything can't concentrate on his own life. But at a certain point I stopped doing that, it took maybe six months, one day I didn't even notice the neighbors anymore, I'd grown used to them, I could get on with my own life; I had, I believe, come home.

Here in my new apartment in Berlin I go through the same thing, at first I stare outside, at the neighbors, at the cafés across the street, the people walking down the sidewalk, and I listen to the sounds in the house, until

op de bank zaten of stonden te koken in mijn keuken. Als ik me mezelf in die periode zo herinner, met die verrekijker voor het raam in ons nieuwe appartement zie ik een heel eenzame man staan, hij maakt me verdrietig. De man die alles heeft wat hij wil kan zich niet op zijn eigen leven concentreren. Maar op een gegeven moment ben ik ermee opgehouden, misschien heeft het een half jaar geduurd, op een dag merkte ik de buren niet eens meer op, was ik aan hen gewend, kon ik me bezighouden met mijn eigen leven, ik was denk ik thuisgekomen.

Hier in mijn nieuwe appartement in Berlijn maak ik hetzelfde mee, eerst net zolang naar buiten kijken, naar de buren, de cafés aan de overkant, de mensen op straat, en luisteren ook naar de geluiden in huis, totdat ik het niet meer zie, niet meer hoor, omdat ik hier echt ben thuisgekomen, ik ben al bijna thuis, nog een paar dagen misschien. Het is nu nacht, de straat is leeg, de ramen aan de overkant zijn donker, niets beweegt meer, geen geluiden in huis, ik word rustig, dit zijn de uren dat ik goed kan werken, want het is extra tijd, tijd die ik win op de anderen, zelf-gemaakte tijd.

'Flanieren ist eine art Lektüre der Strasse, wobei Menschengesichter, Auslagen, Schaufenster, Caféterrassen, Bahnen, Autos, Bäume zu lauter gleichberechtigten Buchstaben werden, die zusammen Worte, Sätze und Seiten eines immer neuen Buches ergeben.'
Franz Hessel, *Spazieren in Berlin*, 1929.

De flaneur als lezer, de stad als boek.
Ik heb het woord flaneur denk ik nooit goed begrepen. Ik dacht dat fla-

I stop seeing it, stop hearing it, because I've truly come home here, I'm almost home now, perhaps only a few more days. It's night now, the street is deserted, nothing is moving, there are no sounds in the house, I grow calm, these are the hours when I can work well, because it's added time, time to catch up on the others, self-made time.

Flanieren ist eine art Lektüre der Strasse, wobei Menschengesichter, Auslagen, Schaufenster, Caféterrassen, Bahnen, Autos, Bäume zu lauter gleichberechtigten Buchstaben werden, die zusammen Worte, Sätze und Seiten eines immer neuen Buches ergeben.[1]
Franz Hessel, *Spazieren in Berlin*, 1929

The *flâneur* as reader, the city as book.
I think I never really understood the word *flâneur* before. I thought *flâneurs* were people who just strolled along and didn't look at all, but who wanted to be looked at, who are not at all interested in the world, who use other people's looks to make themselves someone, I thought I wasn't a *flâneur*, but yes I am, according to Hessel's definition I am, I read the city, I stroll, no, I stand on the pedals of my bike and glide and read the city, its surface, and through that surface its history.

I stroll through the city on a bike; here on the broad pavements of Karl-Marx-Allee it's not so much strolling as it is floating, flying, no, it's more like zooming by, gliding by, the temperature is lovely, body temperature, there's a slight breeze, a zeppelin is floating in the sky, there's been a zeppelin in the air for weeks, it's gliding over the city, above the park, this morning it was even straight up above my balcony in Charlottenburg, a

[1] 'In a sense strolling is like a reading of the streets that turns human faces, display windows, storefronts, sidewalk cafes, tramways, cars and trees into letters of equivalent value, which together form words, sentences and the pages of a book that constantly starts anew.'

neurs mensen zijn die juist niet kijken, maar bekeken willen worden, die helemaal niet geïnteresseerd zijn in de wereld, die de blik van anderen gebruiken om zelf iemand te zijn, ik dacht dat ik geen flaneur was, maar jawel, volgens de definitie van Hessel zeker, ik lees de stad, ik wandel, nee, ik sta op de pedalen van mijn fiets en zweef en lees de stad, haar oppervlakte en door die oppervlakte heen haar geschiedenis.

Ik flaneer op de fiets; meer dan wandelen is het hier op de brede trottoirs van de Karl-Marx-Allee zweven, vliegen, nee, het is meer een voorbijscheren, voorbijglijden, het is een heerlijke temperatuur, lichaamstemperatuur, er staat een windje, er drijft een zeppelin in de lucht, er drijft al weken een zeppelin in de lucht, hij glijdt boven de stad, boven het park, vanmorgen hing hij zelfs loodrecht boven mijn balkon in Charlottenburg, een zeppelin geeft me het gevoel dat ik op de bodem van een aquarium ben en dat er boven mij een vis zwemt en dat daarboven de oppervlakte van het water is, Top de Strausbergerplatz zie ik een winkel met prachtige neons, in krullende letters geschreven ZIERFISCHEN.
Ik zou wel een paar kleurige vissen willen kopen, maar ik vertrek over een paar weken op reis, wie zal ze verzorgen, ik zou de vissen kunnen loslaten in de stad en ze zouden rondzwemmen boven de hoofden van de mensen, in het kielzog van de zeppelin, hij is nu vlakbij de zilveren bal van de Fernsehturm, ik zie zwarte mensen op de stenen bankjes naast de MacDonald's, de muur is al bijna vijftien jaar weg en de ene wereld is in de andere gestroomd, als je een vis koopt moet je die een tijdje in het zakje laten zitten in het aquarium, pas als de twee watertemperaturen gelijk zijn en de vis gewend is aan de nieuwe omgeving, mag je het zakje openmaken.

zeppelin makes me feel like I'm on the bottom of an aquarium and a fish is swimming above me, and that above that is the water's surface, on Strausbergerplatz I see a shop with lovely, curlicue neon letters saying ZIERFISCHEN.
I'd like to buy a couple of colourful fish but I'm going on a trip in a couple of weeks, so who would take care of them, I could let the fish go in the city and they would swim around above the people's heads, in the wake of the zeppelin, which is now close to the silver ball atop the Fernsehturm, I see black people on the benches beside MacDonald's, the wall has been down for almost fifteen years now and the one world has flowed into the other, when you buy a new fish you have to leave it floating in the plastic bag in the aquarium for a while, only when the two water temperatures are the same and the fish is accustomed to its new surroundings can you open the bag.

A low building, 1950s, painted orange, Biergarten Orange Oranke, meat on the charcoal grill, speakers in the trees, on one of the walls a pretty mosaic with birds, white, red, blue, yellow, green, there are three fledglings in the nest with their beaks open, the birds feeding them are sitting on the edges, blue with black beaks, it has something exotic about it, something South-American, the shadows of the trees on the walls, the tables, music that's hard to pinpoint, is it Arab, Brazilian, a hippie delirium ('It's Buddha-bar', the proprietress says, 'haven't you heard of them? You're French, aren't you?')? The building reminds me of the orange shoeboxes I once used to make houses out of by cutting out little windows, with a thatched roof, I drew birds on the side, and in one of the windows is a real cute little doll, with a happy, open expression on its face. The

Een laag gebouwtje, jaren vijftig, oranje geschilderd, Biergarten Orange Oranke, vlees op houtskool, geluidsboxen in de bomen, op een van de muren een mooi mozaïek van vogels, wit, rood, blauw, geel, groen, in het nest zitten drie vogels met open bekken, daaromheen de voedende vogels, blauw met zwarte bekken, het doet exotisch aan, Zuid-Amerikaans, de schaduwen van de bomen over de muren, de tafels, muziek die moeilijk thuis te brengen zijn, is Arabisch, Braziliaans, een hippie-delirium ('De muziek is van Buddha-bar', zegt de eigenares, 'kent u dat niet, u bent toch een Fransman?'). Het gebouwtje doet me denken aan de oranje schoenendozen waar ik vroeger huizen van maakte, door er raampjes uit te knippen, met een dak van riet, op de zijkant heb ik vogels getekend, en achter een van de raampjes zit een heel lief poppetje, met een open blij gezicht. De warmte, de vogelgeluiden, het enorme terras met hier en daar mensen, het mozaïek, bloesjes met oorbellen in de kleur van de armbanden, tassen in de kleur van de schoenen, en rieten hoedjes en korte broeken, hemden met korte mouwen, sokken in de sandalen, de schaduw die over het papier kietelt en een beetje wind. Ik zit te bladeren in de boeken die ik in de Karl Marx-boekhandel aan de overkant heb gekocht, Ronald D. Laing, *Phänomenologie der Erfahrung* ('Wir alle sind Mörder und Prostituierte – gleichgültig, zu welcher Kultur, Gesellschaft, Nation wir gehören, und gleichgültig, für wie normal, moralisch oder reif wir uns halten') en *Der Begriff Angst* van Kierkegaard ('Sollen Zeit und Ewigkeit einander berühren, dann muss dies in der Zeit geschehen, und nun sind wir bei dem Augenblick'). Lichtvlekjes dansen over de bladzijden en af en toe kijk ik op naar het vrolijke poppetje in het uitgeknipte raam. Ik fiets terug naar huis door de Tiergarten, waar naakte homo's liggen te zonnen en elkaar in de struiken staan op te wachten,

heat, the sound of birds, the enormous patio with people here and there, the mosaic, summer blouses with earrings the same color as bracelets, handbags the color of the shoes, and straw hats and short pants, short-sleeved shirts, sandals and socks, the shadow tickling across the paper and just a breath of wind. I leaf through the books I bought at the Karl Marx Bookstore across the street, Ronald D. Laing, *Phänomenologie der Erfahrung* ('Wir alle sind Mörder und Prostituierte - gleichgültig, zur welcher Kultur, Gesellschaft, Nation wir gehören, und gleichgültig, für wie normal, moralisch oder reif wir uns halten.'[2]) and Der Begriff Angst by Kierkegaard ('Sollen Zeit und Ewigkeit einander berühren, dann muss dies in der Zeit geschehen, und nun sind wir bei dem Augenblick.'[3]) Dots of light dance across the pages and occasionally I look up at the cheerful doll in the cut-out window. I bicycle home through the Tiergarten, where naked homos lie sunbathing and wait for each other in the bushes, I have people I love and things I want to make, Berlin is celebrating.

A life where everything has a place of its own, where regularity and order rule, I get up and work and go to bed at fixed times, I am faithful to my friends, I care for my houseplants, stick to my appointments, do not forget birthdays, I deal accurately with my bookkeeping, I am one with the seasons, the classic life, I've desired it so often, I buy the loveliest pans and call them 'old-fashioned' pans, I hang them above the stove, in order to lead the classic life in which I cook for my beloved, my family and friends, I'm finally going to bake those soufflés and cakes I've been promising everyone for years, I'm finally going to wear that apron I've never put on, because I've never gotten around to it.
Change for the sake of change, because standing still means standing

2
'We are all murderers and prostitutes – regardless of the culture, society or nation we belong to, and regardless of how normal, moral or mature we consider ourselves.'

3
'If time and eternity are to come together, this must happen in time, and now we have arrived at that moment.'

ik heb mensen van wie ik houd en dingen die ik wil maken, het is feest
in Berlijn.

Een leven waarin alles een vaste plaats heeft, waar regelmaat en orde
heersen, ik sta op en werk en ga naar bed op vaste tijdstippen, ik ben
trouw aan mijn vrienden, ik verzorg mijn plantjes, houd me aan mijn
afspraken, vergeet verjaardagen niet, ik doe zorgvuldig mijn administratie, ik ben één met de seizoenen, het klassieke leven, ik heb het zo vaak
gewild, ik koop de mooiste pannetjes en noem ze oerpannetjes, ik hang
ze boven het fornuis, om het klassieke leven te leiden, waarin ik kook
voor mijn geliefde en familie en vrienden, ik ga eindelijk de soufflés en
taarten bakken die ik iedereen al jaren heb beloofd, ik ga het schort dat
ik nog nooit heb aangedaan eindelijk aantrekken, het is me nooit gelukt.

Veranderen om te veranderen, omdat stilstand stilstand betekent, het
leven als een boek, we willen doorlezen, kijken hoe het verder gaat, nee,
we willen het verhaal zelf schrijven, het lijkt alsof we steeds sneller gaan,
steeds meer nieuwe werelden ontdekken, hoe meer we doen hoe meer
mogelijkheden we zien, ons diafragma staat wijd open, al het licht van
de wereld stroomt binnen, het is alsof we ons in één onmetelijke ruimte
bevinden, het is oogverblindend al dat licht, we kunnen onszelf en elkaar
soms helemaal niet meer terugvinden.

En dan opeens een klassieke avond, in een van onze huizen, ik loop
rond, ik denk dit zijn onze spulletjes, laten we de open haard aandoen,
en onze pyjama's, en de pantoffels die we in Le Paradis des Babouches
hebben gekocht, een klassieke avond op de bank als een citaat uit een

still, life as a book, we want to read on, see how the story goes, no, we
want to write the story ourselves, it's as though we keep going faster all
the time, discover more new worlds all the time, the more we do the
more possibilities we see, our aperture is open wide, all the light in the
world comes rushing in, it's as though we're in one immeasurable space,
all that light is blinding, sometimes we can't find ourselves or each other
at all.

And then suddenly a classic evening, in one of our houses, I walk around,
I think, these are our things, let's light the fire, put on our pyjamas and the
slippers we bought at Le Paradis des Babouches, a classic evening on
the couch like a quote from a classic novel, we stare into the flames, it's
a familiar story, this is the way we could always live, which is precisely
why we don't, you say, it doesn't matter where we go as long as we stay
together, all those places we'd like to live, all those projects we'd like to
achieve, let's look at the world as one place, and life as one life, we need
distance.

You've got astronauts and cosmonauts and taikonauts, and then you have
people who stay on the earth and we still belong to that latter category,
no matter how disconnected we feel, we lead the classic life on earth,
and no matter how erratically we live, we're awake or asleep and when
it's cold we put on a coat and when it's hot we take it off again. Our possibilities aren't endless, because we can't walk through walls.

I'm walking with my translator through Frankfurt am Oder, we were going
to cross the bridge into Poland, it would have been my first visit there, but

klassieke roman, we staren in de vlammetjes, het is een bekend verhaal,
zo zouden we altijd kunnen leven, en het is juist daarom dat we dat niet
doen, je zegt, het maakt niet uit waar we naartoe gaan, als we maar
samen blijven, al die plaatsen waar we willen wonen, al die projecten
die we willen verwezenlijken, laten we de hele wereld als één plek zien,
en het leven als één leven, we hebben afstand nodig.

Er bestaan astronauten en kosmonauten en taikonauten en je hebt de
mensen die op aarde blijven en tot die laatste categorie behoren wij nog
steeds, hoe verscheurd we ons ook voelen, we leiden het klassieke leven
op aarde, en hoe onregelmatig we ook leven, we zijn wakker of we slapen en als het koud is doen we een dikke jas en als het warm is trekken
we die weer uit. Onze mogelijkheden zijn niet eindeloos, omdat we niet
door muren kunnen lopen.

Ik wandel hier met mijn vertaalster in Frankfurt aan de Oder, we zouden
over de brug naar Polen oversteken, ik zou er voor het eerst van mijn
leven zijn geweest, maar ik heb mijn paspoort niet bij me, ze laten me
niet oversteken, dus lopen we langs de rivier en kijken we naar de overkant, het groene land aan de andere kant van de rivier glanst in de zon,
Gombrowicz-land, Polanski-land, Lech Walesa-land. Vroeger zou ik me
buitengesloten gevoeld hebben omdat ik er niet in mocht, maar het maakt
me niet uit. Gombrowicz is er weggegaan en wilde nooit meer teruggekomen, en ik houd mezelf voor dat dit stuk aan de andere kant van het
water toch niet het echte Polen is, het is pas sinds '45 Polen, de Polen'
die in het oosten door de Russen werden verdreven kwamen hier terecht,
en vestigden zich in de huizen die de Duitsers hadden achtergelaten, de

I don't have my passport with me and they won't let me cross, so we walk
along the river and look at the other side, the green countryside across
the river glistens in the sun, Gombrowicz country, Polanski country, Lech
Walesa country. There was a time when I would have felt shut out because I wasn't allowed in, but it makes no difference to me. Gombrowicz
left and never wanted to go back, and I tell myself that this stretch of land
across the water isn't the real Poland, it's only been Poland since 1945,
the Poles who were chased out of the east by the Russians came here and
settled in the houses the Germans had left behind, the cups in the cup-
boards, the pans above the stove, everything that once had a place of its
own kept its own place for the new inhabitants.

When Donald Trump stood with a journalist looking out the 20-foot windows on the top floor of his Trump Tower, he said with a collector's pride:
'Look, down there, the Plaza Hotel, that's mine. That tall brown building
with the white stripes, that's mine too. And over there, Wollman Rink,
mine. And the one they're building over there, Trump International, that
belongs to me, too. Really, isn't this a great view? Too bad you can't see
my three skyscrapers on the other side of the General Motors Building, or
the other three, like Trump Palace.'

Am I like the man or woman who longs for someone to love, searches
for a long time and finally finds someone, makes him or her his or hers,
becomes one with them and, after a while, starts feeling lonely and
longing again for someone to be with?

Translation: Sam Garrett

kopjes in de kast, de pannetjes boven het fornuis, alles wat vroeger een vaste plaats had behield zijn vaste plaats voor de nieuwe bewoners.

Toen Donald Trump met een journalist voor de zes meter hoge ramen stond van de bovenste verdieping van zijn Trump Tower zei hij met de trots van een verzamelaar. 'Kijk, hier beneden, het Plaza Hotel, het is van mij. Dat hoge bruine gebouw met de witte strepen, het is van mij. En daar, Wollman Rink, het is van mij. En die daar in aanbouw, Trump International, het is van mij. *Really, isn't this a great view?* Jammer genoeg kun je mijn drie wolkenkrabbers achter de General Motors Building niet zien, en drie andere, waaronder de Trump Palace, ook niet.'

Ben ik als de man of vrouw die verlangt naar een geliefde, er na lang zoeken een vindt, deze verovert, ermee vervloeit, één wordt en zich na een tijdje eenzaam begint te voelen en opnieuw verlangt naar een geliefde om mee samen te zijn?

Pnina Avidar is architect (12 PM Architecture) en auteur, woonachtig in Amsterdam. Ze is coördinator architectuur van de Fontys Academie voor Architectuur en Stedenbouw in Tilburg en houdt zich bezig met verschillende multidisciplinaire activiteiten met betrekking tot ontwerponderzoek.

Erik Bolle is filosoof en directeur van de afdeling Ruimtelijke Ontwikkeling en Handhaving van de Provincie Noord-Brabant.

Oscar van den Boogaard groeide op in Suriname en Nederland. Na een studie rechten in Montpellier, Amsterdam en Brussel koos hij voor het fulltime schrijverschap. Hij publiceert romans, dagboeken en theaterstukken. Van den Boogaard woont sinds 2003 in Berlijn.

Raoul Bunschoten is architect en oprichter van CHORA (1993), een instituut dat nieuwe toepassingen en vormen van architectuur en stedenbouw onderzoekt. Dit behelst o.a. de ontwikkeling van nieuwe planningtechnieken en de formulering van beleid met betrekking tot de groei van de steden. CHORA is gespecialiseerd in omgevingen die radicale politieke, economische, sociale of culturele veranderingen ondergaan waardoor ze nieuwe vormen van stedelijkheid ontwikkelen.

Max Cohen de Lara is architect. Hij is een van de oprichters van X-M-L, een samenwerkingsverband gericht op multidisciplinaire projecten met een bijzondere interesse voor cultuuranalyse.

Igor Marjanovic is directeur van het kernprogramma van de afdeling architectuur van Iowa State University (VS). Met Katerina Rüedi Ray is hij directeur van Ready Made Studio, een interdisciplinaire kunst- en ontwerppraktijk. Samen schreven zij twee gidsen voor architectuurstudenten, *Practical Experience: An Architecture Student's Guide to Internship en The Year Out* (2004).

David Mulder is architect en auteur in Amsterdam. Hij is een van de oprichters van X-M-L, een samenwerkingsverband gericht op multidisciplinaire projecten met een bijzondere interesse voor cultuuranalyse.

Véronique Patteeuw is civielingenieur en studeerde cultuurwetenschappen. Momenteel maakt ze deel uit van de onderzoeksgroep OSA/KULeuven, waar ze werkt aan de voorbereidingen van een monografie over architect Paul van Aerschot. In 2002 richtte ze samen met Vincent Brunetta A16 op, een platform voor architectuur in België.

Marieke van Rooy is architectuurhistoricus. Ze publiceert in diverse vaktijdschriften in binnen- en buitenland en is werkzaam als curator.

Katerina Rüedi Ray is directeur van de School of Art van Bowling Green State University in Ohio (VS) en voormalig directeur van de School of Architecture van de Universiteit van Illinois in Chicago (VS). Samen met Igor Marjanovic is zij directeur van Ready Made Studio, een interdisciplinaire kunst- en ontwerppraktijk. Haar onderzoek concentreert zich op ontwerponderwijs, interdisciplinaire bureaus en identiteitsbeleid.

Haroon Saad, geboren in Pakistan en opgegroeid in Engeland, is directeur van Qec-ERAN (Quartiers en crise – European Regeneration Area Network) te Brussel, dat zich richt op ondersteuning van programma's die economische en sociale verniewing bevorderen van Europese achterstandswijken. Hiervoor was hij hoofd van de sociale en economische vernieuwing in de Bijlmermeer.

Els Verbakel studeerde architectuur en stedenbouw aan Columbia University New York, de Universidad Politécnica de Catalunya in Barcelona en aan de KULeuven. In 2001 richtte zij mede Citystudio architecture op, een architectuur- en stedenbouwbureau in New York. Momenteel doet zij een Ph.D. aan Princeton University en is zij Adjunct Assistant Professor aan Columbia University en gastdocent aan de Pratt School of Architecture.

Sophia Vyzoviti promoveerde aan de Technische Universiteit Delft in 2005. Zij is momenteel assistent docent aan de Architectuur opleiding van de School of Design and Environment, National University of Singapore. Zij is auteur van *Folding Architecture: Spatial, Structural and Organizational Diagrams* (2003) en van *Emergent Places for Urban Groups without a Place* (2005).

Pnina Avidar is an architect (12 PM Architecture) and writer based in Amsterdam. She is the head of the architecture programme at the Fontys Academy for Architecture and Urbanism in Tilburg and is involved in various multidisciplinary activities relating to design research.

Erik Bolle is a philosopher and the director of the department of Spatial Planning of the province of Noord-Brabant, the Netherlands.

Oscar van den Boogaard grew up in Surinam and the Netherlands. After studying law in Montpellier, Amsterdam and Brussels he chose to be a fulltime writer. He publishes novels, diaries and plays. Since 2003 Van den Boogaard works and lives in Berlin.

Raoul Bunschoten is an architect and the founding director of CHORA (1993). CHORA is an institute for architecture and urbanism that investigates and practises new forms of architectural and urban design. This includes the development of methods for emergent planning techniques as well as the formulation of policies pertaining to the growth of cities. In particular, CHORA has experience in environments that have undergone radical changes in political, economic, social or cultural conditions that have propelled them towards new forms of urbanity.

Max Cohen de Lara is an architect. He is one of the founding members of X-M-L, a collaborative studio involved in cross-disciplinary projects with an emphasis on cultural analysis.

Igor Marjanovic is director of the core program at the Iowa State University, Architecture Department. Together with Katerina Rüedi Ray he is a principal of Ready Made Studio, an interdisciplinary art and design practice. Together they wrote two practical guides for architecture students: *Practical Experience: An Architecture Student's Guide to Internship and The Year Out* (2004)

David Mulder is an architect and writer in Amsterdam. He is one of the founding members of X-M-L, a collaborative studio involved in cross-disciplinary projects with an emphasis on cultural analysis.

Véronique Patteeuw is a civil engineer and holds a postgraduate degree in cultural studies. Currently she is part of the research group OSA/KU-Leuven where she is preparing a monograph on the architect Paul van Aerschot. In 2002, with Vincent Brunetta, she established A16, a Brussels based platform for architecture in Belgium.

Marieke van Rooy is an architecture historian. She contributes on a regular base to Dutch and international architecture magazines and works as a curator.

Katerina Rüedi Ray is the director of the School of Art at Bowling Green State University in Ohio and the former director of the School of Architecture at the University of Illinois at Chicago. Together with Igor Marjanovic she is a principal of ReadyMade Studio, an interdisciplinary art and design practice. Her research focuses on design education, interdisciplinary practices, and identity politics.

Haroon Saad, born in Pakistan and raised in England, is the director of Qec-ERAN (Quartiers en crise – European Regeneration Area Network) in Brussels. This foundation supports programmes that stimulate social renewal in European suburbs. Before, he was the head of social en economical renewal (SEV) in the Bijlmermeer in Amsterdam.

Els Verbakel studied architecture and urbanism at Columbia University, the Universidad Politécnica de Catalunya in Barcelona and at the University of Leuven, Belgium. She co-founded Citystudio architecture in 2001, an architecture and urban design practice located in New York City. She is currently a Ph.D. Candidate at Princeton University, an Adjunct Assistant Professor of Architecture at Columbia University and a Visiting Professor of Architecture at Pratt School of Architecture.

Sophia Vyzoviti completed her PhD at the Faculty of Architecture, Delft University of Technology in 2005. She is currently assistant professor at the Department of Architecture, School of Design and Environment, National University of Singapore. She is the author of *Folding Architecture: Spatial, Structural and Organizational Diagrams* (2003) and *Emergent Places for Urban Groups without a Place* (2005).

p. 24
K. Hatzides, I. Kourtis. TA NEA.
Weekend of 23-24 October 1999
(in Greek)

p. 26-61
Diagrammen en foto's van de
auteur / Diagrams and photos by
the author

p. 73, 74, 78, 80
Photograph by/Foto Jordi
Guillumet-Monica Rosello

p. 74, 85
Photograph by/Foto Igor
Marjanovic, ReadyMade Studio

p. 88, 91, 94-96
Diagrammen en foto's van de
auteur / Diagrams and photos by
the author

p. 98
INTERREG IIIA (2004),
INTERREG IIIA regions,
AeroGeographics Association
for the administrative Boundaries

p. 98
Michel Foucher (Ed.) (1993),
*Fragments d'Europe. Atlas De
L'Europe Médiane Et Orientale*,
Maxéville; Fayard, p. 34

p. 106, 109
Adriaan Verhulst (1964),
*Het landschap in Vlaanderen in
historisch perspectief*, Antwerpen;
De Nederlandse Boekhandel, p. 49,
84-87

p. 106
http://www.westhoek.be/wo1/
index.html

John Keegan (1998), *The First
World War*, London: Hutchinson,
p. 134-135

p. 106, 110, 115, 117
Documentatiecentrum In
Flanders Fields

p. 110
http://www.klm-mra.be/engels/
collecties/dodengang.html

p. 115
Tabaksmuseum, Wervik

p. 109, 113, 115
Diagrams by Author

Onafhankelijk architectuurtijd-
schrift, uitgegeven door NAi
Uitgevers in opdracht van de
stichting *OASE* / Independent
architectural journal, published
by NAi Publishers by order of the
OASE Foundation

NAi Uitgevers/Publishers
Tel +31 (0)10 2010133
Fax +31 (0)10 2010130
info@naipublishers.nl
www.naipublishers.nl

www.oase.archined.nl

ISSN 0169 – 6238
ISBN 90-5662-466-0

Redactie *OASE*
p/a D'Laine Camp
Prins Frederik Hendrikstraat 107
3051 ER Rotterdam

Redactie / Editors
Tom Avermaete
Pnina Avidar
Like Bijlsma
Max Cohen de Lara
Filip Geerts
Christoph Grafe
Johan Lagae
Madeleine Maaskant
David Mulder
Marc Schoonderbeek
Lara Schrijver
Mechthild Stuhlmacher

**Kernredactie /
Editors of this issue**
Pnina Avidar
Max Cohen de Lara
David Mulder
Marieke van Rooy

**Redactiesecretaris /
Managing editor**
D'Laine Camp

**Wetenschappelijk redacteur /
Academic editor**
Véronique Patteeuw

**Bestuursleden /
Members of the Board**
Ton Idsinga
Johannes Niemeijer
Jaap van Rijs
Dirk Sijmons
Mechthild Stuhlmacher
Nathalie de Vries
Enno Zuidema

Chef de bureau
Henk Hanekamp

**Geassocieerde universiteiten /
Associated Universities**
Technische Universiteit Delft /
Delft University of Technology
Technische Universiteit
Eindhoven / Eindhoven University
of Technology
Katholieke Universiteit Leuven /
Catholic University Leuven
Universiteit van Gent / Ghent
University

**Wetenschappelijk comité /
Academic Board**
Umberto Barbieri
Christine Boyer
Maristella Casciato
Bernard Colenbrander
Adrian Forty
Philip Goad
André Loeckx
Michael Müller
Bart Verschaffel

**Beoordeelde teksten /
Refereed articles**
Els Verbakel, De verschuivende
grenzen van het niemandsland in
Flanders Fields / Frontier Margins:
Border Spaces in *Flanders Fields*

Sophia Vyzoviti, De ontmoetingsplaats voor immigranten in de
binnenstad van Athene / The
*Immigrants' Place of Getting
Together* in Downtown Athens

Vormgeving / Design
Karel Martens & Jeff Ramsey,
Werkplaats Typografie, Arnhem

Tekstredactie / Copy editing
Els Brinkman, D'Laine Camp

Druk / Printing
Drukkerij MacDonald SSN,
Nijmegen

Afwerking / Binding
Hexspoor, Boxtel

Projectleiding / Production
Barbera van Kooij, NAi
Publishers

Uitgever / Publisher
Eelco van Welie, NAi Publishers

**Abonnementenadministratie/
Subscriptions and
administration**
Abonnementenland
Postbus 20
1910 AA Uitgeest
Tel +31 (0)251 313939
Fax +31 (0)251 310405
aboservice@aboland.nl
www.aboland.nl

Abonnementen / Subscriptions
OASE verschijnt drie keer per
jaar. Recht op reductie hebben:
studenten aan universiteiten
en academies van bouwkunst,
houders van CJP. Abonnementen
worden stilzwijgend verlengd.
Opzeggingen (uitsluitend schrift-
elijk) dienen 4 weken voor afloop
van de abonnementsperiode in het
bezit te zijn van de administratie.
Prijswijzigingen voorbehouden. /
OASE is published three times
a year. For subscriptions please
contact the administration. You
can fill in the card included in
this issue or subscribe by email,
info@naipublishers.nl. Subscriptions are renewed automatically. If
you wish to cancel, please inform
the administration in writing
4 weeks before the end of the
subscription period.
Prices are subject to change.

Abonnementen in Nederland en België
particulieren € 50
instellingen € 75
studenten € 35

Abonnementen Europa / Subscriptions in Europe
particulieren/individuals € 60
instellingen/organisations € 80
studenten/students € 45

Abonnementen buiten Europa / Subscriptions outside Europe
particulieren/individuals € 67,50
instellingen/organisations € 85
studenten/students € 50

**Deze publicatie is mede tot stand gekomen met financiële steun van /
This publication was made possible by the financial support of:**
Stimuleringsfonds voor Architectuur, Rotterdam
Prins Bernhard Cultuurfonds, Amsterdam
Van Eesteren-Fluck & Van Lohuizen Stichting, Den Haag
Stichting Geertruida Gerharda Bolhuis, Groningen

NAi Uitgevers is een internationaal georiënteerde uitgever, gespecialiseerd in het ontwikkelen, produceren en distribueren van boeken over architectuur, beeldende kunst en verwante disciplines. www.naipublishers.nl

NAi Publishers is an internationally orientated publisher specialized in developing, producing and distributing books on architecture, visual arts and related disciplines.

www.naipublishers.nl
info@naipublishers.nl

It was not possible to find all the copyright holders of the illustrations used. Interested parties are requested to contact NAi Publishers, Mauritsweg 23, 3012 JR Rotterdam, The Netherlands.

Available in North, South and Central America through D.A.P./Distributed Art Publishers Inc, 155 Sixth Avenue 2nd Floor, New York, NY 10013-1507, Tel 212 6271999, Fax 212 6279484.

Available in the United Kingdom and Ireland through Art Data, 12 Bell Industrial Estate, 50 Cunnington Street, London W4 5HB, Tel 208 7471061, Fax 208 7422319.

Printed and bound in the Netherlands

Donateurs / Sponsors

DaF architecten
Delftselaan 29 B
3013 AE Rotterdam

De Architekten Cie
Keizersgracht 126
1015 CW Amsterdam

De Zwarte Hond BV
Postbus 1102
9701 BC Groningen

Enno Zuidema Stedebouw
Schiedamsevest 93 d
3011 VA Rotterdam

Tony Fretton Architects
49-59 Old Street
London EC1V 9XH
Great Britain

Heeling Krop Bekkering
Zuiderparkweg 21
9724 AH Groningen

H+N+S Landschapsarchitecten
Postbus 10156
3505 AC Utrecht

Joost Meuwissen Architect
IJburglaan 894
1087 GE Amsterdam

Neutelings Riedijk Architecten
Postbus 527
3000 AM Rotterdam

Palmboom & vd Bout Stedenbouwkundigen
Schiedamsedijk 44
3011 ED Rotterdam

Döll - Atelier voor Bouwkunst
Postbus 2555
3000 CN Rotterdam

Het wetenschapsbeleid van OASE

In ruim twintig jaar is *OASE* uitgegroeid tot een vaktijdschrift waarin een reflectieve en kritische houding tegenover architectuur, stedenbouw en landschapsarchitectuur centraal staat. Terwijl de meeste tijdschriften zich richten op het documenteren van de actuele architectonische en stedenbouwkundige productie of het vak benaderen vanuit kunsthistorisch, sociologisch of planologisch perspectief, ligt bij *OASE* het accent op het onderzoek en de theorievorming van de ontwerpdiscipline zelf. *OASE* situeert zich hier bewust op het raakvlak van de academische wereld en de beroepspraktijk.

Deze positie wil *OASE* in de toekomst verder uitbouwen, ontwikkelen en versterken, zodat de resultaten van academisch onderzoek ook buiten de universitaire instellingen de beroepspraktijk nieuwe impulsen kunnen geven. Omgekeerd is het academisch onderzoek gebaat bij input vanuit concrete praktijkervaringen. Het bestuur en de redactie van *OASE* zien hier een belangrijke rol voor het tijdschrift weggelegd. Niet alleen kan het academisch onderzoek toegankelijk worden gemaakt voor het vakpubliek, *OASE* kan ook de uitwisseling tussen de onderzoeks- en de ontwerpwereld versterken en de dialoog en de discussie in het vakgebied doen toenemen.

Een eerste stap hiertoe vormt het aanscherpen van het wetenschappelijk karakter van het tijdschrift. Binnen de vakgebieden van de architectuur, stedenbouw en landschapsarchitectuur bestaat een groeiende behoefte om wetenschappelijke artikelen te publiceren in tijdschriften van hoge kwaliteit met een breed, internationaal lezerspubliek. Als een van de weinige tijdschriften in Nederland met een academische traditie kan *OASE* een belangrijk platform vormen voor auteurs verbonden aan universitaire instellingen in België, Nederland en elders in Europa.

Om de wetenschappelijk karakter van het tijdschrift te garanderen, is een academisch comité samengesteld met gerenommeerde academici uit diverse universitaire instellingen in Europa en de Verenigde Staten. De leden van het academisch comité – Adrian Forty (Bartlett Faculty of the Built Environment), Michael Müller (universiteit van Bremen), Maristella Casciato (universiteit van Bologna, chair DOCOMOMO), Christine Boyer (Princeton University), Philip Goad (University of Melbourne), André Loeckx (KU Leuven), Bart Verschaffel (Universiteit Gent), Umberto Barbieri (TU Delft), Bernard Colenbrander (TU Eindhoven) – werden gekozen omwille van hun kennis en ervaringen in specifieke vakgebieden zoals architectonisch ontwerp, urban design, stedenbouw, architectuurtheorie, architectuurgeschiedenis, sociologie, filosofie, et cetera.

Iedere *OASE* zal tevens een aantal artikelen bieden die door onafhankelijke referees zijn beoordeeld. Dit systeem van peer-reviewing zal de wetenschappelijkheid van de teksten verhogen zonder het noodzakelijke tweeledige karakter van de teksten (beschrijvende en theoretische beschouwing) aan te tasten.

De aanpassing van de redactionele formule en het instellen van het systeem van onafhankelijke referees is de opmaat voor de verder ontwikkeling van het tijdschrift als thematisch platform voor het academische en vakdebat over architectuur, stedenbouw en landschapsarchitectuur. In een tijdsgewricht waarin reflectie en beschouwing steeds meer terrein verliezen, hoopt *OASE* middels deze stappen bij te dragen aan de uitbouw van een volwaardige Europese publicatiecultuur.

Véronique Patteeuw
(Wetenschappelijk redacteur)

OASE's Standards of Scholarship

In just over twenty years *OASE* has developed into a specialist journal with a critical, reflective attitude to architecture, urban design and landscape architecture. Whereas most journals focus on documenting current architectural and urban design production or approach the field from the point of view of art history, sociology or planning, *OASE* concentrates on design research and theory. It thus occupies a position at the interface between the academic world and professional practice.

OASE plans to further extend, develop and consolidate this position, in order to make research findings more widely known outside the academic world and so give professional practice an additional boost. For its part, academic research can benefit from input based on specific practical experience. *OASE*'s foundation board and editorial board believe the journal has an important part to play here. Besides making academic research accessible to a professional audience, *OASE* can promote exchange between researchers and designers and foster dialogue and debate in this area.

As an initial step the journal will increase its standards of scholarship. There is a growing need in the fields of architecture, urban design and landscape architecture to publish scholarly articles in high-quality journals with a broad international readership. As one of the few journals in the Netherlands with an academic tradition, *OASE* can provide a valuable platform for authors working at universities in Belgium, the Netherlands and other European countries.

To guarantee the scholarly standard of the journal, an academic board has been set up, consisting of recognised academics from various universities in Europe and the United States. Its members – Adrian Forty (Bartlett Faculty of the Built Environment), Michael Müller (University of Bremen), Maristella Casciato (University of Bologna, chair of DOCOMOMO), Christine Boyer (Princeton University), Philip Goad (University of Melbourne), André Loeckx (Catholic University of Leuven), Bart Verschaffel (Ghent University), Umberto Barbieri (Delft University of Technology) and Bernard Colenbrander (Eindhoven University of Technology) – have been chosen for their knowledge and experience of specific fields that include architectural design, urban design, urban planning, architectural theory, history of architecture, sociology and philosophy.

Each issue of *OASE* will also contain a number of articles that have been assessed by independent referees. This peer review system will increase the scholarly standard of the texts without detracting from their necessarily twofold – descriptive and theoretical – character.

This shift in editorial policy and the creation of a system of independent referees is a prelude to the further development of the journal as a thematic platform for academic and professional debate on architecture, urban planning and landscape architecture. At a time when there is less and less scope for reflection and deliberation, *OASE* hopes that this new approach will contribute to a truly high-quality culture of publication in Europe.

Véronique Patteeuw
(Academic editor, OASE)

Translation: Kevin Cook, Bookmakers